Ronald Dworkin
(third edition)

〔英〕斯蒂芬·盖斯特 著

于庆生 译

大师学述
罗纳德·德沃金
（第三版）

商务印书馆
The Commercial Press
创于1897

根据美国斯坦福大学出版社 2013 年版译出

目　录

序　言

尽管我在 1997 年本书第二版的"导论"中曾自信地表示,不会再出第三版了,事实上它却摆在了这里。当然,本书的主题证明这是应当的。在过去的 16 年中,德沃金一直笔耕不辍,出版了 4 部重要著作,《至上的美德》(*Sovereign Virtue*, 2000)、《身披法袍的正义》(*Justice in Robes*, 2006)、《民主是可能的吗?》(*Is Democracy Possible Here?*, 2006),以及最值得关注的巨著《刺猬的正义》(*Justice for Hedgehogs*, 2011),此外还有大量的论文和讲座。正是《刺猬的正义》的出版,说服我改变了计划。他的这部著作旨在与《法律帝国》(*Law's Empire*, 1986)、《至上的美德》、《自由的法》(*Freedom's Law*, 1996)和《身披法袍的正义》一起,构成包含其伦理理论、道德理论、政治理论以及法律理论的一部巨著,并建立他的解释性方法(即他有关价值问题的推理理论)。因此,第三版的目的在于对他迄今将近半个世纪(他的第一篇论文发表于 1963 年)的著述加以总体介绍。特别是,我希望读者能够理解《刺猬的正义》一书中,他明确支持将经验领域与价值领域分离开来的休谟原则(Humean principle)的意义。在某种程度上讲,其他所有主题,尤其是与法律相关的所有主题,都源于此。

我之所以重访德沃金,还因为我一直强烈地感觉到他仍然没有遇到足够的挑战。在我看来,严肃的学者们只是在"挑剔"(pick)他的各种观点,但并未以其应得的重视来面对它们。例如,尽管在赫肖维茨

(Hershowitz)最近关于德沃金的论文集(我认为这是最好的一部论文集)中充满真知灼见,许多作者仍然没有完全理解——我认为甚至在1986年《法律帝国》出版以前,但肯定在其出版之后一直甚为明显的是——德沃金并未从事描述现象学(或者他所谓的"分类学法学"[taxonomic jurisprudence])研究。德沃金认为法律是道德的一个子集,加上他对价值统一性(unity of value)的阐述,这一观点强而有力、令人信服。正如他在《刺猬的正义》中颇为郑重地表示的那样,这是"解放"(liberating)。在第三版中,我花了更多的精力来考察当代的一些批评意见。我发现,大多数情况下这些批评事实上根本不是批评,而是对德沃金真实观点的误解或惰于思考。无论如何,如果我认为某项批评意见享有一定声誉,但误解了德沃金的观点,我的职责便是让读者们注意到这一点。我的总体目标就是让更多的读者——也许,是那些对德沃金的理论有着初步的良好理解并以正确心态来对待它的读者们——更容易阅读他。

导　论

　　缺乏对价值论证潜在丰富性的认识,是一种普遍存在的现代现象。道德被认为是一个可疑的知识分支,就像这个词常被加上引号的用法所证明的那样,好像它需要被夹在钳子里。推测为什么会这样是有趣的。也许原因在于,科学时代到来之前,对上帝的信仰伴随着对做出道德判断的信心,但如今人们普遍不再相信上帝,只相信可被观测为真的科学主张。罗纳德·德沃金的理论是关于伦理和道德价值的理论。最为重要的是,德沃金在半个世纪的时间里一再强调,价值问题存在正确答案,并在他著名的权利理论中阐明了这一事实对法律社会实践的影响。也许是由于这一主张引起的困惑,更不用说冒犯,导致他尚未遇到他伟大的批评者。迄今为止,还没有人像哈特(H.L.A. Hart)对边沁、德沃金本人对哈特那样,对他的法律和政治理论进行过大规模的有效抨击。我认为德沃金在他最近的著作《刺猬的正义》中对此给出了很好的理由,他指出,相对于科学中的论证,关于价值的论证并不成熟且常被误解。

　　毫无疑问,通常的看法恰恰是(正如我们的行动和承诺所表现出的),道德问题存在正确答案。为什么批评者要把德沃金单独挑出来,就好像他对价值的客观性持有与众不同的独特观点呢? 即使说他是错的,这也表明言说者相信至少对知识价值的判断存在正确答案。30 年来,我目睹了这一切:众所周知,"唯一正确答案命题"(one right answer

2　thesis）是理解德沃金的最大障碍，各种研讨会上宝贵的时间都浪费在讨论德沃金所说的是否可能为真的问题上，而不是他所说的是否为真。德沃金对这一切直截了当。他一直建议我们摒弃这种关于道德的争议，转而通过发展道德和法律论证来解决伦理、道德和正义问题。自1996 年发表那篇重要论文①以来，他已经正式表达过这一观点，后来又在《刺猬的正义》中通过否认"元伦理学"（meta-ethics）强化了自己的观点。保持对伦理和道德问题的直接思考，这便是他的要旨所在。

论证在逻辑上相对简单。论证过程是这样的：一个声称"并不存在价值客观性"的人肯定自相矛盾，因为他在此做出了他认为客观为真的价值判断。相比之下，相信元伦理学价值的哲学家则认为，并不存在价值客观性的元伦理学陈述在本质上不同于人们可能做出的任何直接的伦理或道德陈述（比如"虐待儿童是错误的"）。但这种区分的理由是什么呢？迄今为止还没有人给出令人信服的答案。约翰·格雷（John Gray）——他在 1999 年伦敦大学学院举办的法律与社会哲学研讨会（Colloquium in Law and Social Philosophy）上提交了一篇原创性论文——是个很好的例子，因为他的观点是，不仅不存在道德客观性，而且这一事实本身便是道德上的好事。反对否认道德客观性之可能性的最有力的论证是，否认道德客观性的人必须否认"虐待儿童是错误的"这一陈述的为真可能性。他因此必须否认"虐待儿童是错误的"这一陈述的真实性，即肯定虐待儿童在道德上可以被允许。这些玩弄主观性的做法毫无意义：主观主义者不可能鱼与熊掌兼得！否认道德不仅没有意义，而且绝无可能。

也许问题在于，人们对自己平时的思考和言谈方式缺乏反思。他们不会承认他们自己隐含的假设，即道德论证具有客观性。我从经验中获知存在很多误解。兹举数例如下。2007 年，德沃金为《纽约书评》

撰写了一篇文章（"最高法院的矩阵"［"The Supreme Court Phalanx"］），他在文章中批评了最高法院的一项判决，理由是它毫无原则可言。《纽约书评》随后刊登了一位学者的来信，他对德沃金对该案法官的批评意见表示惊讶，因为——这位学者接着说——这一事实"让人对［德沃金］是否坚定不移地支持非民选的司法机关产生怀疑"。这位学者形容自己在阅读德沃金对该案立法者的辩护时，发出了"一声平静而得意的轻笑"。他反问道，所有在德沃金看来错误的最高法院判决，是否因此都是毫无原则可言的呢？[②]

　　我觉得，这种层次的批评意见能被搬上《纽约书评》的版面，令人颇为费解。为什么德沃金所谓法官有时会错用法律的主张值得在如此著名的刊物上被提及呢？为什么会有人认为，法官正确的可能性与法官犯错的可能性并不相容呢？很明显，如果法官会把法律搞错，那么这意味着他们也把它搞对。为什么法官不能既有原则又会犯错误呢？或者，如果法官有时并无原则，他们是否应该由选举产生呢？这些都不是难点或深层次的问题，但人们对待德沃金所持的这些典型立场，就好像它们是尤其"德沃金式的"，是怪异反常的。难怪德沃金只是回应说，并不能因为最高法院做出了一项无原则的判决，就推断它的体制极其糟糕。它只是做出了一项糟糕的判决而已。也许最高法院采用了错误的原则，正像律师们会在法庭上和判决后指出的那样，不过他们也会一样频繁地指出最高法院采用了正确的原则。事实上，德沃金在《纽约书评》上曾多次赞扬和谴责最高法院的判决，其理由便是它是否根据原则做出。[③]这种对德沃金的批评意见极其肤浅，但很典型：几十年来，这种批评形式充斥着法律期刊。

　　所有这些争议都毫无意义，因为众所周知，在阐明他所持有的众多立场的理由方面，德沃金能言善辩。他著述等身，他的论证逻辑清晰、见解独到、细致精确,而且总是表现出极高的智慧。多年来,他关于价值客观性的一套严格论证一直为公众所熟知。

人们理解德沃金的另一个难点在于他将实践与理论紧密结合。也许"哲学"这个词总是带有一种神秘感。德沃金认为,如果没有某种关于我们应该或不应该做什么的理论阐述的观点(理想状态下这也应该是一种好的观点),我们便无法充分参与实践;除非我们至少知道什么是正确和错误的做法,否则参与实践毫无意义。与正确答案命题不同,理论与实践的结合并不是我们通常的思考方式,因此他在职业生涯的大部分时间里都在试图说服我们相信这一点。这种困难产生自人们将"理论"和"哲学"视为可疑措辞的做法,就像"价值"一样。它们需要去神秘化(demystifying)。在这一语境中,它们的意思是一样的,它们确实让人不知所措。理查德·波斯纳(Richard Posner)便是一个例子。他不需要理论——至少现在如此,因为他曾经有一个颇具影响力的法律推理理论——只需要法官是"务实的"(pragmatic)。④但这并没有什么神秘之处,也不应该成为什么障碍。理论和哲学提供的解释只是对我们所习惯的事物的更抽象的阐述,因此很难理解为什么这样的抽象与正在发生的事情毫不相干;更抽象的统辖更具体的。我认为,要想消除残留的一切不必要的神秘性,需要对实践做更加全面的理解。具体到法官的情境,我们可以看到为什么普通法律人会认为哲学理解毫不相干从而拒绝哲学理解;事实上,他们所从事的实践往往相对简单(你并不需要"哲学"来帮助你转让房产)。再说一遍,这是一个情境的问题。一位法官能够严肃地说,他的判决是否充分合理,对他来说都无足轻重吗?

看看这些相对简单的观点是如何被德沃金的批评者无限夸大的吧! 理查德·波斯纳放弃了理论。但是是在何种程度上呢? 他只是说法官应该"务实",之后便没有什么可以解释法官应该做什么了。凯斯·桑斯坦(Cass Sunstein)提出了一些不同的观点。他的观点是,这种理论对实践推理几乎没有或完全没有任何帮助;他认为,法官只需要在"不完全理论化"(incompletely theorized)的层面上专注于手头的案件。⑤这实际上便是凯斯·桑斯坦的法律推理理论,他或许将以此指导法官,这样事情才不会失控! 正如德沃金所言,这就像把一个人带上珠穆朗玛峰,以证明他不可能攀爬上去。考虑到波斯纳和桑斯坦的批评意见,德沃金对实践推理的强调颇具讽刺意味。也许德沃金比任何其他法学家都更需要合理的实际解决方案;毕竟,正是他认为我们不应该把时间浪费在元价值的问题上,而只应该花费在特定判断实际上是否正确上。对他来说,研究元价值问题在切断获取最充分证成的途径的同时,也是不负责任的权力下放。

　　1993 年,在接受《独立报》安吉拉·兰伯特(Angela Lambert)采访时,德沃金说自己"不太擅长抽象思维"。我觉得这句话很有意思,尤其是考虑到德沃金是位极其抽象的思想家。1973 年我第一次见到他时,便对此留下了深刻的印象。他提出了最为深刻的问题。我认为,在严肃法律哲学的早期,只有罗纳德·德沃金和约翰·菲尼斯(John Finnis)——后者有天主教经院哲学传统来指导他——坚定地认为,法律实证主义(legal positivism)只有在被假定为一种看待法律的道德方式时,它才有意义。德沃金也很早就意识到语言哲学在 20 世纪 70 年代出现的重要性,以及奎因(Quine)、戴维森(Davidson),特别是克里普克(Kripke)之间的相关性,并且很早就论述过不同解释形式之间的联系,引入了一种抽象层面——在《刺猬的正义》中,这一抽象层面对他来说已经遍及所有价值领域。

　　但是,德沃金所谓"不太擅长抽象思维"的自我评价仍然颇有道理,因为他总是通过实例思考，然后再回到抽象当中。20 世纪 70 年代，在当时著名的《理念人》(*Men of Ideas*) 节目中，德沃金接受布莱恩·马吉 (Brian Magee) 的电视采访时表示，他在发现法律是一门"多么美妙的学科"之前，曾学习过哲学。他的早期著述主要是关于法律的，包括《纽约书评》上对美国宪法案件的批评，以及反实证主义法律理论的发展。这种与法律案件的联系很好地解释了为什么德沃金更喜欢将法律定性为一种"论证性态度"(argumentative attitude) 而非"规则模式"(model of rules)。因为正是在法律论证中，真正的道德论证才完成了最为一致、融贯和成熟的体系化。法律从个案回到抽象；道德哲学则通常反其道而行之。大多数学术界的职业道德哲学家并不特别精通法律。然而，几乎任何一个道德哲学家所能想到的假设性例子都会在某个真实的时刻和真实的地点发生，并且非常仔细的（一阶）思考在解决这个问题时都会进行。更为重要的是，法律所体现的道德知识的形式旨在使制定法与司法判决保持融贯——这便是你说服法官做出有利于你的判决的方式。仅仅向一位道德哲学家展示过去 300 年来英美法院数十万起案件中的一些也就足够了。哲学家会发现，针对每一条看似明确的法律或道德规则，世界上某个地方的某些人都能抛出一个新的、难以解决的问题。无论如何，法官和律师都会考虑到终极命题的道德论证。立法机关的决定和之前法官的判决，都只能提供部分理由。这种难题要求考虑其他假设情形来验证原则：一个在法官这里和律师事务所都很常见的问题，那就是"如果……怎么办？"。德沃金有一次告诉我，他曾经考虑过写一本名为《哲学的导师》(*Philosophy's Tutor*) 的著作，除了法律论证经常产生的为真性问题和语言问题以外，他要专门讨论这个要点。

　　一些读过他的书并接受了他所说的大部分内容的法律人之所以这样做，是因为他们很快就明白了一点，即如果不需要价值判断，法律论

证几乎毫无意义;他们开始更好地理解和阐述自己的领域。两位特别
杰出的学者,加州大学洛杉矶分校宪法学家西纳·谢夫林(Seana
Shiffrin)⑥和宾夕法尼亚大学侵权法学家斯蒂芬·佩里(Stephen
Perry)⑦便是如此,许多著名的法官也是如此。认为德沃金的著述是对
他们所从事工作的极佳描述的法官有:南非前首席大法官亚瑟·查斯
加尔森(Arthur Chaskalson)、大法官凯特·奥利根(Kate O'Regan)和大
法官阿尔比·萨克斯(Albie Sachs),英国上议院前议员霍夫曼勋爵
(Lord Hoffmann),美国最高法院大法官斯蒂芬·布雷耶(Stephen
Breyer),马来西亚大法官戈帕尔·斯里·拉姆(Gopal Sri Ram),以及澳
大利亚大法官迈克尔·柯比(Michael Kirby)。

　　在德沃金的学界读者和批评者中,我将挑出颇为著名的两位,他们
以批评的一致性和细节性而闻名:一位是政治和法律哲学家杰里米·沃
尔德伦(Jeremy Waldron),另一位是政治哲学家杰里·科恩(Jerry
Cohen)。他们两人都经常亲身与德沃金接触,并直接回应了德沃金提
出的论证。他们共同出版了大量著述。例如,沃尔德伦十多年来一直
就现实世界中的分歧问题向德沃金施压。⑧他的批评采取了两种相关的
形式。首先,我们无法现实地期待在正义问题上达成一致意见,因此考
虑到所有真实情况,德沃金所谓我们的个人信念可以提供关于怎么做
的答案的观点是错误的。沃尔德伦似乎认为,正义之外的东西是必要
的(参见第六章)。其次,由于法官是未经选举产生的少数群体,因此立
法的司法审查是不民主的。我认为这两项批评意见实际上是一回事:
我们需要以某种方式绕过正义的要求。我不明白这如何可能。在现实
世界中总会存在分歧。我们无法预测它实际上是否真的会得到解决,
但是,它是否会以正确方式得到解决,这是一个公平或正义的问题。这
个问题的答案必须允许以多种不同的方式来解决分歧,以便使我相信

6

司法审查不一定是不公正的。沃尔德伦明确了一种程序——实体正义之外——来确定前进的方向,因此自然地推论说,多数人的立法优于司法判决。但正义决定程序而不是相反,正确的程序将视情况而定。例如,有关矿工权益的纠纷,通过抛硬币可能会比通过在附近矿工中进行一次多数决产生更好的解决效果。⑨

　　杰里·科恩成为德沃金批评者的时间甚至比沃尔德伦还要久。他不断批评德沃金的资源平等理论,理由是福利平等更接近于正义。科恩为一种反直觉的立场辩护,即社群必须为昂贵品味(taste)买单。⑩对此,德沃金认为,忽视这些买单对其他人选择的影响——从经济角度看,其他人失去的机会成本——不可能是平等主义的。认为我应该对某人的高雅品味(在明知雪茄价格的情况下,他还是养成了偏爱上等雪茄的嗜好)做出贡献,那是不公平、不友好的。显然,如果某人生来就有昂贵的需求,除非得到满足否则就会导致该人出现严重的身体状况,那便意味着他有生理缺陷,而这不是品味的问题;德沃金对此种补偿没有异议。我发现关于这一点的论证——就像沃尔德伦关于正义客观性的论证——远远没有达到真正了解德沃金理论所需的条件。我认为,来自牛津大学的对德沃金的批评相当无效。法律哲学通常以不同的方式进行。根据约瑟夫·拉兹(Joseph Raz)及其多名学生——其中三位已是与拉兹一起在牛津大学贝利奥尔学院(Balliol College)共事的法律哲学教授——的观点,法律哲学是一门非规范性、非社会学的“概念性”学科,按照德沃金在牛津大学的继任者所言,它具有“无趣”(uninteresting)的优点,因为它无意对案件产生影响。⑪这些哲学家在写作和演讲时,似乎认为自己是边沁、奥斯丁(John Austin)和哈特的直系后裔,他们宣扬“法律实证主义”的学说,尽管研究表明,他们似乎只是遵循了该学说的一个非政治版本,这在边沁那里几乎看不出来,但在奥斯丁和哈特那里则比较明显。由于它以一种非政治的法律观点为傲，我看不出它对律师、法官或法科学生准备论证有什么帮助。它宣称对法律实践缺乏兴趣，这使我相信，在一两代人的时间里，牛津大学目前教授的那种法律实证主义将不复存在。

也许正是他非凡的洞察力和道德承诺——这两者似乎结合在一起——让我对德沃金印象最为深刻。我把沃尔德伦和科恩这两位才华横溢的哲学家挑出来，作为可能低估了这种品质的人的例证。对他来说——对任何人都是如此——道德并不允许你有一个超越自身的视角；你必须对自己的观点负责。就沃尔德伦而言，考虑到分歧产生的环境（这一点很重要），你当然不能致力于将分歧缓和为你个人认为不公正的事情。就科恩而言，你不能违背你有关平等的所有信念（科恩的背景是马克思主义的平等主义），来推动国家对昂贵品味的补贴。

我于 1973 年成为德沃金的研究生。我当时很年轻，刚从新西兰远道而来。我带着来自南太平洋的新人的兴奋心情抵达牛津大学大学学院（University College）。我想跟随哈特学习，因为我钦敬《法律的概念》（*The Concept of Law*）的明晰性与逻辑性，但他刚刚成为布雷齐诺斯学院（Brasenose College）院长。当我在信箱里发现一封写有我已经被分配给一位"德沃金先生"的信时，我极为失望。学院门房道格拉斯是个直率的人。"哈"，他幸灾乐祸地看着我说，"你遇到了德沃金教授。你可以走着瞧了。"当时我对他的著述知之甚少，但我曾就他的"法律是个规则体系吗？"（"Is Law a System of Rules?"）发表过一篇短文，其中我直截了当地驳斥了他的理论，说它不像哈特的理论那样"富有启发性"（instructive）。[12]就在我们正式会面前不久，我在一次研讨会上遇到了德沃金，他在会上宣称，他相信"自然的法律权利"。听众们对此持怀疑态度。我被吸引了，因为这种观点对我来说太过荒谬。但我很快就明白了。德沃金的总体意思是,法律人通过对与已经确定的法律权利相一致的权利做出道德判断来参与真正的辩论。

对我来说,得到德沃金的指导是个辉煌的时刻。在我们第一次会面时,我带了一篇手写的论文。我来到他的房间。他平躺在沙发上,抽着一支巨大的雪茄,咧嘴带笑。⑬我笔直地坐在一把棱角分明的古董椅子上。我对他说我的论文没有打印,我把论文读一遍吧。他被这个提议的明显新意逗笑了。"好啊,"他说,"那将是非常牛津式的。"

德沃金有一点一直令我极为钦佩,那就是他"直言不讳"和"实事求是"的能力。他不接受令人难以置信的说法。他不使用行话,不在黑板上列出大型图表,也不玩弄其他"101"式的学术把戏。有一次,当我提到德沃金时,一位英国著名的公法学者激动地对我喊道:"我不用德沃金那种方式说话!"具有讽刺意味的是,公法中的"德沃金式说话方式"无非是"权利""道德""平等""自由""原则""规则""合法性""政策""整全性"和"自由裁量权",那可都是公法话语中非行话的、正常的词语。

德沃金著述的最大特点是,他所写的每一部作品都体现了人性。平等处于核心地位,它所起的作用绝不仅仅是一般原则的冗余限定词,而且与粗陋共产主义所追求的"向下拉平"(leveling down)的平等形式也几乎没有关系。在德沃金的著述中,平等关乎体面,并将尊重他人与我们自己的自尊联系在一起。经历过新西兰 20 世纪五六十年代相对没有阶级的社会,我很快就对此深有体会:我将其与我们当时在新西兰视他人为人(seeing others as blokes)的习惯——尽管有着沙文主义的内涵——联系起来。对德沃金来说,平等并不反对自由,恰恰相反,平等歌颂自由。他人也必须是自由的。另一方面,他人是对我们职责的界定的一部分,因此平等定义了我们可以做的事情以及我们可以拥有的东西的范围。

我很幸运。德沃金最初定期来到伦敦大学学院法律系,90 年代中期开始投入越来越多,随着他继威廉·特文宁(William Twining)之后受聘为我们的奎恩法理学教授(Quain Professor of Jurisprudence)而达到顶峰。直到 2007 年德沃金离开伦敦大学学院,那段漫长时期对我来说是个黄金时代。特别是从 90 年代中期开始,我们极为荣幸地邀请到下列来自伦敦大学学院的优秀哲学家和法学家,他们经常来参加学术研讨会:来自哲学系的迈克·马丁(Mike Martin)、维罗妮克·穆诺兹-达德(Veronique Munoz-Darde)、迈克·奥苏卡(Mike Otsuka)和乔·沃尔夫(Jo Wolff);来自法律系的朱莉·迪克森(Julie Dickson)、多丽·基梅尔(Dori Kimel)和里兹·莫卡尔(Riz Mokal);来自政治系的塞西尔·拉博德(Cecile Laborde)、萨拉丁·梅克勒德-加西亚(Saladin Meckled-Garcia)和科林·泰勒(Colin Tyler);来自边沁项目的托尼·德雷珀(Tony Draper)和菲利普·斯科菲尔德(Philip Schofield)。还有来自其他地方的常客:罗斯·哈里森(Ross Harrison)、詹姆斯·彭纳(James Penner)、珍妮特·拉德克里夫-理查兹(Janet Radcliffe-Richards)、尼科斯·斯塔夫罗普洛斯(Nicos Stavropoulos)和大卫·维金斯(David Wiggins)。在此期间,我还遇到了一群才华横溢的博士生,他们参加了所有研讨,全身心地投入其中:奥克塔维奥·费拉兹(Octavio Ferraz)、查理·格拉普斯基(Charlie Grapski)、乔治·莱特萨斯(George Letsas)、伊娃·皮尔斯(Eva Pils)、托马斯·维亚尔(Tomas Vial)和伊曼纽尔·沃伊亚基斯(Emmanuel Voyiakis)。还有许多学生,包括研究生,例如亚历克斯·布朗(Alex Brown)、斯图尔特·拉金(Stuart Lakin)和劳拉·瓦伦蒂尼(Laura Valentini)。他们达到的水准是惊人的,正如他们所知,我要感谢他们所有人。

　　我拥有我所希望的最好的研究助理,这是我莫大的幸运。埃莱特拉·比埃蒂(Elettra Bietti)准备了随着德沃金的学术进展而日益复杂且难以编辑的"著述题录",在长长的列表中添加了视频和播客,并对文本进行了许多修正。不过,最好的莫过于她关于整体融贯性和实质性所提出的明智和敏锐的建议;非常感谢她所做的一切。

　　关于伦敦大学学院,还有一句话要说。德沃金长期以来"肆意践踏"了学院智识创始人杰里米·边沁的两大学说。但我们不要忘记,罗纳德·德沃金和杰里米·边沁之间有着显著的相似之处。两人都推崇民主,都要求政府采取有原则的行动,并且都认为理论研究应该以关注实际的人的结果为动力。

　　本书的目的主要是传播德沃金的思想,尤其是其法律理论,其中最为重要的是理解他在所有价值领域所达成的整体融贯性。最后我要强调,要想理解德沃金理论的全部精妙之处和道德力量,你必须认真阅读他的主要著作。两部重要著作是《法律帝国》和《刺猬的正义》。我要提醒你们,《刺猬的正义》虽然文笔优美且充满例证,但确实极其难读,必须循序渐进。鉴于(在我看来)迄今对他的主要理论仍然缺乏有效批评,我怀疑,他在该书中提出的观点要被充分理解,是否还需要经历一两代人的时间。

第一章　罗纳德·德沃金的素描

　　罗纳德·德沃金的观点富有独创性,极具道德意涵。他是一位精力充沛、见解独到、才智绝顶且见多识广的思想家,提出了很多具有政治和实践重要性的理论,享有广泛的声誉。几十年来,在法律、政治、哲学和经济学的著作和期刊上,他被大量引用,而那些反对或赞同其观点的严肃学者无疑也一致同意,他的观点具有重要意义。

　　他的新书《刺猬的正义》提供了最为抽象、最为一体化的阐述,其中包括他对其方法论,以及伦理、道德、政治和法律观点的详细论证。简言之,像休谟一样,德沃金认为,科学和价值有所不同,价值上的真理并不存在什么因果解释,能够使得我们对自由意志的一般看法完全可信。对他来说,真理代表着在任何一个研究领域内独立的成功。价值最好被视为一个真命题(true proposition)的统一整体(没有冲突),正如科学家所说的科学一样。他的解释理论是,我们的价值概念本质上具有争议,我们必须理解其"最佳意义";就伦理和道德价值而言,这意味着理解伦理和道德的最佳意义。他的伦理理论是,我们每个人都有责任让自己的生命有价值。他的道德理论和康德的一样,认为我们应该将他人视为拥有与我们同样有价值的生命的人,同时也要遵守使自己的生命有价值的职责;因此他主张,我们的伦理——我们"好好生活"(living well)——允许与他人竞争,但这种竞争不能对他们造成伤害。他的人的尊严理论包含两项原则:作为平等者受尊重的权利和伦理独立的权利。他的人权理论是，侵犯人权的行为表明了国家对人的尊严的藐视，而不是涉及人的尊严的错误，并可能成为国际报复的正当理由。他的政治理论是，政府应当尊重这两项尊严原则；其结果是一种民主理论。他的法律理论是，法律是对证成政府对其民众的强制力的现有实践的最佳道德解释；因此，法律是政治的子集，进而政治又是道德的子集。由于得到正确解释的司法职能在道德上是民主不可或缺的组成部分，因此并不存在原则性的理由来反对针对立法的司法审查。

我们应该把这幅素描与他自己的生活和时代背景联系起来。德沃金是个美国人，1931 年出生于马萨诸塞州伍斯特市。他最初的兴趣是哲学。他在哈佛大学获得文学学士学位，之后在牛津大学获得法理学学士学位，当时他就读于莫德林学院，是已故的鲁珀特·克罗斯爵士（Sir Rupert Cross）的学生。正如他在 20 世纪 70 年代末接受英国电视台《理念人》节目采访时对布莱恩·马吉所言，正是在那里，他发现了自己真正的兴趣所在。①之后他去了哈佛大学法学院学习法律，并在毕业后，于 1957 至 1958 年间担任美国著名法官勒尼德·汉德（Learned Hand）的法律助理。1958 至 1962 年，他成为纽约州律师协会的会员，并在纽约苏利文与克伦威尔（Sullivan and Cromwell）律师事务所执业，主要处理国际商业交易。1962 年，他成为耶鲁大学的法学教授，并在 1968 年获得韦斯利·N.霍菲尔德法理学教席（Wesley N. Hohfeld Chair of Jurisprudence）。

1969 年，德沃金被任命为牛津大学法理学教席教授，直到 1998 年退休。自 1975 年以来，他一直担任纽约大学索默法律与哲学教授（Sommer Professor of Law and Philosophy）。在那里，他每年的秋季学期都会与托马斯·内格尔（Thomas Nagel）共同主持法学院著名的法律与社会哲学研讨会。1998 年，他成为伦敦大学学院的奎恩法理学教授，自

1984 年以来他一直就是那里活跃的教学研究客座教授。他的第一篇论文是关于司法自由裁量权这一主题的,发表在 1963 年的《哲学杂志》上,[②]还有其他几篇论文,主要是评论文章。[③]它们之所以令人感兴趣,主要有两个原因。首先,它们表现出反功利主义的倾向,这种倾向开始从英美政治哲学的荒野中脱颖而出。特别是,我们从中可以看出罗尔斯 1955 年发表的一篇著名论文"规则的两个概念"("Two Concepts of Rules")的影响。[④]其次,它们展现出对法律和政治推理之细微差别的深刻认识。

正是在《芝加哥大学法律评论》上发表的"规则模式"("The Model of Rules")一文使他名声大噪。[⑤]这篇论文带有他后来著述的三个典型特征:文笔优美、充满能量并具有新闻报道式的清晰度;对哈特《法律的概念》的主要信条进行了非常清晰的概括;最重要的是,他对该书提出的命题进行了具有持续性、独创性和建设性的抨击。这篇论文现在作为第二章收录在《认真对待权利》(*Taking Rights Seriously*)一书中,它并未失去最初的力量。尽管他后来的理论重点有所转变,但我认为,新提出的命题是明确的,并且基本上没有改变。[⑥]

这篇论文发表两年后,1969 年,德沃金接替哈特成为牛津大学法理学教席教授。该教席此前由一位美国人担任,那就是亚瑟·古德哈特(Arthur Goodhart)。到哈特于 1952 年接任为止,他已担任此教席多年。英国法理学当时处于低迷状态。正如尼尔·麦考密克(Neil MacCormick)在其关于哈特的著作中谈及那个时期时所言:"法律人对涉及法律的哲学和哲学家的兴趣停止了。在大学里,法理学变成了对经典文本和教科书循规蹈矩的阅读和再阅读。"[⑦]政治理论也处于低迷状态。第一部真正严肃而令人兴奋、或许预示着将有大作到来的著作,是 T. D. 韦尔登(T. D. Weldon)1953 年出版的《政治词汇》(*The*

Vocabulary of Politics)。⑧随着哈特《法律的概念》一书的出版,牛津大学的情况开始有所改观。毫无疑问,正是因为哈特,严肃法律哲学的标准才得以极大提升。20世纪50年代,其他一些著作在该领域具有一定的重要性。人们开始学习朱利叶斯·斯通(Julius Stone)于1946年早些时候出版的三卷本巨著《法律的范围与功能》(*The Province and Function of Law*)。其他以其思想的清晰和广度而闻名的著作是沃尔夫冈·弗里德曼(Wolfgang Friedman)的《当代英国的法律与社会变革》(*Law and Social Change in Contemporary Britain*, 1951),以及他的《法律理论》(*Legal Theory*, 1967)。在英国,劳埃德(Lloyd)的《法理学导论》(*Introduction to Jurisprudence*, 1959)颇具影响力,它对主要的法学流派进行了清晰易读的总结;最重要的是,其中包括大量来自不同法学家已出版著作的阅读资料(尽管这些阅读资料在美国相对常见)。

　　一部过渡时期的著作是《牛津法理学论文集》(*Oxford Essays in Jurisprudence*),这是一部法理学论文选集,由A. G. 盖斯特(A. G. Guest)于1961年编辑出版。⑨这些论文水平很高,尽管现在看来已经过时了。该文集的基调是兼容并蓄的,包括了对"概念"的各种分析,作者们探讨的主题包括"所有权""法律逻辑"和"权利"等等。随着1961年《法律的概念》的出版,牛津大学的法理学模式似乎已经固定。严谨、明晰、分析和对语言的密切关注是其特点。人们对这门学科的兴趣也越来越大,一定程度上体现为大学法律专业学生人数的增长。美国也未能免于这些事态发展的影响,但其法学院的传统,至少在过去30年左右的时间里有所不同。在美国的法学院,人们对法庭上的法律论证机制表现出了极大的兴趣。产生这种兴趣的部分原因是20世纪初美国法学院的一场伟大运动,即走向法庭上"实际"发生之事的"现实主义",远离被认为是"形式主义"的法律"教条"。该种兴趣,再加上对最高法院行使的推翻立法的巨大宪法权力的兴趣(这对美国公民而言是自然而然的),为美国法理学设定了不同基调。毫不奇怪,美国法律人所使用的"疑难案件"(hard case)——智识上困难的案件——一词,在英国相对发展较晚。当然,这一术语在美国确实有着"疑难案件出恶法"(hard cases make bad law)的含义,但它也与"值得上诉"(worth appealing)的案件这个概念保持着联系,正如卡尔·卢埃林(Karl Llewellyn)所言。⑩这种观念早已成为美国法律的一部分。英国没有这样的对应物,在我看来,这是英国的损失。

　　1961年《法律的概念》出版时,德沃金的学术背景既有(已经完成重大转变的)牛津大学法理学,也有美国法理学传统。20世纪60年代也是社会转型时期。这里我们不可能探究当时产生的特定自由主义精神的原因。民权运动已经存在,但即将发生更大的变化,其中一个推动力一定是越南战争。这两大事件都是当时有思想的人们强烈要求融贯阐述政府行为的原则的主要原因,这反过来又为从更公开的政治意义上重新解释和分析诸如"权利"等概念提供了动力。这种政治哲学开始流行。1971年,约翰·罗尔斯(John Rawls)终于出版了他极具影响力的《正义论》(*A Theory of Justice*),其部分手稿已经私下流传了一段时间。

　　简言之,这就是我们要考察的德沃金早期著述的背景。不同思想家对他著述的影响并不完全清楚。罗尔斯和哈特显然给他留下了深刻印象,德沃金开始写作时的法律和政治理论环境很大程度上是他们创造的。罗尔斯的《正义论》是对政治原则的绝妙阐述,尤其是考虑到它开拓了新的领域。哈特在法律哲学领域也是如此。但德沃金对政治证成要求的把握比罗尔斯更加抽象。例如,尽管德沃金使用了罗尔斯的"反思平衡"(reflective equilibrium)思想,但他比罗尔斯更直接、更明确地将其作为"建构"(constructing)而非"发现"(finding)道德论证的方

15

法。德沃金也像哈特一样,对语言的使用保持敏感,但不像哈特那样主要受到 20 世纪 50 年代语言哲学学派的影响。

人们说他深受朗·富勒(Lon Fuller)的影响,并且在美国现实主义者约翰·迪金森(John Dickinson)的作品中也有德沃金观点的明显痕迹,迪金森于 1929 年发表的"法律背后的法"("The Law Behind Law")给出了与德沃金早期作品中的规则和原则区分相类似的区分。⑪更多的相似之处可能出现在德沃金的著述与美国哈特和萨克斯(Hart and Sacks)的法学流派在材料收集中广泛使用的方法之间。⑫但是,尽管富勒在德沃金于哈佛大学学习法律时任法理学教授,德沃金甚至没有选修法理学课程,他们之间几乎没有接触。在那个时期,也就是 20 世纪 50 年代末,哈特到哈佛大学访学,其结果便是著名的关于法律实证主义地位的哈特-富勒论战。⑬富勒关于"法律的内在道德"的观点与德沃金所谓的整全性存在相似之处,但我对以这种方式建立影响关系持怀疑态度。美国有一种完全不同的法理思维传统,它期望对困难或"疑难"案件中发生的情况进行理论化,无论这些困难是由模糊规则还是由邪恶法律体系造成的。

我认为,说德沃金受到任何特定法学家的特别"影响"毫无用处。除了罗尔斯和哈特以外,德沃金从中获得智力支持的环境的主要贡献者是在哲学(也许还有经济学)传统中写作的哲学家,而不是法学家。主要的哲学家包括托马斯·斯坎伦(Thomas Scanlon)、托马斯·内格尔和伯纳德·威廉姆斯(Bernard Williams)。我还要提到另一位哲学家,加雷斯·埃文斯(Gareth Evans)。埃文斯不幸早逝,年仅 31 岁。他极有天赋,精通许多不同的哲学领域,包括认识论和伦理学。⑭1973 至 1975 年间,他和德沃金在牛津大学举办了一系列关于法律和道德的客观性的研讨会。这些研讨会就像铁砧,锻造出了很多思想。⑮关于埃文斯和德沃金的关系,有两件事让我印象深刻。其一是他们对这些问题采取了令人耳目一新的直接经验方法。有趣的是,德沃金1993年接受《独立报》安吉拉·兰伯特采访时,称自己没有很好的抽象能力:他需要通过例证来理解事物。[16]关于抽象能力他说错了(尽管他摆脱了学术上自命不凡的"主义"和行话),但说他最善于举例确实所言非虚;那对一名律师来说非常自然。他最新出版的《刺猬的正义》一书便是通过例证的哲学杰作。在埃文斯和德沃金举办了几次研讨会以后,真理可能"超出其可证明性"的命题终于得到了澄清。正如你将看到的,这个命题对于理解德沃金关于价值客观性的观点至关重要。埃文斯和德沃金随后在不同场合分别邀请了其他学科的一些学者,在向他们解释了问题所在之后,接受了他们最为严格的盘问。关键是看其他学科是否接受这样的观点,即命题不需要证实或证明,也可能为真;显然,这个观点得到了广泛接受,除了许多哲学家(当被进一步追问时,他们似乎认为,他们对其真实性的怀疑也符合检验要求)以外。我记得一位年轻的数学学者在并不知道德沃金和埃文斯想要知道什么时就明确表示,他认为如果其所有命题都必须被证明为真,那么数学便是不可能的。埃文斯迫使德沃金表述得更清楚。他有一种不恭的风格,恰恰适合德沃金思想发展的这个阶段。德沃金在那个时期提出的大部分观点都在接下来的十年里陆续发表。我尤其记得,埃文斯曾经逼迫德沃金阐明,疑难案件中判决的证成与构成法律体系的普通规则之间有什么联系。德沃金回答说,他认为该证成与既定规则的证成相同。埃文斯(我们也是)满意地大喊起来。那些早期研讨会(参加者只是少数对"理论"持谨慎态度的民法学士[BCL]学生,并且人数逐渐减少,但约瑟夫·拉兹、约翰·菲尼斯、约翰·麦基[John Mackie]和约翰·麦克道尔[John MacDowall]也定期出席)的一大亮点是,看看德沃金如何在听众面前将某个观点具体化;有时那是戏剧性的。从那以后我看到过很多次。

　　对于熟悉德沃金后续著述的人来说,这种记忆的力量可能显得陈腐老套。但这是在 1977 年他的论文集《认真对待权利》出版之前,更为重要的是,那是一个主张民主原则与证成法律判决有任何关系就会被认为有悖常理的时代。当我在第一次研讨会上——他发表了一系列有关法律权利的演讲——遇到德沃金,并听到他说他相信"自然的法律权利"时,我感到非常震惊。对于一名实证主义者——当时英国(包括我在内)比美国更多——来说,这听起来如此愚蠢,在许多方面都是错的。我们知道什么是"自然"法学者。他可能相信"自然权利",但更可能根本不赞成"权利"概念。但法律权利似乎是一种实证主义的主张;德沃金的说法无法归入我所接触到的任何范畴。也许这些范畴的影响力仍然很强:学生们试图将他归入实证主义者或自然法学者。长期以来,在更高的学术层面上,对德沃金的解释以一种假设为标志,即他肯定属于其中之一,这一假设本应因 1986 年《法律帝国》的出版而变得不再必要,但事实并非如此。[17]

　　杰里·科恩 2009 年曾对我说,德沃金是他认识的最具"独创性"的思想家。[18]不过,这里也有环境影响的因素。他很早就有了一个稳定的环境。他与一位纽约富人的女儿贝琪·罗斯(Betsy Ross)的婚姻长久而幸福,这种经济和情感上的稳定——以及魅力——一定大有裨益。[19]自从贝琪去世后,他与蕾尼·布伦德尔(Renee Brendel)的关系和最近的婚姻也表现出了同样的稳定和魅力。德沃金的能力很早就得到了认可。他成为美国著名法官勒尼德·汉德的助手。之后,德沃金年纪轻轻就飞遍世界各地(他告诉我,"主要是去非洲国家"),为纽约大所苏利文与克伦威尔律师事务所处理国际商业交易。尽管德沃金和汉德有着不同的政治气质,但显然汉德给他留下了深刻印象,尤其是他关于

"有待论证的案件"（case to be argued）——与英语中的"规则是什么？"（what is the rule?）大不相同——的观点阐述。德沃金对优秀的法官印象深刻，对糟糕的法官则深表厌恶，他能够——而哲学家一般不会——理解公开法律报告中所包含的道德判断（构成丰富而高度结构化的道德知识资源）的非凡丰富性、广度和深度。纽约大学法学院法律与哲学教授托马斯·内格尔自 1981 年起与德沃金共同主持了著名的法律与社会哲学学术研讨会（目前仍在延续），该研讨会的姊妹会在伦敦大学学院举办，德沃金自 1999 年至 2007 年担任主席。在牛津大学，他经常参加一些研讨会。参与者众多，其中突出的是拉兹、菲尼斯、科恩和经济学家阿玛蒂亚·森（Amartya Sen）。他还与伯纳德·威廉姆斯和德里克·帕菲特（Derek Parfit）共同举办过一系列著名的研讨会。[20]

然而，我认为寻找德沃金学术思想的起源是徒劳的。他的态度是，对法律、国家和道德的道德证成问题保持明确的关注。他直接切入问题；严格审查他人观点并不是他的目的。我要强调他对哲学影响的强烈关注。他想让别人理解他所说的话并付诸行动。他有着坚定的信念，这一点并不是特别令人理解，尤其是在英国，这被认为有些乖僻。一个例子是人们经常对德沃金称之为"赫拉克勒斯"（Hercules）的理想法官模型进行的批评，认为赫拉克勒斯实际上就是德沃金本人。这怎么可能是一种批评呢？德沃金当然会把他认为赫拉克勒斯应该说的话通过他的嘴说出来，如果他不这样做那才奇怪呢。同样，有人批评德沃金的观点大体上属于自由左翼。确实如此，但这为什么会成为一种批评呢？也许这些论证支持自由主义。此外，关于价值问题存在正确答案的"他的观点"——这至少是个普通的观点——也被认为是一种自大或"极其怪异"的表现形式。[21]

尽管我们在德沃金的著述中找不到对其他哲学家思想的详细分

18

析,但很明显,他对当代论辩有着全面的掌握,并且拥有令人印象深刻的背景知识,包括伦理学、美学、经济学、语言和逻辑等理论。在《刺猬的正义》一书中,很明显,他与希腊哲学家、霍布斯、休谟和康德联系密切。他发表了很多文章,但要了解他的思想,最好的办法是亲自听他讲哲学。也许他有着欧陆咖啡馆哲学家的气质。他有非凡的能力,不用任何形式的笔记,就能提出一个复杂但逻辑结构合理的论证。1977 年,他在英国国家学术院(British Academy)所做的马加比讲座(Maccabaean lecture)就是这样一场表演。这场讲座长达一个多小时,并且最终的演讲稿几乎原封不动作为第一章收录于他 1985 年出版的论文集《原则问题》(A Matter of Principle)中。[22]他经常被描述为"表演者",我觉得至少在英国,他比在美国更被当成一个怪人(对此我可能是错的)。在英国,"表演者"可能是一个说话没有实质内容的人,一个演员;我毫不怀疑,例如,许多人认为理想的大学教授是斯蒂芬·弗莱(Stephen Fry)。德沃金具有源自其知识自信的超凡魅力,有时却会被误认为傲慢自大。我观察过很多次,他有很多所谓的——因为没有更好的词——先天智慧(raw intelligence)。他能马上理解一个观点,并能以奇快的速度用举例形式想出反证。任何来听德沃金讲座的人都不会认为那是演员意义上的表演;跟上他的思路都是一项艰巨任务。[23]这种天赋在音乐领域很常见,即兴演奏、光彩夺目、手舞足蹈,对此我们认为理所当然;我相信,在对政府制定的规范的麻木遵从已经成为主流(这是错误且可悲的)的学术生活中,这并不多见。

　　让我们回到我先前给出的德沃金思想之简短而浓缩的描述。就法律而言,他的意图是培养我们对法律的论证性态度。事实上,把他想象成一位忙于阐明与其职责有关的所有论证的律师或法官,对理解他的思想很有帮助。然而,他与普通律师有所不同,因为他给自己设定了一个任务,那就是证成所有可能的论证。他想阐明做出影响人们的某种决定的最佳理由。正如你将在本书中看到的那样,我认可这一目标。对我来说,任何将证成问题(question of justification)归入次要地位的法律阐述都忽略了理解法律最重要的一点。这并非否认低估或拒绝道德证成力量的法律阐述具有可能性。思考我们可以从何种意义上理解邪恶法律体系的比较历史是有趣的,然而难道人们不是要首先明白,相比之下,一个非邪恶法律体系是什么样子的吗?[21]

我认为将法律论证的这幅图景作为德沃金法律理论的核心焦点会是有助益的。它为与其他法律哲学家进行比较提供了一个有用的角度,而其中一些哲学家认为自己只是提供了一种关于社会实践的描述性阐述。德沃金的解释观点至关重要(见第四章)。他认为,仅仅描述"法律是什么样的"并不能让我们从中获得多大意义。我们对所有这些规则和制度,包括法院、立法机关、警察等——这些都可以粗略地称为"法律的社会实践"——的整体认知,必然受到我们的判断的影响。我们必须要做的则是清晰化(sharpen)这种判断。我们必须努力使这些社会实践"最有意义"。德沃金在撰写他的法律著述时,相对较晚地提出了解释观点,这使他早期的一些学说更加清晰,特别是他在规则和原则之间所做的著名区分。基本的想法是你要充分利用你面前的一切。我发现执业律师对这个观点很感兴趣。"由此可以得出何种论证呢?",他们在给出一项制定法或一个案例时往往这么说。

对德沃金来说,从"使得某事最有意义"的观点到道德只有一小步。他的法律观就是证成观。我们必须解释法律,使其具有最佳的"道德"意义。换言之,当我们试图确定法律要求或允许什么时,我们必须始终假设它具有道德意义。他追问,除非行为也具有道德正当性,否则以法律的名义证成行为有什么意义呢? 这是德沃金道德和政治理论的主要关注点,它建立在我们可以称之为他的基本原则的东西之上:人们应该得到平等的关怀和尊重。当我们理解法律时,我们必须假设它的最佳意义表达了对人们的平等关怀。

20　　你应该能够看到这一理论对实践的重要影响。一项法律规则的两种对立解释中哪一种更好呢?对德沃金来说,更符合基本原则的那个更好。但是,与人们对德沃金的普遍误解相反,这并不意味着为了理解法律,你只需将法律变成任意一种只要能将人们作为平等者对待就行的东西。这便是谴责德沃金使得法律具有不可救药的"主观性"的要旨所在。德沃金对这一反对意见给出了详细的回答,但重要的是,这些回答并不是他理论的核心。德沃金认为他的法律理论是正确的,这很自然。他给出了支持他的理论的理由。他希望得到批评意见。他所认为的一个附带问题似乎更加抽象且重要,即法律是否可能存在任何"客观的"论证。他转而要求你告诉他,他在论证中哪里犯了错误。在他看来,客观性并没什么惊人之处,其含义只涉及寻求最佳答案的可能性而已。对他来说,那并不意味着需要激烈的争论。

事实上,德沃金在方法论上非常直截了当。他的方法既直观又实用,完全像个律师一样。当然,正如我们大多数人所赞同的那样,光靠直观显然不够。但德沃金向我们提供了他的许多直观见解,并试图在结构化的阐述中解释它们。这种方法让一些人感到困扰。为什么我们应该被带进另一个人的直觉呢?我们要么接受,要么不接受。我们需要论证。然而,这过于简单了。论证使我们改变了直觉,我们的直觉使我们改变了论证。这是一个双向的过程,它有效地描述了我们日常生活中的实际论证。它不应该显得那么怪异。

德沃金的理论是他30多年来所致力于的一个庞大工程的组成部分。这个工程雄心勃勃。随着1986年《法律帝国》的出版,它的法律部分现在已经得到了解决。但在他的思想中,道德、法律和政治哲学——以及法律论证——构成一个完整统一的价值理论的一部分;我们对任一部分所持有的信念,都必须根据我们持有的所有其他信念加以证成。我可以通过与他有关的术语来介绍他的法律理论。简言之,他的自由裁量权理论主张法官在行使最终决定权时受到法律约束。即使现有的法律实践不能提供明确的答案,法官仍然必须对什么样的判决最符合既定法律做出实质性判断。因此,法官受法律约束,不得在更强意义上行使其决策权。在疑难案件——现有的法律实践无法提供明确答案的案件——中,法官不能依赖规则,因为根据假设,并不存在规则。他必须转而依靠德沃金称之为原则的法律论证标准,其中最重要的是人们必须被作为平等者对待(就像"法律面前人人平等"的表述一样)这一基本原则。与规则不同,原则并不在"全有或全无"(all-or-nothing)意义上适用,而是需要更为广泛、更具争议性的论证和证成。作为一个正义问题,人们有被作为平等者对待的权利。这意味着,对德沃金来说,基本原则不可妥协。你不能说,如果我们最终让大多数人过得更好,那么我们就有理由不把某些人作为平等者对待。因此,德沃金并不允许超越这些被作为平等者对待的权利来追求社群目标。换句话说,要认真对待权利,我们必须将其视为胜过(trumping)那些偏离基本平等权利的社群目标的"王牌"。我们无法这样解释我们实际存在的法律实践,以使其符合理想世界中作为平等的正义。这不等于对法律的解释。但事实上,对实际法律最佳的解释也不能成功地证明所有法律都是公平的。德沃金认为,对法律的恰当解释在于整全性理念。通过这一理念,我们必须将法律人格化,将其视为具有自身的整全性,从而使其具有一种道德品质,一种始终将人们作为平等者对待的道德品质。过去的立法和司法事件与现在的判决都是一个整体的组成部分:社群对其公民的平

21

等承诺。最重要的是,法律是一种论证性态度,它源于对法律强制力程
度的关注。德沃金指出:"法律帝国是由态度界定的。"该种态度"是建
构性的,其目标是:秉持解释的精神,用原则涵盖实践以展现通向更美
好未来的最佳路线,又保持对过去的恰当程度的信守"㉕。

　　你现在应该看到,对德沃金来说,法律问题就是关于我们的法律
制度和实践的道德问题。同时,他的理论与实践密切联系,因此容易
理解、颇具吸引力,它否认在平实与抽象之间加以区分具有任何重
要性。

当代的德沃金

　　德沃金于 1998 年离开牛津大学,他对那里的法理学状况相当不
满。伦敦大学学院的情况要好得多。院长杰弗里·乔威尔(Jeffrey
Jowell)不仅对哲学,而且对宪制(constitutionalism)的道德基础,特别是
司法审查制度,在智识上善于接受并且富于同情。伦敦大学学院哲学
系有着相对较多的道德和政治哲学家,政治学系刚刚成立,也有一些能
力出众的政治哲学家。有一群才华横溢的博士生在各系之间穿梭往
来。当时的氛围是自由的、彼此评判的、讲求实际的。在德沃金(和我
们)看来,牛津大学的法理学已经变得毫无建树。2004 年,德沃金发表
了他的"哈特的后记与政治哲学的要义"("Hart's Postscript and the
Character of Political Philosophy")一文。在结尾处,他写下了下面这
段话:

　　　　不久前,在和牛津大学约翰·加德纳(John Gadner)教授谈话
　　时,我说,我认为法律哲学应该是令人感兴趣的。他斥责了我。他

回答说:"你难道没有发现? 这就是你的问题所在。"我接受了他的指责。但请让我解释一下我用"令人感兴趣的"一词所想表达的意思。我认为法律哲学应该既关注比自己抽象的学科,也关注不如自己抽象的学科。它应该关注哲学的其他部门——政治哲学当然包含在内,同时也包括其他的部门——并且它必须对律师和法官具有吸引力。[26]

德沃金被以牛津大学著名法律哲学家约瑟夫·拉兹为核心的法律实证主义学派所困扰。与德沃金不同,拉兹有很多博士生,其中许多人在英语国家的法律和哲学系担任要职;他们忠于拉兹和拉兹的老师哈特。德沃金认为,拉兹所谓法律的"描述性、中立性"方法毫无用处,伦敦大学学院的很多人都赞同他这种观点。拉兹指出,法律哲学关注的是法律的"性质"问题,而不是法律在特定法律体系中的适用问题;法律哲学与政治哲学或一般意义上的道德问题根本没有联系。当拉兹在2000年的学术研讨会上提交论文时,我看到了一种敌意。德沃金发表的评论在拉兹看来是模糊不清的;拉兹会拿起德沃金的一本书,然后说"但你在脚注145所说的,与你在(拿起另一本书)第45—48页所说的相互矛盾"。在某个阶段,德沃金说:"别再挑衅了。"我们都低下头看笔记! 既然这本书是关于德沃金的,他或许应该有最后的发言权。他在2002年的《哈佛法律评论》上指出,这群实证主义者类似于一群热衷于捍卫"行会主张"(guild-claim)的"经院神学家"(scholastic theologian),[27]他们所研究的(1)不是法律实践,也不是特定司法管辖区的法律,因为法律哲学是关于法律性质的;(2)并不涉及规范性政治哲学,因为法律哲学是描述性和概念性的;(3)也不涉及法律社会学或法律人类学,因为这些都是经验性学科:

简而言之，它是一个可以自给自足的学科，不需要背景经验，也不需要有超越它自己的狭窄的世界的任何文献或研究方面的训练或认知。[28]

哈特曾说过(我相信确实如此)，如果德沃金的理论未能成功流行开来，那是因为人们不会接受这样一种观点，即在无法展示或证明正确答案是什么的情况下，法律问题仍然可能存在正确答案。[29]德沃金的法律理论也必须允许这种可能性，因为对他来说，法律理论必须是对主流政治和法律文化的"解释"。如果它解释的是一种人们完全不接受存在原则的竞争，只有原则的冲突的文化，那么实证主义可能是唯一能够解释这种文化的自由主义法律理论。哈特的评论并不是一种严肃的批评。德沃金的理论更好地描述了英美法律和政治文化。事实上，在我看来，他所提供的描述性"符合"(fit)的论证等同于他的道德实质的论证。我与许多执业律师和学生(至少在英国)的亲身经历是，他的理论提供了一种很好的描述。尽管如此，一些律师仍持相反意见。他们认为，德沃金误解了司法谦抑(judicial deference)的作用，找出法律并不需要任何道德上的努力，只需要找到先例和制定法。

我认为出庭是一种很好的检验。让我们以英国高等法院为例，尽管美国的任何上诉法院都与此类似。两名出庭律师从1961年《工厂法》(Factories Act)的各项规定开始其今天的工作，一小时后，他们将在法官面前会面。每一方都要提出一项论证，一方支持被告在本案特殊情况下负有隔开危险机械的法律义务这个命题为真，另一方则主张同样的命题为假。每一方都掌握相同的案情，并熟悉其内容。每一方都知道被告有权得到公正的审理。每一方都清楚，制定法或先例中并不存在现成的"答案"，答案在于对制定法规定和先例的最佳解释。他们知道法官会试图得到"正确的"答案。他们知道,他们和法官都可能犯错。他们相信他们所做的并非毫无意义。在提出他们的论证时,他们相信这些论证既是法律论证,也是道德论证。他们根本不会认为,当他们对其公平或正义做出判断时,他们抛弃了法律而放飞自我。他们对自己所相信的法律的客观要求和许可做出主观判断。

很难对德沃金的思想进行一般定性。理查德·波斯纳想搞清楚德沃金是"真正的康德主义者"(genuine Kantian)还是"平等主义学派的功利主义者"(utilitarian of the egalitarian school)。㉚就他认为人们有权获得平等关怀和尊重的对待来说,他是康德主义者。德沃金思想中这一非常抽象的原则主张人作为目的而不是手段的重要性。他还坚持平等理念,这符合康德对于道德规则之普遍性特征的坚持。尼尔·麦考密克曾将他描述为"前边沁主义者"(pre-Benthamite),这指的是德沃金并不认同将法律事实与法律价值区分开来的现代观点,或者用边沁的话说,他并不坚持"说明性"(expository)与"审查性"(censorial)法理学的区分。㉛然而,他也带有边沁的特点。与一种普遍的看法相反,德沃金并不完全否定功利主义。由于他的政治理论广泛依赖于对现有政治实践的解释,而其中许多实践被普遍认为是功利主义的,因此他的一些思想理所当然地带有功利主义的背景。事实上,他有关权利的核心思想的力量,取决于其"压倒"提高平均效用的背景论证的能力。但在理想世界中,他放弃了将福利作为衡量标准的想法,㉜这意味着德沃金不接受功利主义,即使是他认为最有意义的"平等主义"形式。另一方面,边沁坚持法律的公开标准的重要性,这与德沃金坚持官方决策应公开阐述原则差别不大。此外,回到边沁对法律的说明及其批判之间的区分,该区分并非建立在对"实际情况如何"的描述之上,而是建立在这种区分的功利价值之上:边沁认为,应该由法理学而不是事实来决定法学家如何看待他的材料。[33]

　　密尔怎么样呢?德沃金在建构受到公共保护的私人资源领域时使用了个人平等的概念,这让我们乍一看觉得就是密尔式的观念。但经过仔细考察,我们发现,德沃金的个人概念并没有密尔那样私人化。私人领域被作为公共领域问题的正义"参数化"(parametered),一个人的生命将通过他在参数范围内的行为来严格衡量。[34]因此,柏拉图相对于"正义制度"(just system)的"正义的人"(just man)观点,更接近于德沃金而非密尔。[35]另一方面,如果这对其他人的生活产生影响,那么人们不应该在功利主义计算中被"二次"计数,这种观点是典型密尔式的。[36]这与密尔关涉他人行为的观点非常接近,但密尔毕竟是位福利功利主义者。正如我们将在第十章看到的那样,德沃金没有将福利作为公平分配的衡量标准,他显然不是一位密尔式的功利主义者。

25　　　　这些比较对我们并无助益。德沃金并不属于正统的范畴。认为法律论证主要是关于权利的,在这个意义上他的法律理论是激进的;认为这种论证受到历史的制约,在这个意义上他的法律理论又是保守的。他是自由论者,既重视雄心抱负(ambition)又维护色情制品权利;他也是社会主义者,主张任何人都无权获得比其他人更大的资源份额。特别是,他主张对人们单纯通过天赋积累的资源征税,而不是对其施展抱负积累的资源征税。尽管他利用了现代经济思想,但他放弃了以福利衡量的正统标准,转而支持资源标准。最后,他既不是自由主义的"原子论者",也不是"社群主义者",他认为这种区分不过是流于表面。我认为,经过这些考察,我们可以将他归类为一个独特的、富于独创性的思想家。

　　现在有必要从背景介绍转向德沃金法律和政治理论的细节。我已经说过,他的法律理论具有独特性,这既体现在他对他所解释的法律实证主义的抨击方面,也体现在他使法律论证与政治和道德论证相统一的方面。在《刺猬的正义》一书中,他明确指出,法律是政治思想的子集,而政治思想又是道德思想的子集。

由于他的大部分著述都来自对法律理论的探索,并且因为他凭借对一种著名法律理论的抨击而获得了早期的认可,所以我将首先考察法律实证主义。我特别关注该理论的一个版本,德沃金早期将其称为法律的"显明事实"(plain fact)观点。我相信,按时间顺序来理解德沃金会有所帮助。与这一讨论相关的是对德沃金提出的处理法律中困难或"疑难"案件的替代方法的考察。然后,我将着眼于德沃金的方法论,探讨他理解某些人类实践——特别是创造性实践——的重要方法,以及他"解释性"概念的观点。

接下来我将考察他体现在整全性概念中的法律理论。我将研究这个概念,特别是它与其裁决理论的联系。在第六章中,我将探讨法律义务和政治义务的联系,德沃金将该种联系称为友爱联系或社群。

我将在第九章用一章的篇幅来研究他最新的,也是我认为最重要的一部著作《刺猬的正义》,这本书阐明了价值——特别是伦理和道德价值——的统一性,以及价值相对于科学和一般经验真理的独立性。考虑到其主题的一般性,显然该书借鉴并解释了德沃金整个理论体系的其他部分,因此我在整章中会不时指出他这么做了的地方。在这一章,我还将探讨《刺猬的正义》中提出的那些新的观点。

虽然为了理解他的法律理论,我们有必要对他的道德和政治理论有一定了解,但显然没有必要无所不知。我把这部分理论的讨论留给了后面的章节。然而,我应该指出,"资源"平等的观念对一些法律案件,特别是过失和妨害的经济分析颇有影响,而政治原则中公正性(impartiality)这一核心理念则对涉及个人道德问题的案件颇有影响。

26

　　在第十章,我将在平等理念的语境中考察资源和福利之间的重要区别,以及德沃金所谓只有资源平等才能尊重自由理念的观点。在第十一章,我考察了德沃金早期对政治自由主义原则的基础所进行的证成。这里的论证主要来自于他在《刺猬的正义》之前的主张,特别是他1990年所做的坦纳讲座(Tanner Lectures)。《刺猬的正义》的重点有所变化,但我认为他并没有从根本上改变他的观点。他有关我们应该如何生活的伦理观在那里表述得有点严格;或者至少这是一种时不时被称为他的"质疑"理论("challenge" theory)的解读方式。[30]但我并不认为这一理论与《刺猬的正义》中提出的观点(即鉴于道德源于个人伦理,一个人过好自己个人生活的责任将成为我们应该如何在道德上对待他人的一个组成部分)不一致。无论如何,我认为,对他在《刺猬的正义》出版之前的思想给出独立的阐述极为重要。

　　将德沃金所说的有关宗教的一些有趣内容,与他在关于堕胎和安乐死的大量著述中经常使用的"世俗神圣性"(secular sacredness)的观点结合在一起,似乎颇为适当。这些都出现在最后一章,即第十二章中。

第二章　作为显明事实的法律

　　德沃金在过去40多年中对法理学的贡献主要体现于他对一种看待法律和法律论证的特殊方式的持续批评。特别是,他批评了一种具有广泛影响力的学说,即法律实证主义。简单说,该学说坚持道德与法律的识别无关。它始于托马斯·霍布斯,①并发展成为当代的复杂形式,例如 H.L.A. 哈特和约瑟夫·拉兹的理论。德沃金对它的抨击持续而精细。他著述的标志之一便是他对法律实证主义要旨(point)的持续关注。之前没有人想到过这一点吗?探求要旨或目的是从亚里士多德开始的古老传统。早在法律实证主义之前,亚里士多德和阿奎那(仅举最著名的两位)就提出了我们应该如何看待法律的实际问题,并给出了他们的答案。法律实证主义者是否对实证主义的目的如此不清楚呢?这是个有趣的问题。我认为,有时被称为"法律实证主义之父"的边沁认为法律实证主义具有功利主义的要旨(参见第一章)。其他法律实证主义者则模棱两可,例如哈特和凯尔森(Kelsen)等。这种模棱两可徘徊于以下两种思路之间。

　　首先,在某种意义上,一些法律实证主义者只是想"描述"法律。作为一种社会事实的复合体,法律就在那里。这当然是他的信徒约翰·奥斯丁的意图,尽管在很有保留的意义上,也是赞许地提到"法律科学家"(legal scientist)的德语法律哲学家汉斯·凯尔森的意图。②哈特的杰出著作《法律的概念》无疑是以这种方式开始的,他在"前言"中给出的众所周知的肯认是,除其他目的外,他旨在发展一种法律的"描述社会学"。③这是法律实证主义的一个面向。这种法律观是我们对压制性法律体系进行比较阐述的基础。当然,这种阐述可以用于某些实际目的,例如历史学家、独裁者或寻找法律体系之间差异的人类学家的那些目的。我认为,第二个面向在更明显的意义上是实际的:法律必须能够被明确可识别的公共标准识别,以使公民能够区分其良知的要求和国家的要求。哈特在《法律的概念》中谈到了实证主义的这个面向:

> 如果人们要能够洞察政府的权力滥用,他们最需要的是记住,承认某个规则有法律效力,并不决定遵从问题(question of obedience)的结论,而无论政府体系有如何崇高的威严和权威光环,它的命令最终仍必须接受道德的检验。④

这是一种自由主义观念,而且 19 世纪初实证主义的发展与自由主义的发展并行不悖,这并非巧合。这种观念在边沁"说明性"和"审查性"法理学之间的区分、⑤奥斯丁"法律的存在是一回事,它的优劣是另一回事"的主张,⑥以及后来凯尔森关于以作为"科学"的法律对抗暴政的倡导⑦中都得到了明确体现。罗纳德·德沃金的法律理论也是自由主义的。通过要求"受到平等关怀和尊重"这种抽象而自由主义的权利(通过该概念的有争议的观念)作为一个法律问题得到辩论,它被融入了一种自由主义观念,即国家必须保护个人自主权。德沃金的理论在这里背离了实证主义。尽管如此,他还是要求政府官员做到"表达一致性"(articulate consistency)。⑧这在一定程度上便是他所谓根据原则做出决定的意思所在;在这种意义上,他的理论符合实证主义者的公共标准要求。⑨

实证主义突出的道德优点是宣告国家要求有其限度。它告诉我们法律在哪里停止,意识形态在哪里开始;在政治观点同质化程度较低、存在不可调和的意识形态或原教旨主义观点冲突的文化中,实证主义对自由主义很有吸引力。[⑩]根据实证主义的观点,由于对国家要求什么几乎没有争议,意识形态无法以法律的名义出现。在欧洲大陆部分地区和拉丁美洲,实证主义的这一特点被认为是其优点。政治共同体的文化不一定会被冲突淹没;相互竞争的想法和利益可能成为一种健康文化的组成部分。我们可以通过理解意见的多样性而团结起来。现有的一个共识可能是,某些类型的信念很重要,比如有关民主、平等或权利的信念,而关于这些问题的论证恰恰是有争议的。我认为,这种更复杂的同质化在美国和英国都已成为现实。这是一件好事,它需要得到保护。它允许以更复杂的方式看待法律。在人们认为他们的观点是竞争而非冲突关系的社会中,法律实证主义所谓法律从意识形态的终点开始的明确声明没有必要。在美国,这种同质化很大程度上源于强有力的民主历史,也源于公开的成文宪法之论证的强大核心力量。在英国,复杂的同质化可能以更为平常的方式发展。他们很少通过一套公开理解的原则来规范英国的政治宪法。另一方面,英国的文化不如美国那样多样化,但它有着宽容、明智和清晰论证的强有力传统。

按照时间顺序对德沃金的著述进行解读,将会以他对法律实证主义的批判为出发点,因为与哈特——他的理论是从他对法律命令理论的批判演变而来的——一样,德沃金的一般理论也是从他对法律实证主义的批判演变而来的。但他自己理论的力量经常被遮蔽或误解,要么是因为人们认为他没有公正地描述实证主义,[⑪]要么是因为人们没有理解或阅读德沃金后来发展出的价值负载的"解释性"法律阐述。我认为德沃金正确地抨击了一种他最初称之为"显明事实"的法律观;德沃金将任何根据经验性、描述性的命题对法律所做的阐述都视为"显明事实"或"外部"法律观。⑫我认为这种观点提供了一种被普遍接受的法律实证主义形式；我认为在哈特《法律的概念》开头部分中该种形式也显而易见。在本章中，我将探讨德沃金所认为的显明事实观的吸引力和局限性。

这种显明事实法律观具有可以理解的广泛吸引力。它断言，法律最终是通过参考达成的共识（由某个特定群体达成，法律"渊源"在于某种"社会事实"）或者其他经验事实来识别的。为了说明这一点，我们可以以英国的谋杀法为例。看上去不可否认的是，这包括在规定时间内以行为造成死亡，该行为带有致死或严重身体伤害的意图，并且不存在有合法辩解或正当理由的情形。法律人接受英国谋杀法如此规定的"显明事实"，任何对英国法律稍有了解的人都无法明智地否认它——这是英国法律体系的一个事实。对这一观念的考察将我们的注意力引向法律和政治哲学中困惑的两个重要根源：第一个观点是，所谓法律概念包括有关其适用的共识标准（也就是说，法律概念是"标准的"）；第二个观点是，通过假设它只是其他一些现有的经验事实，世界上的经验事实甚至更直接地决定了法律。我认为，这两个问题都通过德沃金对任何形式的经验事实——我们的共识或所有其他凭经验可以确定的事物（"莫龙"*）——都可以决定价值问题的否定得到了回答。

关于显明事实法律观，特别令人感兴趣的不是它所具有的任何形而上学地位。相反，它令人关注是因其道德上——进而，实践上的吸引力。它根本不是一种价值中立的形而上学法律解释，而是一种旨在促进确定性价值和公民独立性的基本上隐含的提议。

---

* 原文为 morons，这是德沃金仿用物理粒子自造的词语。——译者

显明事实实证主义的吸引力

请注意,我们可以以某种超然的(detached)方式描述人们应该做什么,而不必申明我们借以衡量他们行为的价值。我可以说,一位国际象棋棋手总是"应当"在棋盘上向前移动棋子,这只是意味着,根据我对规则的解读,我认为那些规则要求这样做。或者,作为唯一一个能说两种语言的战俘,我可以把监狱指挥官的命令翻译给我的狱友们。[13]对规范性行为进行超然描述的可能性,对于理解现代法理学论战非常重要。在许多人看来,法律理论应该描述法律的"社会现象";我们可以将法律描述为规范性的,但我们不必承诺于它所要求的。无论如何,这便是许多人,包括哈特本人,理解《法律的概念》的方式。这种常见的观点忽略了我们可能会非超然地选择从超然角度看待法律的可能性。我们可能认为,如果"用见证者的话来说",一种阐述会更好;例如,通过其他人在同时代日记中的解释来呈现历史事件。以这种方式解释历史的选择可能不是非超然的,** 因为它可能被选择来服务于某种价值,例如理论上的雅致和融贯性。但这也可能是一种直接的道德选择,比如目击者对处决的报道使得事件的道德错误性令人震惊。使用镜头这种超然的眼睛也会涉及道德判断。

法律实证主义宣称,道德最终与什么在法律上有效的问题无关。哈特的界定如下: 31

> 我们这里所说的法律实证主义仅仅是主张,无论从何种意义

** 原文如此。——译者

去看,法律都不必复制或满足道德的要求,尽管事实上它们经常这么做。[14]

在另外两段众所周知的陈述中,他补充说,他的"承认规则"(rule of recognition)是检验我们法律体系中的法律是否被识别为法律的标准:

> 承认规则存在的形态,必须是法院、政府官员和一般人民,在援引其所含判准以识别法律时,所做的复杂但通常是一致的实践活动本身。承认规则的存在是事实问题。[15]
>
> 到底承认规则是否存在以及其内容为何,换言之,任何一个法律体系中的效力判准为何,在本书中被视为一个经验上的事实问题,尽管这是个复杂的问题。[16]

哈特为确立承认规则至少给出了两个理由。在《法律的概念》前半部分,他的突出主题是,如果没有承认规则,就无法"治愈"社会不确定性的缺陷。在后半部分,他的突出主题是,因为公民能够将道德良知的要求与国家的要求区分开来,"官员对权力的滥用"将被揭露。

如果我们只将确定的东西当作法律,只将明确区分个人道德良知和国家"要求"的东西当作法律,那么价值就被排除在外了:并不存在决定价值的经验事实("价值统一性"命题)。因此,当法官基于公平、公正或正义的理由做出判决时,由于这些都是无法通过"显明事实"来决定的判断,所以他的判决就不可能是适用法律规定的问题。由于价值判断本质上具有争议,因此这种判决只能是法律以外的(extra-legal)(比如,就像法官运用其自由裁量权在最低和最高时限之间决定一个刑期时那样)。[17]

德沃金指出了哈特方法论的两个面向,一是对超然和中立的描述方法的依赖,二是提升实证主义在确定性中的价值,但他拒绝接受这两点。[18]他认为这些实证主义形式是错误的。他拒绝他称之为"语义"实证主义的描述性方法,因为并不存在共享意义。这就是为什么他提出替代的"解释性"理解。法律是评价性的,关于法律是什么,我们有着对立的理论,将其作为我们实践中最具道德意义的实践来运作。在某些案件中,法官和律师对什么算是法律("法律根据")存在"理论上的"分歧,他们所做的不仅仅是琐碎地争论既定标准是否适用。[19]

德沃金也否认法律实证主义有适当的道德意义。他指出,在决定法律效力问题的论证中包含而不是排除道德论证,具有更大的道德价值。此外,他还指出,这并不否认实然法(the law as it is)与道德上的应然法(the law as it morally ought to be)之间存在区别。[20]

自由裁量权的不同意义

实证主义的一个结果是对司法推理的阐述。用德沃金的话说,这一版本是一种"强"自由裁量权理论,根据该理论,当法律问题确实存在争议时,法官可不受法律约束地做出任何决定。哈特虽然特别提请注意法律规则表达的"核心"和"边缘"之间的区别,但并没有直接处理法官在其自由裁量权范围内必须做什么的问题。[21]另一方面,奥斯丁和凯尔森认为法官拥有立法权,但他们也都认为,这些权力被限制在法律约束原则(尽管更为广泛)的范围之内。奥斯丁认为,法官只有根据主权者的意图才能被赋权。[22]凯尔森声称,根本不存在法律"漏洞",因为他认为,如果法官被授权在没有涵盖该事项的"一般规范"的情况下对某一特定纠纷做出裁决,那么其将"个别规范"加入现行法律的做法就是有效力的。之所以如此,并不是因为法律存在漏洞,而是因为当法官认为它在"法律-政治上不充分"时,有权对其进行补救。[23]

德沃金认为,无论理论家们是否意识到,这些颇具影响力的实证主义理论都蕴含着一种强自由裁量权理论。他认为,司法实证主义是实证主义的显明事实类型的结果,[24]这意味着,法律在关于法律识别的共享意义或理解之不确定性开始时结束。对德沃金来说,"显明事实"实证主义具有排他性。它要求任何未被认定为显明事实的东西都不能被恰当地称为"法律"。我认为,哈特的"显明事实"版本和价值版本都证实了排他性观点。[25]

德沃金曾多次因为提请人们注意自由裁量权在我们的法律体系中的不同意义而被引用,他的第一篇论文[26]便是关于这个主题的。了解他在后来的著述中,特别是在"法律是个规则体系吗?"一文中如何发展他所提出的观点,这很令人感兴趣。德沃金对自由裁量权概念的分析表明,区分这些问题是多么重要,因为对他来说,最基本的想法是将自由裁量权集中视为判断。官员,特别是法官,在行使自由裁量权时,必须做出适当的判断,并且该种判断必须具有公共性质,以回应公众争论。在行使自由裁量权时做出的特定判决是否适当,是可以通过法律论证来检验和控制的。我认为,这样做的结果是,为控制官员自由裁量权的使用而设立的法庭和其他机构必然反映法院的自由裁量判决,仅在机构的特殊主题要求其实现其特定目的时才有所不同。如果我们将自由裁量权视为判断,这个结论便很容易得出:国家官员做出的判断必须符合适当的标准,而且可能是错误的。将自由裁量权视为许可的观点毫无意义。

德沃金分析的自由裁量权有三种意义,两种弱意义和一种强意义。[27]第一种意义是我已经提到过的判断。例如,当一名中士被指示挑选五名最有经验的男性士兵时,他"可能被赋予了很大范围的自由裁量权"。在此我们的意思是,虽然他没有得到比这更精确的指示,但他必须做出判断来决定他的手下中谁最有经验。理解这一意义对理解德沃金至关重要,他的例子很有帮助。当然,可以说对中士而言这种选择很难,或者无法通过任何特殊检验来确定。同样显而易见的是,我们可以批评他的选择。我们可以批评他缺乏判断力,也可以批评他不遵守明确的规则,就像他没有选择他最有经验的手下,或者只选了两个男兵,甚至只选了女兵时我们会做的那样。自由裁量权的这一意义渗透在普通法当中,其例子俯拾皆是。其中一个例子体现在法官根据禁止车辆进入公园的制定法,宣称滑板为车辆的著名案例中。在已经讨论过的隐私权案件、多诺霍诉史蒂文森案(*Donoghue v. Stevenson*)以及现实中法院审理的大多数案件中,法官行使的都是这种意义上的自由裁量权。

如果不将第一种弱意义与"强"意义区分开来,就不可能充分讨论自由裁量权的重要性。用德沃金的话说,后者发生在一个人"根本不受有关权威制定的标准约束"的情形下。[29]我们现在不妨想象,中士只是被命令任选五个人进行巡逻。这里没有具体说明士兵的特殊素质要求,中士在做出选择时有"强"自由裁量权。这两种意义之间的对比很重要,在理解德沃金时造成了许多困难。他不厌其烦地强调,强自由裁量权"不等于许可",应该做出适当的判断,而不能做出愚蠢、恶意或粗心的判断。所谓强自由裁量权只是说,他的决定不受特定权威在自由裁量权问题出现的语境中提供的标准的控制。如果说在这种情况下,中士也受到标准的约束,那么弱自由裁量权和强自由裁量权之间的区分怎么可能像德沃金所主张的那样鲜明呢? 我认为,对该区分的这种描述是令人遗憾的。要说强自由裁量权领域是"特定"权威没有"提供"标准的领域,看起来就像在说,因为没有谱系检验来确定他要适用的标准,所以法官有强自由裁量权。如果我们赞同这一点,我们就必须根据定义认为,实证主义者给我们提供了一种疑难案件中的强自由裁量权理论。实证主义者很可能会因其循环论证而否认德沃金此举的有效性,并且可能合理地要求一个更有力的论证,以使他认为实证主义者在疑难案件中必然会接受强自由裁量权。出于这样的理由,德沃金的论证受到了批评,即事实上,自由裁量权的概念并不符合他所坚持的鲜明区别,而是作为一种从极弱的自由裁量权("滑板是车辆吗?"),通过较弱版本("什么是合理的贸易限制呢?")到强自由裁量权("如果他认为适合,部长可以做……")的渐变而存在。

    这种批评虽然很常见,但毫无帮助。在某种程度上,这就像是通过指出年轻和成熟之间的渐变来消解两者之间的区分。肯定渐变后,接下来怎么样呢? 年轻和成熟一样吗? 当然不是。我还认为,第一种弱意义和强意义之间的区分对我们理解法律程序有着有益的作用,我稍后将试图说明这一点。如果可以证明它有独立的目的,那么这种区分应该为德沃金所谓实证主义者只能支持一种强司法自由裁量权理论的观点提供某种非同义反复的支持。在任何情况下,当被问及借以识别法律标准——那些在弱自由裁量权情况下约束法官的标准——的检验是什么时,实证主义者都会感到尴尬。他只能提出惯习主义(conventionalist)类型的论证。他建构了越来越抽象的惯习来证成疑难案件中的各种命题。他将以柔性惯习主义方式结束。他的"检验"相当于"符合特定权威提供的标准的最佳意义"。这种检验将具有如此复杂和抽象的性质,以至于与采用惯习主义方法的要旨的联系将完全丧失。

35   法官有弱自由裁量权,在这种情况下,他必须就什么是"合理的"做出决定,就像中士有弱自由裁量权来决定他的手下中谁最有经验一样。在这些情况下,我们很清楚特定权威提供的标准是什么。但这类情况并非最常见的情况,更为明显和成问题的情况是法官必须就类似情形做出决定,例如,他必须决定滑板是否是车辆,或者未婚异性恋伴侣的隐私权是否可以扩展到同性恋伴侣。对此法官拥有弱自由裁量权,而且并不存在特定权威提供的标准。仅仅宣称法院必须适用立法机关的意图,或者落实公民获得公平裁决的权利,这肯定不足以形成权威的立法制定或司法决定。换言之,德沃金可以坚持自己原来的立场。这是因为,实证主义不能既对法律进行相对简单的谱系检验,此外又声称,当法官面对诸如(哈特的例子)在制定法禁止车辆进入公园的情形下旱冰鞋是否属于车辆的问题时,他受法律的约束。为了避免陷入柔性惯习主义的泥沼,实证主义者必须完全否认弱自由裁量权的存在。他无法仅仅因为否认标准"是由特定权威提供的",就主张存在弱自由裁量权。

在此我们可以借用一下德沃金所谓与艺术的类比。它以一种直观的方式帮助我们理解这两种至关重要的"自由裁量权"意义之间的区别。与艺术的类比有其自身的问题,但我相信这会有所帮助。让我们想象一位音乐学家想要创作一段乐章,以完成舒伯特的《未完成交响曲》(*Unfinished Symphony*)。这个项目显然是有意义的。作者以外的人完成了小说、诗歌和戏剧创作。与其关注原创艺术家未完成的作品是否算是"真正的"艺术或"作品的一部分"等等,不如关心如何继续完成作品。法律论证是否具有创造性呢? 询问某些在法庭法律辩论方面经验丰富的律师,你很快就会发现这是一项极具创造性的工作。伟大的法律判决是否具有创造性呢? 很难给出否定答案。我们可以否认"创造性"的判决是符合法律的,正如德沃金所言,如果实证主义者不想陷入柔性惯习主义的泥沼,他们必须如此论证。主张所有创造性的判决都与法律无关,这是一个令人满意的回答吗? 如果我们认为这并不令

人满意——就像我所认为的那样——那么我建议,我们应该接受音乐
类比所带出的观点:既受约束,同时又有创造性,这是可能的。弱自由
裁量权的概念应该抓住这一点。创造与约束的结合使我们有可能理
解,为什么"自由裁量权"和"法律"不是对立、矛盾的概念。这表明,英
国行政法学家经常提出的问题,即"这件事是受法律控制的,还是自由
裁量权问题?"是欠考虑的。所谓法律的创造性建构仅仅是个与先例是
否一致的问题,这种说法也并不正确。

自由裁量权的第二种"弱"意义

德沃金单独考察了自由裁量权的第二种弱意义,它仅指官员有权
做出决定这一事实。这种意义应该没有问题,但它经常与第一种弱意
义相混淆。第二种意义只意味着官员有权,正如我们说军士对他选择
哪些有经验的人拥有自由裁量权。这与第一种意义明显不同,因为我
们可以说他的决定虽然有效(他有做出决定的自由裁量权),但他行使
得很糟糕(他的自由裁量权行使表明他做出了糟糕的判断)。换言之,
我们可以认为,一个决定既是有效的,也是糟糕的。这种现象在法律上
当然很常见。高等法院的裁决依据赋予其决策权力的规则而保持有
效,直到被更高一级法院推翻。这有着充分的实践理由。法律是一项
非常实际的事业。即使存在错误的可能性,决定也必须被做出并执行。
因此,我们应该毫不犹豫地说:"这是法律,因为它是由上议院决定的,
但我认为它是错误的,因为它基于错误的推理。"学者们就是这样做的;
执业律师也经常辩称之前的法院判决在法律上是错误的,并在实际案
件中向法官指出这一点。

　　只有在我们认识到法院随意决定的自由裁量权与其在疑难案件中

做出判决的自由裁量权之间的区别时,这一观点才有意义。这种区别也给实证主义带来了一些困难,因为据说位于最高层级的法院的决定提供了谱系检验。对实证主义者来说,该观点即,当最终的上诉法院决定一件事时,那就是法律。那么,既说它是法律,又说它在法律上是错误的,这怎么可能有什么意义呢? 答案只有一个,那就是采用德沃金的区分,而不是表明它毫无意义。这是说,因为法院没有考虑到之前的权威裁决,所以判决是错误的。换言之,该判决是疏忽所致的(per incuriam)。然而,这并不是一个特别令人满意的答案,因为这样的判决相对罕见(或很少被承认),而且对终审法院判决之法律依据的批评在范围上比使用"疏忽"这样的批评所允许的范围更广。律师和学者通常不会因为关键先例被忽略而批评判决,但会出于更复杂的理由——这类理由包含在不同的抽象层次中,并试图从整体上理解法律——批评判决。换言之,对德沃金而言,出现在所有疑难案件中的可操作的自由裁量权意义是自由裁量权的第一种弱意义,即法律人(不论是法官、出庭律师还是法科学生)不能放弃进行法律判断,无论案件是易是难。

回到显明事实

诉诸显明事实使得一项论证更加强且有力。在日常看待事物的方式中,通过相对简单的经验方法可以发现相关法律命题是否为真。然而,一项实际结果论证源自刚刚提到的识别法律的经验可能性。可以被如此明确地识别——如果它就是这样可识别的——似乎是法律的一种美德:它无须进行任何价值判断! 换言之,存在支持以"显明事实"方式来识别法律的实践理由。无法把握实践理由对以"显明事实"观看待法律的证成方式,引发了许多问题。人们通常以法律实证主义毫无生气、"非道德性",且鼓励"法律科学家"对事实进行"冷静的""分析性的"评价为理由来谴责它。然而,从实践理性的角度看,"毫无生气"的评价是有好处的,因为它现在可以被称为一种美德,进而能够在协调和指导我们的社群生活的能力方面保持严格的公正。然而,论证采取了与此不同的转向;我们可以放弃对法律的"显明事实"阐述,而只关注采用将法律和道德严格区分开来的法律观念的实践理性。

　　我认为,哈特的《法律的概念》应该被解读为对理解法律的一种特定实践方式的证成。他建构了一个初级规则和次级规则的模式,据此,变更、裁决和承认等次级规则将施加义务初级规则的简单制度(从"前法律"领域)提升到了法律领域。这一模式得到了证成,因为通过补充次级规则,它弥补了社会——该社会无法通过有意识的决定来改变其规则,它没有法院系统,也无法确定哪些是该体系的规则——的"缺陷"。这些缺陷中最重要的是仅有初级规则之简单制度的"不确定性"。人们不知道哪些规则是法律规则,他们不知道如何根据法律规划自己的生活。这是使得法律识别尽可能明确、显明的非常实际的理由。坦率地说,哈特的效力理论——其关键概念是他的承认规则——取决于它能否治愈有效法律识别中不确定性的缺陷。此外我认为,哈特最为关心的是,如果并不存在可以明确识别什么是有效法律的承认规则,那么公民就无法确定其权威性的来源和道德品质。例如,他强调,某些规则已经被官方证实具有法律效力这一事实,不应决定遵从问题的结论。这一论证出现在《法律的概念》第九章,对于理解哈特实证主义的复杂性至关重要。该论证在历史上与19世纪早期英国法律实证主义的发展有关。实证主义是一种世俗学说,总是伴随着自由主义和相关学说的发展。其中一个隐含的观点是,不论是立法者、律师还是普通人,人们都可以利用法律是什么和应当是什么之间的区分,为批评性评价扫清道路,而不是全盘接受司法判决和立法行为。(也有人强烈要求澄清"在科学上"法律是什么。)

《法律的概念》并未明确区分这两种论证以支持其主要结论。尽管如此,这两种论证都存在于法律哲学家奥斯丁和凯尔森的著作中,这些著作的影响在哈特那里可以清楚看到。凯尔森比奥斯丁更明确地表示,他希望将法律建立在牢固的科学基础上。因此,毫不奇怪,他的写作方式让人看起来就像他只是在将法律描述为它"就在那里",是主要根据行为规律性来考察的实体。㉙其次,功利主义者关注的当然是实践推理的问题。为什么要满足于世界的现状呢? 促进最大多数人的最大幸福的原则本身适用于实证主义法律模式的建构。㉚他们认为,这一原则的前进方向是制定立法,使其能够客观地"就在那里"存在,而不依赖于基于功利原则可能做出的批判立场。因此,奥斯丁才能在实践意义上宣称:"法律的存在是一回事,它的优劣是另一回事。"㉛

德沃金指出,显明事实理论表面上看是一种法律的语义理论,因为有关法律的争议最终仅仅涉及法律相关语言的正确使用。这种批判必须经过检验,因为它贬抑了(也许这是正确的)显明事实理论。它表明,关于法律的争议原则上是可解决的字典式争议。也许问题应该换一种方式来解决。我们可以说,法律人在争辩某个法律问题时,不仅仅是试图找出词语的正确含义是什么。相反,他们试图理解构成法律的潜在社会现象。但这毫无帮助。法律的社会现象由什么组成呢? 我们如何把握呢? 例如,哈特在其《法律的概念》"前言"中写道:

> 各类型的社会情境或社会关系之间,有许多重要的差别并非昭然若揭。唯有通过对相关语言之标准用法的考察,以及推敲这些语言所处的社会语境,始能将这些差别呈现出来。㉜

　　法律理论家坚持为了揭示法律的性质挖掘法律语言的含义,德沃金指责他们屈从于语义学之"刺"。这意味着理论家错误地假设,关于法律语言使用的正确标准,存在一定程度的共识。因此,任何明显的分歧都必须被作为一个研究参与者是否正确使用语言的问题来解决。如果渊源理论是正确的,这意味着争议者只是在某些其渊源不可能模棱两可的问题上存在分歧。因此并不存在什么真正的分歧,只有误解。

　　显明事实理论的普遍吸引力来源于对清晰性、确定性和客观性的需要。无论如何,如果它是错误的,我认为最好沿着同样的实践思路提出反对意见。因此,我认为,德沃金尽可能从道德角度来理解显明事实理论,这是正确的。我认为这是实证主义的根本所在,也是英语国家理解法律的普遍方式。正是在这种情况下,我们才能最佳地理解法律作为一门"科学"的吸引力,尤其是对欧陆学者,例如凯尔森的吸引力。"法律科学家"评价法律的"客观"(cold)事实。他描述"法律材料"并将其组织在一起。通过这样做,他对法律进行了一种不做承诺的、非意识形态的、"纯粹的"因而有用的法律阐述。

　　同样,我认为假设德沃金只是在抨击哈特,这就误解了德沃金对实证主义的批判。德沃金抨击了显明事实法律观,是因为简单地说法律"就在那里"毫无意义。我相信以下这点总是为真,《刺猬的正义》也充分证明了这一点:作为法律的显明事实与休谟原则相矛盾。德沃金转而提供了一种评价性阐述,即解释性阐述。此外,他认为,可以就法律得出的最佳道德意义不需要认为法律被明确规则所穷尽,而是需要根据支持它的道德价值来看待它。正是他提出这一观点的理由,构成了他对法律推理之解释性实证主义阐述的主要抨击。

"疑难案件"

接下来我们应该深入考察一下德沃金"疑难案件"的充分意义。它指的是关于法律识别的价值判断存在争议的那些法律案件;是这样一种法律境况,其中法官或律师所面临的议题具有争议性和潜在可诉性(potentially litigable)。具体地说,疑难案件是这样一种法律情境:它引起了关于法律命题是否为真的真正争议,而这种争议无法通过诉诸一组决定该问题的显明事实来解决。再次考虑一下哈特举的禁止车辆进入公园的规定是有帮助的。[33] 它包括旱冰鞋吗? 他认为,关于旱冰鞋是否被包括在内,法律只是没有明确规定。因此,法官通过宣布法律是什么来解决问题,从而为未来制定了一项有关旱冰鞋的新规则。他认为,每项规则都有一个意义不确定的"边缘地带",这只是我们语言之自然不确定性的结果。尽管如此,除非我们首先牢牢掌握了核心观念,否则我们不会知道边缘是什么。

根据德沃金的观点,如果法律不能再通过显明事实标准(即承认规则)来明确识别,那么关于该问题便不存在法律。因此,根据法官做出决定的职责,他必须基于法律以外的理由做出判决。在这种情况下经常使用的说法是,"法官必须行使自由裁量权"才能做出决定。在德沃金看来,这便是实证主义者应该想要的结论。实证主义者似乎非常重视确定性(及其必然结论)、清晰性和公共可确定性。当然,一个"严格的显明事实"实证主义者只关心澄清什么是"显明事实",他们从事的是经验研究,而不是做出价值判断。然而,人们通常发现他们——正如哈特那样——既渴望描述"显明事实",同时又肯定确定性价值。但是,如果需要更密切关注环境的敏感性,那么确定性就不是一种美德。并非

41　人类生活的每一个领域都可以通过使用事态发生之前就规定了如何管理的明确规则来规制。例如,有关批准规划许可的法律就不可能做到这一点。从普通人的角度来看,宪法及其分支行政法涉及的问题,在大多数情况下,根据一般原则能比根据详细规定要求或允许什么的明确规则得出更好的理解。

　　无论如何,对于显然明确的规则,都会出现两种争议。第一种发生在如下情形中,即在法律使用"合理"或"公平"等词语时,有一些清楚的迹象表明必须诉诸价值判断。这些都需要价值判断,而不是对法律要求什么进行相对简单的"解读"。因此,1968 年《租金法案》规定的"公平租金",只能在承租人满足该法案规定的实体性和程序性明确条件后才能确定。普通法也是如此,过失侵权中邻人原则(neighbor principle)的表述是个很好的例子:"合理的可预见性。"就不利方面而言,在我们任何特定情况下都无法"解读"法律的意义上,它是不清楚的。然而,法律能够公正处理每件个案的灵活性和可能性大大增强。并且,这种法律并非让普通人——他关心的是理解法律对他的要求是什么——无法理解自己的措辞。

　　这里要讨论的第二种缺乏明确性的类型是不太容易理解的类型,那是因为要做出价值判断的情形并未详细说明。德沃金举的里格斯诉帕尔默案(Riggs v. Palmer)是个很好的例子。[34]就此,制定法的措辞似乎很明确:如果有效遗嘱的形式要求已获确认,继承人将继承立遗嘱人的财产。然而,继承人谋杀了立遗嘱人。这引发了一个疑问,即在这种情况下,制定法是否打算让继承人继承财产。法院通过强调任何人都不得从自己的过错中获利的原则来解决这一疑问。在这种案件中,裁决的后果是什么呢? 实证主义者存在两种可能性:要么由于缺乏显明事实(或标准、谱系)检验,他可能否认在这种不明确的案件中存在任何法

律;要么他可以说此处存在法律,但它需要一种不同的方法来识别。我
们依次考察这两种可能性。

司法立法

如果没有明确的法律指导法官做出某一决定,那么就不存在约束
法官的法律。当然,在有其他法律划出并不存在法律的空白领域的意
义上,他受到了约束。然而,在这一领域,实证主义者必须声称根本没
有法律约束。再次以禁止车辆进入公园的规定为例。很明显,重型卡
车是被禁止的,因此法官不能判定卡车司机没有违法。同样很明显,任
何步行穿过公园的人都不会违反该法律。因此,我们可以在行人的无
责任和卡车司机的有责任之间发现"漏洞"。如果显明事实阐述为真,
那么法官在这两个极端之间做出决定时会受到什么限制呢? 比较一下
法律规定最高处罚(有时规定最低处罚)的情况下法官在裁量中的作用
是有帮助的。在最高和最低之间留下的漏洞中,几乎不存在什么法律
约束。如果决定是"反常的",判决可能会被上诉成功推翻,但法官在这
种唯一约束中有很大的回旋余地。因此,一个常见观点是,在某些他们
拥有正当的决策权的领域,法官并不受法律约束。事实上,对于判决,
存在一个强有力的理由,即个案情况差异是如此之大,以至于明确的限
制是不可取的,不如设置高度一般化的准则。[35]根据"漏洞"理论,法官
对法律问题的决定就像处罚裁量案件中一样自由。

德沃金在这里解释的实证主义,无论是描述性的还是解释性的,都
不否认法官受到约束。更准确地说,他们不是受"法律"约束,而是受
"道德""社会"或"政治"约束。主张在不明确领域法官受到非法律的
约束,是为了在法官就有争议的问题做出决定,从而使我们注意到法官

42

无疑具有自由裁量权时,保持一种具有澄清观点的(解释性)优点的区分。有充分的政治美德理由来证明对司法决策实行相对严格的控制是合理的。法官扮演着一种要求他不被民粹主义裹挟的宪法角色。他的具体职责是根据具体案情解决诉讼双方之间的纠纷。法官不由选举产生正是出于这个原因。用斯卡曼勋爵(Lord Scarman)的话说:

> 无论法官多么聪明、富有创造力和想象力,他都不是像麦克白那样被"疑惑和恐惧",而是被诉讼当事人的证据和论证"所包围拘束"。正是这种法庭程序所固有的限制,为司法改革的范围设定了界限。㉚

这里有个问题。我们要指出,法律实证主义有一个优点,它清楚地表明法官何时适用法律,何时适用社会标准、道德标准等。如果是这样的话,我们必须承认,法官特有的裁决形式与许多人认为我们民主程序的一个重要特征——权力分立原则——是直接对立的。法官充当立法者的观点还引发了两个进一步的问题。法官在说话和行事时,不会像立法者那样履行同样的职能,而且,如果他们正在立法,这意味着他们的立法决定将被溯及既往地适用。我将在下一部分考察这两点。

司法行为

当然,法官是在司法意义上说他们"受法律约束"。这一点从法庭用语和判决报告中可以明显看出,即使在最具创新性的案件中也是如此。例如,阿特金勋爵(Lord Atkin)在他对侵权法邻人原则的著名陈述中如是问:"在法律上谁是我的邻人呢?"如果他改为追问"在法律上谁应该是我的邻人呢?",这听起来就很古怪了。[30]我发现,大多数人都接受法律实践的这一特点。这在法律中随处可见:律师在法庭上就法律是什么提出意见,法官就法律是什么做出决定。总是存在一个法官和律师从中得出他们论证的法律背景矩阵。有时,当法官决定并不存在他可以从这个背景矩阵中推导出的任何论证时,他将就他决定这一问题的司法角色之适当性给出声明。以基尔布兰顿勋爵(Lord Kilbrandon)和西蒙勋爵(Lord Simon)在 D.P.P.诉林奇案(*D.P.P. v. Lynch*)中的判决为例,[33]在他们看来,法律不允许将针对其他罪行已经确定的胁迫抗辩(defense of duress)延伸到谋杀罪。因此,问题在于它是否应该被如此延伸,这是一个由适当机构,即立法机关决定的问题。他们认为,如果不这样,就会背离法院的正常职能。

如果实证主义不能解释司法语言(以及律师的相关话语,其角色寄生于司法职能上),这有什么关系吗? 也许法官只是对他们实际在做什么有所误解。这并没有那么荒诞不经,因为在大多数情况下,法官最关心的是判断,而不是对他们所做的事情提供更抽象的描述。有些说法很常见,其范围从"法官根据其天职的传统说话"的主张,到法官"掩盖"他们真正所作所为这样更险恶的描述。这只是传统吗? 传统是什么呢? 也许只是法官正确地意识到了权力分立原则。无论如何,他们曾一度试图用与该原则相适应的措辞来表达自己的判决:他们没有制定法律,他们只是宣称法律是什么。不过,对于假设他们不仅并未立法,而且权力分立原则仍然存在来说,这一解释是个好理由!

法官"掩饰"或"假装"法律存在,而在"现实"中却知道法律并不存在这种解释又怎么样呢? 这似乎过于犬儒,因为法官并没有在他们实际上做了什么事上撒谎,尽管这肯定是该主张在其最强意义上所指控的。

溯及既往的立法

　　根据德沃金对实证主义的解释,如果法官在疑难案件中制定了新法,那么当事人将受到事件发生时尚未生效的新法的约束。一种自然的反对意见是:这不公平,因为这让当事人感到意外,他们发现自己受到了做出引起诉讼的事情时不可能知道的法律的约束。这种反对意见很重要,尽管其只是法无明文规定不处罚(nulla poena sine lege)——这意味着除非有法律依据,否则不应施以惩罚——这一一般法律原则的组成部分。换言之,法律不应溯及既往地适用。法无明文规定不处罚原则不仅仅是为了免遭意外。被告仍然可以抱怨说,即使他对官方行为并不感到意外,他也不应该在没有法律依据的情况下受到惩罚。这当然是更重要的原则。官员只依据法律行事是法治的基本原则。在某些法律领域,对合理期待的保护并不重要,因为在这些领域存在人们对法律结果既感到(合理的)意外同时又承认这些结果具有充分正当化事由的可能。在这些案例中,满足合理期待的原则几乎没有或根本没有影响。尽管这一原则在刑法(经常被无视,特别是在普通法刑法中)和财产法(通常受到尊重)中都有重大影响,但它在(比如说)普通法侵权法——对受害者的公平赔偿是主要焦点——等法律领域则没有那么重要。

　　我们已经从考察法律的描述性、"显明事实"阐述,转向了允许评价性法律论证的更加灵活的法律理解。现在有必要看看客观性这一对德沃金的许多批评者而言棘手的问题,特别是价值客观性以及有争议的法律问题是否存在正确答案。

第三章 法律论证的复杂性

在《刺猬的正义》中,德沃金提到一种法律与道德间关系的正统图景:它们各自描述了一套不同的规范。法律属于某一特定社群,而普通道德,即非主观的、非相对的、非惯习的道德则不属于某一特定社群。他指出,这种正统图景迫使人们提出了一个经典的法理学问题,即这两套规范之间存在何种关系。法律实证主义宣称这两个体系完全独立,并进一步宣称法律的识别取决于历史事实(尽管实证主义的一个版本,即包容性或柔性实证主义声称,这些历史事实可能包含对法律的道德检验)。相反,正如我们将在第四章中看到的,德沃金自称为"解释主义"的理论则否认法律和道德是彼此独立的体系,并声称法律不仅包括社群所接受的实践中的规则,而且包括为那些规则提供最佳道德证成的原则。[①]

德沃金认为,双体系图景(two-systems picture)中存在一个"致命缺陷",那便是并不存在可以从中判断两者之间联系的中立立场。哪个体系更好或更精准呢?他指出,这个难题在过去导致了一种可能性,即该问题纯粹是"概念性的",只需要对教义性法律概念进行"分析"。因此,实证主义者试图声称,我们无须事先做出法律或道德假设便能发现法律的"性质"或"本质",这似乎向我们表明,法律和道德截然不同。德沃金指出,包括某些自然法学者在内的自称使用相同方法但得出相反结论的法律人主张,教义性概念的分析表明,法律与道德之间的区分

46　并没有那么明显,道德在法律推理中确实有其作用。德沃金认为,这种
分析比实证主义的分析更加古怪。

　　他认为,我们无法通过分析法律的教义性概念来解决双体系图景
的循环论证。他总结说,难怪实证主义者很难说出他们在做什么,因为
他们无法理解在实证主义和自然法阐述之间进行比较所需的潜在评价
性理由。如果正如上一章所指出的那样,实证主义的最佳版本是它最
能促进确定性,进而保护合理期待,那么很明显的问题便出现了,为什
么诸如"人们在非自愿受伤后应该得到赔偿"等其他原则是不相干的。
他认为,按照这一思路,我们最终会提出一整套完全评价性的问题,让
我们能够选择什么是最佳的法律理论。

柔性实证主义: 原则可以通过承认规则来识别吗?

　　对德沃金的下述观点存在一种常见的批评:价值负载的原则观点
的分量无法通过诸如承认规则这种事实——或"标准""来源""谱
系"——检验来把握或识别。包括哈特在内的这些批评者表示,可以重
新调整承认规则将其包括在内,因此疑难案件中要适用的法律可以从
事实上来识别。[②]理论上讲,这种批评必然失败。如果法律通过公认的
标准实践或"谱系"从事实上可以识别,并且疑难案件的标志就是它们
需要价值判断(这便是它们有争议的原因),那么"事实"与"价值"之间
的区分就会瓦解。[③]德沃金的观点是,实证主义向柔性惯习主义——其
中包括调整所有可能情况的所有可能的规则——的任何基于价值的延
伸,最终都会告诉法官要在它们之间做出决定。它需要一条规则,即
"根据涵盖该案件的最佳规则做出决定";这显然是个价值问题。事实
与价值之间的区分具有强有力的直觉吸引力。也许该区分并不像大多

数人看来那么明显,但在我看来,对于那些要根据类似承认规则这样的事实检验来决定的有争议的疑难案件,首先需要解决的就是是与应当(is/ought)的问题。无论如何,从《刺猬的正义》中可以明显看出,德沃金肯定了这一区分,并通篇将其称为"休谟原则"。

假设承认规则仅在"它们必须被考虑在内"的意义上可以包含原则,这是很弱的。它将原则分量评价的问题转移到司法自由裁量权上。法官有义务或被允许"将原则考虑在内",但不必以任何特定的方式。如果这就是实证主义的意旨所在,那么其在确定性方面就没有任何进展,因为尚不清楚原则在任何特定案件中带有多大的分量。诉讼双方的律师都可以利用承认规则告知法官,他必须将原则"考虑在内",但仅此而已。如果法官并未考虑原则,律师就有理由提出申诉,但如果法官考虑到了这一点并做出了决定,或者只是赋予其很小的分量,那便不存在申诉的理由。

所发生的事情是,为了将原则本质上价值负载的要素纳入承认规则的事实检验当中,它被转换为价值中立或"来源可识别"的东西:法官只是被要求做出价值判断,而没有被指定他将如何做出该判断。这就是实证主义者想要的吗? 对于承认规则的这种修正并没有取得多大的效果,因为它只是说,法律可能要求法官做出价值判断,当我们讨论使用"合理"和"公平"等词语的效力时,我们便知道了这种可能性。[④]也许还存在更复杂的可能性。也许我们只能在价值判断的"语境"或"矩阵"中才能理解明确的规则。我认为,这意味着,不是像我们刚才所做的那样,将原则与承认规则直接联系起来,而是通过主张原则在某种程度上是"更高阶"(higher order)的理由——我们借此理解由承认规则识别的更简单的规则类型——将它们联系起来。这便是德沃金关注这个问题(《法律帝国》第四章中的"包容性实证主义"问题)的方式。因此,

47

回到里格斯诉帕尔默案,承认规则所识别的规则是两个法律论证阶段的结果。首先是一条显然明确的规则,即从表面上看,它允许谋杀者根据受害者的遗嘱获利。其次是对法律进行考察,"任何人都不得从自己过错中获利"的原则被作为法官根据承认规则必须"考虑在内"的因素。这第二个阶段要求法官根据"更高阶"的原则来解释最初显明事实的意义。

这无法经受更深入的分析,因为主导检验(master test)无法正确识别第一阶段的"规则"。其识别仍有争议。我们当然可以希望找到更高阶的理由来指导我们对于"任何人都不得从自己过错中获利"原则的解释,但我们将总是回到最初的难题:明确决定结果的官方实践在哪里呢?我们可以确凿无疑地肯定的更高阶原则必然是指导法官根据"现有规则之最佳解释"来判决的那个。我们无法否认这种共识的存在。但我认为这摧毁了实证主义而不是挽救了它。例如,在此使用哈特的承认规则是错误的,因为这与他所设想的完全不同(请记住,它由经验上可识别的"通常是一致的"官方实践事实构成)。问题在于,如果我们重新阐述"主导规则"(master rule),使其意味着既定规则之"最佳"解释的识别,我们便在其他地方都失去了确定性。这并非实证主义者想要的。

当然,我们也不能简单地通过将法律体系中包含的所有规则和原则都作为主导规则来挽救实证主义。除了这种辩护涉及循环论证的可能性(例如,主导规则由所有规则、原则等来识别,所有规则、原则等又由主导规则来识别)之外,相对简单的法律检验观点之不可否认的吸引力——正如主导规则命题所支持的——完全丧失在复杂性中。[⑤]实际上,如果我们最接近实证主义的"主导规则",认为那意味着"法官必须根据现有规则的最佳解释做出决定",那么正如德沃金所言,实证主义理论就会坍缩为一种完全评价性的法律阐述。事实上,因为"主导规则"要求现有惯习成为解释的一部分,并需要与大部分现有规则保持一致,惯习主义就会坍缩为整全性。⑥

柔性实证主义者存在于最糟糕的世界里。他想让道德成为法律的一部分,但却做不到,所以他很困惑。他想用事实来决定道德,但却违背了休谟定理(Hume's Law)。他试图对无法描述的事物提供一种描述性阐述。他无法主张"排他性"实证主义者所具有的明晰性和确定性的优点。尽管他希望法官进行道德论证,但他又不希望他们想得太多。

我们何去何从呢? 接受德沃金的整全法(law as integrity)理论与被视为一种历史——显明事实——学说的实证主义并不相容。现在是探讨一个更进一步的问题的时候了。如果一种道德类型的——也许以正义和公平这样的术语——证成适合成为法律理论家最关心的问题,那么还可以接受什么其他类型的理论吗? 德沃金考察了他分别称之为惯习主义和实用主义(pragmatism)的两种理论。

惯习主义

惯习主义是实证主义的解释形式。它声称,对法律实践的最佳解释是,这是一个尊重法律惯习的问题。是什么证成了这一点呢? 德沃金指出,它通过向人们发出有关法律要求和许可什么的"合理预警"(fair warning),服务于"受保护的期待"的理想。⑦换言之,它的目的是使法律对人们来说具有确定性。在疑难案件中,法官无法在不确定的情况下诉诸法律,这实际上支持了受保护的期待的理想;法官此时不能"假装其决定系以某种其他方式源自业已做出的决定的内容"⑧。

尽管期待保护是遵循显明事实法律观的一个明显理由,但这并非唯一的理由。有些学者指出,最重要的理由是协调,考虑到"囚徒困境"类型的情况,只有通过接受共同标准,而不是通过个人完全理性的行动,才能实现最佳解决方案。在此,对法官来说重要的不是与以前的决定保持战略一致,而是至少在某些案件中,为协调目的而创设一个新惯习。例如,法官可能根据这一新的原理,有理由宣称支票具有与货币相同的法律地位,[⑨]或者,也许宣称房东将成为房客固定设施的合法所有者。这一修改后的解释对我们有什么帮助吗?它实现了更大的灵活性,因为在协调问题出现时,法官不必坚持战略一致性。德沃金认为,将这一观点延伸得太远就会使其瓦解。协调主要是为实现个人无法实现的目标,它不能延伸到任何群体活动的规制。相反,我们所寻求的是灵活性理念。正如德沃金所言,如果这是重要的理念,我们便应接受这一理念而摒弃惯习主义。[⑩]

惯习主义只要求,为了能让某个法律问题上存在惯习,法律人之间必须有最基本的共识。构成法律论证核心的"最基本"共识的观点非常单薄。明白这一点对理解德沃金至关重要,这是贯穿他整个著述始终的主题。用戏剧性的方式表达这一点,就是要注意一个命题因惯习为真与其因独立信念为真之间的区别(参见第 126—128 页)。这清楚地解释了为什么在最终结果——判决或决定——相同的问题上,法官之间可能存在细微但重要的意见分歧。

实用主义的灵活性

如果需要更复杂的解释,我们为什么不抛弃惯习主义呢?它并没有充分说明我们当前法律实践的实际复杂性。即使我们通过引入战略一致性和协调理念来改进这种观点,留给我们的也无非就是一种规则的算术(arithmetic of rules)。我们可以用什么来代替惯习主义呢?德沃金的回答是,即使是经过修正的惯习主义也不允许有更大的灵活性,这一要求可以通过他所说的实用主义来满足。该种学说是作为比惯习主义更好的理论提出的,也就是说,它能更好地解释和证成我们的法律实践。实用主义提供了最大的灵活性。它否认过去的决定创造了约束法官的任何权利。因此,德沃金将其称为"怀疑论"的法律观。实用主义因此被视为惯习主义的反面。根据这一理论,法官现在可以以最大的灵活性来决定什么是最佳决定,而不受任何惯习的约束。然而,在实践中,实用主义并没有那么激进,因为法官需要考察过去的决定,以寻求最实用的解决方案。因此,在许多情况下,最好的决定只是延续过去的做法,当然,不同之处在于法官不受任何过去决定的约束。刚刚描述的理论阐明了格里菲斯(Griffith)在其关于英国司法的畅销书《司法的政治》(*The Politics of the Judiciary*)中对法律的普遍看法。[①]在该书中,他相当典型地批评法官偏向"法律和秩序",那意味着,特别是在劳动法领域,无论正义要求如何,法官都会寻求支持先前决定的正当理由。

如果法官要考虑过去的政治决定,那么这些决定的效力到底如何呢?如果法官不一定要遵循过去的先例,那么说人们享有这些先例所创造的权利就是错误的。法官将始终有权在实现灵活性所必需的情况下背离先例,并且不会有任何理由像权利主张所具有的效力那样,认为灵活性的需要必须让位于承认权利的需要。尽管如此,德沃金指出,实用主义在实践中不那么激进的做法将意味着法官在大多数情况下都会像人们"仿佛"拥有权利那样行事。这有什么意义呢?人们拥有权利和法官像人们"仿佛"拥有权利那样行事之间存在显著差异吗?答案无疑是肯定的。如果灵活性意味着法官无视一个人要求按照先例处理的主张,那么该人就没有权利。只有根据对社群最实用的决定承认该权利时,该权利才存在;除此之外,它都可以被放弃。

德沃金认为实用主义比惯习主义更好,因为它允许在决定一个更

51　美好的社会时有更大的灵活性:它允许法官就社群可能发展的明智和富有想象力的方式做出各种判决。因此,它具有超越仅将决策与简单惯习联系在一起的惯习主义的力量。但是,由于实用主义根据"权利"承认先前的决定只是因其有助于改善社会,所以用德沃金的话说,它并没有认真对待权利。另一方面,实用主义更清楚什么对社群最有利,因此应该比惯习主义更可取。然而,实用主义的社群概念对德沃金而言并不足够复杂,因为它未能阐明原则社群(community of principle)的理念。惯习主义通过援引简单共识来证成社群强制。实用主义更灵活的证成表明,它对某一群体历史及其与未来的关系承诺不足。他指出,整全性通过融入平等对待同一社群所有成员的友爱观念,将过去与现在结合在一起。正如我们将在第六章看到的,这一观念是德沃金分析民主和司法审查制度的基础。

原意

　　有关确定性原则的有益见解,可以通过研究人们所熟知的——尤其是在美国——原意理论(doctrine of original intention)来获得。这是一种制定法解释理论,它要求法官根据制宪者的实际意愿或意图来解释法律,只要这些意愿在历史上得到了最佳确认。然而,显然,由于制宪者希望法官适用制定法和判例法,因此法律的解释超越了对制宪者思想以及根据他们意图制定的法律的历史探索。该理论的通俗表述具有"朴实的"吸引力,它旨在将当前的法律解释植根于法律体系的历史渊源当中。这是该理论幼稚的一面,它也面对对显明事实理论的反对意见。尽管该理论很幼稚,但它以这种形式被普遍接受;法律被视为"就在那里"来被"适用",而还有什么比历史事实更具体、更确定的呢?

　　然而,原意理论还有另一个常见的证成方式:它防止法官做出新的决定。如果法官坚守他们的角色,他们便不会犯下将"自己的"价值强加给公民的罪过。但这种论证毫无结果。任何历史学家都不会怀疑,每一位制宪者都会希望宪法的解释符合正义和公平。但是,多种意图的同时存在似乎允许做出许多解释,这些解释将超出宪法的明确规定; 它将允许在该理论中立性要求的范围内做出新的决定。此外,法官尽可能"无创造性"并不明显具有吸引力,因为它意味着司法机关只具有自动售卖机的作用:他们只是在"宣读"(read off)法律。尽管对司法角色的这种理解并不罕见,但它将司法角色贬低为更像是档案管理员的工作。

　　然而,同样的观点也可以表达得更为通俗,即法官在其决定中应该保持"中立",这意味着法官要避免在解释法律时引入自己的个人道德信念。中立性将司法行为比作战争期间的中立国家:法官不偏袒任何一方。在司法语境中,这一观点并不令人信服。它借鉴了道德之外领域的中立性概念,比如国家的实际行为,其中中立国在其他国家的交往中不发挥任何积极作用;或者甚至是汽车机械,其中齿轮空挡位置意味着引擎断开,不再做功。"保持中立"并没有什么特别的优点。[12]

　　德沃金认为,原意的识别是一个无法解决的问题。据假定,如果我们的历史知识存在空白,我们可以提出一些反事实的问题,比如如果开国元勋或后来的法官或立法者被如此问到,他们会怎么想。以 1839 年英国《都市警察法》(English Metropolitan Police Act)为例,该法规定在伦敦都市区的街道上"修理马车"是违法行为。[13]那么修理汽车是否违法呢? 辩护理由可能是,1839 年的立法者并不打算将其界定为违法行为,因为他们不可能知道汽车是什么——那时它们还没有被发明出来。但也许我们可以问一些假设性问题:如果立法机关看到了未来汽车的存在,它会怎么想呢? 诚然,这需要某种判断暂停。如果立法机关的大

52

多数成员不相信这样的东西可以被发明出来呢？或者,如果人们相信这样的东西即便可以存在,它们也是"不自然的"东西,和马车根本没有可类比性,又会怎么样呢？

德沃金将原意理论的"宣读"形式称为"弱历史主义"(weak historicism)。弱历史主义只是接受法律"就在那里"——又是显明事实!"强"历史主义则是这样一种观点,即有充分理由接受宪法中的显明事实条款就是法律的全部,而接受这个观点的一个理由是它防止了司法立法。德沃金对强历史主义的批判是,与弱历史主义不同,它是有意义的,但像解释性实证主义一样,它的意义并不太大。

隐私权

理解原意主义者的推理和动机的一个有用方法是考察隐私权在美国宪法中的发展。正是该法律的发展及其在最高法院里程碑式的罗伊诉韦德案(*Roe v. Wade*)裁决中的应用,使得堕胎权得以在美国宪法名下确立。美国宪法中并没有"提及"隐私权。在已发表的法律著述中,第一次涉及此主题的可能是沃伦(Warren)和布兰迪斯(Brandeis)在《哈佛法律评论》上的一篇题为"隐私权"("The Right to Privacy")的著名论文。[14]论文的观点从根本上讲是关于通过原则和融贯性论证来主张法律中某些权利存在的可能性,尽管法律中没有明确提及这些权利。这种权利的推断是可行的,他们以隐私权为例进行了论证。这篇论文很大程度上是由个人隐私受到侵犯的经历引发的。沃伦和他的妻子是波士顿的社交名流,波士顿的报纸曾详细报道了一场家庭婚礼。这篇论文的许多论证指向两点:第一是法律中存在有类似保护的其他领域,如人身安全权利、反对书面或口头诽谤的权利、文学和艺术财产权利;第二是社会新"需求"的发展,后者创造了一种局面,即法律明确承认的其他权利可以得到更清晰——因为更抽象——的看待。现代生活"强度和复杂性"的发展理念使得学者们断言,独处和隐私对个人来说已经变得更为重要;正确理解的话,隐私权便是"独处"这种更一般权利的实例。因此,他们力主,许多之前"毫无关联"的权利——每一项都是为了应对社会特定阶段的特定需要而发展起来的——现在应该被视为"独处"这一一般权利的实例化。

然而,这篇论文众所周知的策略,即寻找更抽象的原则,以之作为不那么抽象的法律命题的基础,并不像人们通常认为的那样激进。律师们对这种论证形式非常熟悉,这不仅限于美国,也不仅限于无先例可循的案件。公园里禁止滑板吗?这取决于如何理解诸如"车辆"这种词语这样的更抽象的命题,而这些词语的意义反过来可能依赖于如何理解诸如立法机关的职权和职责这样的抽象命题。对于律师而言,他可能找到一个更抽象的命题,将纠纷排除在看似不可调和的解释冲突——对此,不称职的法官可能会想以抛硬币的方式来决定——之外,并使对方律师处于不利地位而自己处于有利地位,通过这种方式赢得诉讼,这十分常见。我敢说,这在法庭上是比较普遍的现象。沃伦和布兰迪斯关于隐私权的主张与普通律师所关注的问题之间的区别仅在于,其抽象程度更高,因此包含了许多通常不属于任何一个诉讼案件范围的情形。这篇论文旨在全面确立一般隐私权,而不涉及它在特定案件中的特定后果和限制。沃伦和布兰迪斯对此非常明确:

> 要事先确定个人的尊严和便利必须服从公共福利和私人正义(private justice)要求的确切界限,将是一项艰巨的任务;但更一般的规则是由书面和口头诽谤法,以及文学和艺术财产法中已经形

成的法律类比提供的。[15]

在罗伯森诉罗切斯特公司案(*Roberson v. Rochester Folding Box Co.*)[16]中,原告主张这种隐私权存在于纽约法律中。未经她的许可,被告在一次广告活动中使用了她的照片。在纽约一个法庭上,她要求赔偿对她所造成的痛苦,并要求禁止进一步使用这些照片。做出多数判决的帕克(Parker)法官否认了这种权利的存在。它既不存在于先例当中,也没有被"伟大的法律评论家"明确肯定。[17]他提到了沃伦和布兰迪斯的论文,但似乎是基于两个理由,驳回了此种一般权利的观点。首先,除了沃伦和布兰迪斯的论文以外,该权利在先例中事实上并不"存在";其次,该权利范围过大,将会包括各种各样不可能得到法院确认的"权利"。第一项论证现在很常见,这便是德沃金所谓的弱历史主义。我们可以提出与他一样的问题。为什么我们愿意接受这样一个命题,即法律中"存在"的权利只能是那些被特别提及的权利呢?为什么法官对于个人法律地位的确定要完全取决于法律中是否存在表达该权利的言辞对应呢?换言之,该理论似乎很武断。但帕克法官的判决中出现了这一论证:"判决中找不到先例……没有人提及这种权利……它的存在似乎也没有得到肯定。"[18]

55　　更重要的是第二项论证,即如果承认隐私权,它的范围将会过大。这属于哪种论证类型呢?它似乎假设,从法律论证局限于明确的法律声明中摆脱是有可能的。人们必然得出这样的结论,因为帕克法官觉得他必须解决这个问题,如果他认为明确规定之隐私权的不存在就了结了该问题,那他就不会这样做了。人们也必须实事求是。没有法官会认为,正当的法律论证可能无法寻求更一般的原则来确定有争议的法律命题的有效性。从他选择了较为狭义原则而非沃伦和布兰迪斯所主张的较为广义原则的角度看,帕克法官的声明成为法律论证的一个独特例子。

帕克法官论证的核心是一种归谬法(reductio ad absurdum)。[19]如果他承认这一权利,那么诸如不受辱骂的权利或不被背后议论的权利等荒谬的权利就必须得到承认。因此,一般隐私权不能说是存在的。进而,原告案件败诉很大程度上是由于法官不愿意或无能力在这类案件与未经许可不得将某人照片用于商业用途的权利之间做出区分。两年后,佐治亚州最高法院在帕维西奇诉新英格兰人寿保险公司案(*Pavesich v. New England Life Insurance Co.*)中做出了相反的判决。[20]原告的照片在未经其许可的情况下被用于人寿保险广告,他成功地获得了禁止进一步使用该照片的强制令。科布(Cobb)大法官通过一种明确的承认来处理归谬法问题,即隐私权自然会与其他权利,特别是言论自由权相竞争。但他认为,这不应成为承认一般隐私权的障碍:"这种言论权与隐私权一直并存……每一个都存在,每一个在得到承认和执行时都必须对另一个给予应有的尊重。"

这两个案件说明了法官之间的不同。帕克法官在处理抽象问题上不如科布大法官那样娴熟。依赖于"被肯定的"或"被提及的"权利本身并不是一个令人满意的论证,归谬法论证同样也不是,因为我们可以在未经许可不得将某人的照片用于商业用途的权利和不被背后议论的权利之间做出有用且明智的区分。这并不是说科布大法官的论证就是最好的,而是说他对以这种抽象或原则性方式为权利辩护之可能性的理解,使法律论证在总体上更有意义。帕克法官对"非显性"(non-explicit)权利过于谨慎,担心引起"类比热潮"(analogical stampede)。[21]有人怀疑,未被表达出来的担忧是,随着论证从明确、可证明的权利一步步转向以更困难和抽象的方式论证的不那么可证明的法律命题,它可能会失控。从法官的角度来看,这是一个具有一定重要性的实际考虑因素,因为在论证不太容易理解的情况下,它们的优点便不太容易辨别,而且存在耗时且毫无意义诉讼的风险。但是,好论证与坏论证之间的区分不能通过命令,或者显性权利和隐性权利之间的区分,或者拒绝就抽象原则的适用范围进行争论来得出。

原意理论显然需要比这更加深入的分析。显明事实理论的失败并没有完全消除立法意图的观念。有没有一种可以理解它是什么,而不需要考虑其显明事实观的方法呢?

立法意图的概念

接受最后一种可能性就要接受一种立法意图的观念,它要比粗略描述的"心理群体事实"更为复杂。"立法意图"是否不止于此呢?德沃金认为这个问题总是一个解释性问题。最终,历史上"真实"意图的观念恰恰是显明事实理论:历史事实是价值的最终决定者。最粗略的"历史上真实"意图的理论很难被认真对待。美国宪法的创制者,他们所有人都相信不仅堕胎在道德上是不允许的,而且鞭笞是一种正常的刑罚。一个颇受关注的问题涉及司法中立性,它在英国被表述为法官不应"篡夺立法机关的职能"。德沃金的观点是,立法意图的观点是个隐喻,用来提醒我们注意立法机关享有立法权这一重要事实。如果我们忽视了这一权力或对其重视不足,我们就犯了一个有关我们法律体系性质的严重错误。在法学院课堂或法庭上,提及制定法就意味着提及正当立法者已经做出的决定。

让我们从字面上考察一下原意理论。第一个问题定然是:谁的意图呢?许多立法会在立法机关设立的小型委员会上进行辩论,以便比在更大会场上更详细地讨论技术或其他问题。这些委员会通常会接受专家或机构的建议,以确定在拟议立法中应包含哪些内容。困难不止于此。立法者可能投票支持一项他几乎一无所知的议案,以便按照其党派的政策行事。或者,他可能理解这项立法的要旨,但仅仅是因为它会产生促进他自己商业利益的预期外效果而投了赞成票。如果我们从心理状态的观点转而考察立法者的信念,事情就会变得更清楚。这使我们能够判断什么是对立法含义的适当理解。德沃金举了一个例子,一个人想要尊重他母亲希望他做生意要公平的意愿,尽管按照今天的标准,她自己就从事过不公平的生意。他应该怎么做呢? 只是下定决心遵循她某些商业方法是公平的信念吗? 这不是遵循她意图的问题,因为这两项意图(要公平,要遵循我的商业做法)都是真实的;这也不是遵循她的"真实"信念的问题,因为这两种信念都是真实的。相反,他指出:"我必须决定遵循我母亲信念中的哪一个——更抽象的还是更详细的——才是正确的。"[22]

　　这些问题源于"立法意图"是一种心理状态的假设。这是哈特所说的"定义背后的理论增长"[23]谬论的一个恰当例子。如果定义——立法意图是一种心理状态——一开始就是错误的,那么再多的理论也无法解释定义中未涵盖的异常现象,也无法使定义正确。因此,单一群体心理状态的观点无法解释立法意图。事实上,心理状态的解释理论对人们很有吸引力,是因为它们使解释依赖于普通事实,但它不能适用于所有类型。它适用于对话解释,但不适用于历史解释。许多法律人接受立法意义的心理事实阐述,但这是不可能的,因为"立法者"有着各种动机;没有某种建构性解释,它便没有任何意义,比如它不可能将各种动机结合在一起。

　　然而,一位声称同情德沃金建构性解释观点的哲学家斯科特·夏

皮罗（Scott Shapiro）最近表示，他无法理解德沃金所谓价值真正决定了
事实意义的观点。夏皮罗说：

> 德沃金的主张［是］，创建法律体系的人必然希望法律的内容
> 由以最佳方式描述特定法律体系的原则和政策来决定。[24]

正如我们所见，这并非德沃金的主张。（假设他认为可能存在在
"创建法律体系"时有着"必然"意图的人，这是对德沃金的一种怪异解
释。）但夏皮罗认为，如果可以想象有人并没有这种意图，那将是对德沃
金理论的有力反驳。夏皮罗进行了一项"想象实验"，他说他可以想象，
创建法律体系的人不会像他认为的德沃金所假设的那样有这样的意
图。因此，夏皮罗总结说，德沃金的理论是错误的；它自相矛盾，因为
"它违背了法律的目的"[25]。夏皮罗以美国宪法制定者的实际意图为
例，来支持这一富有想象力的做法。再说一遍，德沃金明确指出，解释
的正确性是一个法律实践之实际或想象事实的道德评价问题，而不是
那些事实的描述问题。因此，如果最佳的法律阐述出自"法律体系创制
者"的意图，那是因为这样看待法律体系的道德价值，而不是因为那些
历史心理事实的存在。用德沃金的话说，夏皮罗只是对法律实践提供
了一种可能的解释，并且基于德沃金给出的理由，那并不是一种好的
解释。

关键是，夏皮罗并没有完全理解价值在德沃金的法律理论中发挥
着多么普遍的作用。德沃金认为，法律整体——法律理论和特定法
律——从上到下都是道德的。法律是政治的分支，政治则是道德的分
支。任何社会事实都不能决定法律，只有价值才能。任何事实都不能
与价值判断相矛盾。休谟的原则完全适用。这意味着，社会事实只有

在其被解释、证成或嵌套在道德价值判断当中时才具有法律意义。* 这些证成如果充分扩展,便将揭示出任何证成要想融贯需要达到的不同抽象层次。㉖

疑难案件中显明事实阐述的死亡

我已经较为全面地描述了显明事实理论,同时考察了其最初的吸引力和严重的局限性。像我这样直白地呈现出的它的一个问题是,如果理解得当,它几乎没有什么说服力。怎么会有人接受它呢? 德沃金是在与一个稻草人决斗吗? 真的没有更好的实证主义形式可以抵抗德沃金的抨击吗? 显明事实理论主张,法律独立于理论,"就在那里"存在。任何人都不应该接受这一点。然而,在英美法理学中有明显迹象显示,人们已经接受了它,而且现在仍然如此。德沃金拒绝接受,因为他看不到其意义所在。我们可以通过引入受保护的期待的理念来改进这个观点。然而,德沃金认为,由此产生的惯习主义过于僵化。实用主义放弃了法律可以以任何惯习方式被识别的观点,它会实现灵活性,但也付出了代价。这种代价便是我们被迫放弃认真对待权利。惯习主义的主要缺点是它无法弥合历史上可识别的惯习之间的空白。"更高级"和更抽象的惯习的假设只为当事人提供了相互矛盾的解决方案,除非我们能够提供"最佳"惯习的观点,并认识到这不是可以毫无争议地适用的。实用主义的主要缺点是,它否定了先前法律和当下决策之间的紧密联系。这两种理论都忽略了我们在所有法律论证中都认为理所当然的法律论证的基本特征:我们主张的任何法律命题都必须与所有其

59

＊ 我认为科恩的"Facts and Principles,"*Phil. & Public Affairs*（Summer 2003）1 充分理解了休谟原则的本质。

他法律命题相"融贯"(cohere)。

从他所谓法律必须有意义的论证出发,德沃金断言,边缘性决定不是语言学上的边缘,也不是现象学上的边缘,而是高度重要的。疑难案件揭示了我们为什么应该把简单案件视为简单的。决策一致性和融贯性的要求意味着,在这种情况下,最佳决策必须在原则上与这些理由相一致。

社会学与法律的"制度性"阐述

莱斯利·格林(Leslie Green)指出,法律实证主义认为,法律的存在和内容并不取决于其价值,而是取决于"社会事实"或"事实性"。[27]法律命题的真实性取决于诸如人类惯习之存在这样的经验条件,而非其道德性。因此,哈特利用经验事实和价值之间常见的区分来确立他主张的真实性,即法律和道德之间并不存在必然联系,所以法律可能极不道德(正如他对纳粹告密者案的讨论所显示的那样)但仍是有效的。也许这种对实证主义的事实性的强调是令人遗憾的,因为它没有把握到实证主义起源于英国启蒙运动的意义:实证主义是对确定性、明晰性和融贯性的呼唤。它的根源不止在于事实性,尽管把法律看作从社会事实中建构出来曾是实现确定性的手段(边沁如此认为)。

法律"事实性"的论证是什么呢? 只是作为一个准确描述的问题,主张法律和法律体系存在吗? 这很难做到,因为这说的只是常见用法(common usage),它对不道德法律是否偏离某些价值所确定的核心意义保持中立。就在那里等待发现的法律是什么呢? 有什么遗漏吗? 必须不断追问这个问题:有什么理由说法律是凭经验可以识别的呢? 我认为,提出这样的问题表明,只有价值判断才能确定核心情况。用德沃金的话说,当他指出我们应该寻求以特定方式看待某件事的意义时,他所提出的是一个合理的要求。

"常见用法"错误的一个例子是约翰·加德纳所谓德沃金"实际上"是一位法律实证主义者的指责。加德纳认为,因为解释需要首先确定要被解释的法律实践,所以即使根据德沃金自己的理论,法律实践的确定也独立于目标和目的。他在谈到德沃金的理论时指出,"如果法官要代表法律实现法律在道德上正当的目的,那么对他们来说,就必须存在可能在道德上不正当的法律规范来让他们实现并追求这一目的"[28]。但让我们考察一下加德纳所谓他能在识别出它们道德上正当之前就识别为合法的规范。他怎么能独立于对它们的判断而看出它们为合法呢? 如果他能,他便是在用未经证明的假定来论证(beg the question)。当然——这似乎不能过多重复——存在人们称之为不正当的规范、命令和要求等的事实,但法律无法决定这个问题。人们可能会这样做,但他们也可能会不这样做! 那些倾向于加德纳信念的人会这样做,那些因为将法律与要旨相结合而没有这种倾向的人则不会这样做。正如前文所述,根据德沃金的观点,事实只有通过其道德地位才存在;它们是解释性叙事中的道德命题(或者它们在该叙事中没有道德地位),加德纳需要给出比语言分析更有力的论证。

所有这些都不否认将邪恶制度作为法律进行讨论的可能性。邪恶法律体系显然是法律,也是特别令人感兴趣的研究主题;我相信它们非常令人感兴趣,是因为它们对良法有所启示,这也是许多人的观点。法律的因果关系、结构性保守倾向(马克思所强调的)及其介入性和侵入性倾向,毫无疑问都值得人产生正当兴趣,也是需要深入研究的问题。我们承认这种看待法律的方式并没有被德沃金的阐述所排除,但人们一直认为,德沃金多年来倡导的哲学-道德的法律方法在某种程度上是对法律的社会学方法的嘲弄。之所以存在这种观点,一定程度上是因

61　为英美法理学中对描述性之于法律陈述的相关性的长期坚持。多年
前,在这一旗帜下,尼尔·麦考密克令人钦佩地开始推动对法律"制度
性"本质观念的研究,其目的是寻求比法律之社会学特征——就凯尔森
和哈特而言,仅指"有效性事实"——的类型更丰富和更复杂的类型。
但我认为,麦考密克将其视为他早期自称的法律实证主义立场——认
为某种东西就在那里,某种"事实性"值得单独研究,但也会延伸到理解
和证成制定法和普通法的适用——的一部分,他做得太过了。正如我
多年来对他所说的那样,我的看法一直是,他所说的一切都与德沃金所
说的或所指的不相兼容,尽管他明确表示他1978年出版的《法律推理
与法律理论》(*Legal Reasoning and Legal Theory*)与德沃金同一时期出版
的《认真对待权利》是竞争对手。首先,关于法律体系,存在描述性、社
会学和价值性研究;实际上,谁能否认法律不仅仅是一个规则问题这个
相当明显的事实呢? 显然,这种洞识并不妨碍德沃金关于法律体系和
法律论证的性质所提出的观点。德沃金专注于法律实践的道德理解。
德沃金并不排除、忽略或轻视社会学家的工作,他们处在休谟式区分的
另一边(经常自豪地宣称自己是社会"科学家"),考察法律体系的社会
运作。麦考密克的目标始终是让我们在法律制度的整体道德意义上来
理解法律制度,尽管我相信他直到生命的最后十年才开始认识到这一
点。我们之间总是有一种幽默,我见到他时总会对他说,我从来没有想
过他是一位实证主义者(正如我之前所说的那样,《法律推理与法律理
论》主张的是一种"柔性"实证主义理论,这种定位除了作为对自身的抨
击以外毫无意义),他对此似乎有几分赞同。他在其最后一部著作最后
一章的最后一段话证明了这一切:

　　　人类的造物和发明,包括人们生活或安排他人生活所依据的

任何规则,都必须从功能上加以理解。它们的目的是什么？它们
所指向的最终目标是什么？……诚实的解释对其预设的价值持开
放态度,对根据这些价值所判断的体系的成与败保持警惕,这些价
值便是包括法理学在内的人文科学所具备的最佳客观性。[29]

　　但是,对"法律制度"的关注可能仅仅因为其力量而产生误导。假
设德沃金认为从社会学、非规范的角度研究法律制度并不重要,这是不
公平的。他从未说过或暗示过这一点。他的兴趣在于我们将法律视为
法律论证所凭借的道德方式,他认为这要求我们为以其名义提出这些
法律论证的法律制度提供道德证成。他提出,要把社群强制权力适用
的道德证成作为教义性法律论证的核心观念。对德沃金来说,社群如
何被安排——无论根据实际存在的法律实践,还是根据充分解释这些
实践的道德上的规范性阐述(例如,立法机关和司法机关在现代民主法
律体系中的各自作用)——是道德证成的一部分。事实上,我们以这种
方式看待法律制度本身也受到道德证成的约束。这便是他理论的全
部。这丝毫没有否定特定法律制度——例如,美国的监狱、非国家部落
的法律实践、阿兹特克人的宗教法律制度等——的非规范性的社会学
阐述,那些都为此类研究提供了令人感兴趣的人类行为模式。除了休
谟原则所主张的区分以外,并不存在任何其他区分(比如,"分析性的"
和"社会学的"之间的区分)。也就是说,价值判断和经验判断产生了根
本不同的论证。我不明白为什么人们认为这是不可思议的。例如,弗
雷德·肖尔(Fred Schauer)指出,我刚才在纯粹"描述性"和道德规范性
之间(在"法律实证主义"和德沃金理论之间)所做的区分,正是德沃金
认为法律实证主义错误的论证的关键所在。他指出,在对麦考密克所
说的法律之"制度性"方法进行颇为赞许的讨论的过程中:

如果作为一个描述性问题的法律实证主义正确,那么德沃金所谓的教义性问题将取决于他所谓社会学问题的答案,这两个问题不仅不再明确区分,而且后者将具有难以否认的实践和哲学重要性。因此,德沃金的论证不能被视为反对实证主义的论证。相反,它预设了对所讨论的法律体系之实证主义阐述的描述性错误。[30]

德沃金反对实证主义的论证并不依赖于对它的描述性抨击。这就是《法律帝国》的要旨所在(其中明确表示,他早期对法律实证主义的抨击不是现象学抨击,也不是他喜欢说的"分类学"抨击)。相反,他主张法律实证主义除非作为一种道德规范性(解释性)理论,否则几乎没有任何意义;即便如此,它也不是一种好的解释性理论。其论证漫长而艰难,但在《法律帝国》中,他至少提出了这样一个观点,即在缺乏意义标准(要旨)的情况下,对法律实践的任何描述都毫无意义。此外,更重要的是,道德规范性法律实证主义(在我看来就是哈特的实证主义)所处的境况是,它不像整全法那样具有良好的道德意义。

简言之,重复本章前文的论证,他所谓的惯习主义并没有为法律所适用的社群提供足够丰富的道德阐述,也因为过于狭隘地将法律权利定性为满足合理期待的论证而没有足够的灵活性来解释法律。因此,在肖尔戏剧性地得出结论——对德沃金来说,认为法社会学与裁决无关便是忽视了"法律最显著的特征"——这一过程中,他不过是在利用社会制度是什么这一观念的模糊性而已。我们可以从社会学角度,也就是从经验角度来理解,也可以通过价值判断来理解(德沃金通过这一途径提出了整全性)社会制度。肖尔未能充分理解休谟原则的影响力,因为简而言之,他认为,由于存在法律的社会学意义,所以德沃金无法维持独立的道德(解释)意义。我不明白这是什么逻辑。[31]

要说明这一点,我并不需要补充下述内容,尽管我认为这很重要。第一,我发现很难接受存在对人类制度进行非规范性社会学阐述的可能性(肖尔可能会同意)。第二,我认为德沃金的道德解释性阐述要比实证主义阐述具有更为强有力的描述力,它更接近于人们如何将法律体系(不论是阿兹特克人的、非国家的、邪恶的或者神授的)视为一个部分具有争议性、部分具有共识性的复杂社群强制组织的方式。但我们可以就此保留不同意见。

本章小结

法律是政治道德的分支,难题在于如何将其与其他政治道德相区分。立法权是以特定方式(例如,尊重尊严)行使社群立法权力的权利。法律权利是人们可以按照裁决机构的要求执行的那些权利(例如,合同法赋予我请求强制偿还借款的权利)。因此,遵守法律的政治义务是一项法律义务,因为它可以通过法院来强制执行。一般政治权利涉及立法权。法律理论将法律权利作为一般政治理论的一部分来处理:它寻求对人们获得真正可执行权利的条件这一规范性问题的答案。后一问题需要参考特定的社群,而普通政治事实将成为答案。法律实证主义认为,历史行为在这种问题上完全是决定性的。解释主义则认为,政治道德原则也有其作用。因此,法律实证主义与德沃金自己的法律权利理论是对立的规范性政治理论,而非像他说的那样,是关于标准概念分析的对立主张。

由于它们是对立的政治理论,并且法律并非是关于显明事实的,所以我们需要考察德沃金的解释性概念观,这是一种本质上完全评价性的观点,是对人类实践的评价。德沃金自己的法律理论的不同之处在于,他声称他的理论使得法律具有最佳的道德意义。

64

第四章　法律的解释

　　德沃金指出,解释是人类知识中的两个理解领域之一,解释与科学并驾齐驱(他的说法看起来并不排除科学中的解释,也不排除价值论证中经验事实的存在)。解释在所有领域中的共同点是意图和目的的语言,它们在我们谈论某个事物的"意义"时就会表现出来。虽然德沃金认为,有时说一种解释"唯一正确"很奇怪,但他还认为,说所有解释都是令人感兴趣的进路也很奇怪。还有一点:如果我们认为一种解释是最好的,那么说所有其他解释都跟它一样好似乎就很奇怪。尽管解释性判断通常被认为不是真不真,而是"或多或少合理"或"靠得住或靠不住的",但德沃金认为,这没有什么帮助,因为将"为真"与"最合理"区分开来没有意义。相反,所需要的是最佳的——某项事业中的成功——标准,科学中的最佳与价值上的成功明显不同;然而,这两项事业都需要最佳。因此,它们在其为真资格上并无区别,只是在其成功标准上有区别。当然,解释是对某种事物的解释:

　　　　解释是一种社会现象。我们之所以能够解释,唯一的原因在于存在着解释的实践和传统,因此我们能够加入其中。……我们在解释中寻求价值(要旨),并有责任"促进该种价值"。[①]

　　正如我们所理解的价值统一性一样,解释是"自始至终的",因此,它与"价值统一性"一样,也是个我们应该如何解释事物的解释问题。

　　虽然德沃金的法律和政治哲学方法,尤其是其解释思想的一些发展发生在他的一些重要论文广为人知之后,但他的解释思想使他早期的著述更加清晰。他《法律帝国》一书的目的是展示他所谓的法律之"显明事实"方法的错误之处。在《刺猬的正义》一书中,他明确了他打算将解释扩展到什么范围:几乎所有的评价性判断,并构成非科学知识的一部分。

法律的描述与范式

　　我们可以将"规范性"与描述性进行对比。描述我们所观察到的——我们"凭经验"知道的——提供了一种一般的描述意义。另一方面,规范性陈述告诉我们,根据某一标准我们应该做什么(或谴责,或赞扬……不胜枚举)。哈特在《法律的概念》中提请人们注意理解受规则调整的行为所必需的标准的存在。德沃金的解释观点并不是要放弃描述和规范性,相反他指出,某些概念只能被解释性地理解,这正是其性质所在。它们便是评价性概念。理解它们的最直接方式便是通过其所谓的"要旨"。我们可以描述一些人类实践而无需对实践的要旨或目的做任何陈述。因此,对下棋的单纯描述性阐述可能采取多种形式,例如"在棋盘上移动棋子"。这并没有告诉我们象棋是什么。另一方面,对象棋的充分阐述需要对其要旨进行某种评价,这因此可能存在争议。如果我提供了规则的细节,然后说比赛的要旨在于获胜,很多人会同意我的观点。但我可以更进一步指出,这种比赛是一场智力比赛,只需要智力策略,而不需要通过激怒对手(比如戴个假胡子)来导致对手输掉比赛。我可以说,象棋的要旨是培养棋手的智力,而获胜只是随该目的

66

附带发生的;这将清楚表明,通过戴假胡子赢得比赛是一种作弊行为。

德沃金假设了一个能够确保合理共识的描述层次:没有人会认为橄榄球对象棋至关重要。类似棋子只能在棋盘上向前移动的规则可能被理解为一个描述问题——用德沃金的话说,这是前解释——因为对规则的内容存在合理共识。当德沃金承认即使是这种前解释材料本身也会被解释时,他明确指出,对于解释性概念而言,描述与解释之间的区分主要与接受程度相关;我们能够描述意见的共识。这一点在他对法律范式的讨论中得到了澄清。②这些是对法律之标准理解的相对无争议的描述。它们之所以是范式,只是因为它们在很大程度上被无争议地接受;背离可能会导致范式错误(因此,黑暗时代[Dark Ages]的人们认为世界不是平的*并不是一种愚蠢的错误)。因此,范式在"概念上"不同于解释。我们无法逃避评价,因为解释本身就是一种解释性观点。就"要旨"一词来说,实践是否有其要旨是一个有待解释的问题。因此,人们对于象棋这样的比赛是否有要旨,甚至法律是否必须有要旨,可能会有合理的分歧。换言之,如果描述融合并出自解释,那就只有主张该种需要本身必须有要旨,才能满足对更具体的区分方式的需要。

"范式"概念可能会让某些人感到奇怪。如果存在共识,即一个关于什么构成法律的一致观点的平台,那么这个平台无疑可以告诉我们什么是无争议的法律。但否认"法律背后的理由"忽略了一个关键事实,即共识是观点的巧合,每一个都提供了单独的证成。同样,存在具体明确的法律规则的观点是特定观点的结果,而不是这些观点的出发点。范式之所以有要旨,是因为它们充当了一个稳定的平台,从中可以理解有关它们的不断变化的论证。从这个意义上讲,如德沃金所言,拒

---

* 原文如此。——译者

绝范式的人是犯下了错误,因为"范式锚定了解释"③。

此外,从迄今为止所述的情况来看,我们有可能对解释置若罔闻,既说这是最好的解释,又说结果并不好;我们仍然在最好的东西和理想之间做出区分。这在法律中很常见。法官经常会对法律做出解释,然后说法律如果正确解释的话不应该是这样。当法官如此宣称时,他们实际上是在提出关于他们自身司法限制的解释。比较一下在英国上议院将胁迫抗辩扩展到谋杀罪的著名刑事案件中,两位持不同意见的法官西蒙勋爵和基尔布兰顿勋爵,是有帮助的。西蒙勋爵认为除非立法机关更为"明智",否则法官可以制定新法: 68

> 我完全赞成坦率地承认法官确实制定了法律。我完全支持法官在适当的时间和地点大胆行使这一职责,也就是说,当他们可以自信地考虑并正确地权衡自己决定的所有影响时,当不涉及议会的集体智慧更适合解决的社会政策问题时。④

基尔布兰顿勋爵的观点更为严格;做出此类决定并不属于法官的权利范围:

> 多数人建议撤销对上诉人的定罪,他们所依据的理由涉及法律的变更,而这并不属于法官阁下的司法职能范围……现代社会理所当然地倾向于自己行使这一职能,并且它可以很方便地通过在议会中代表它的人来实现这一点。⑤

总之,德沃金为我们提供了一种新的法律焦点。乍一看,这一焦点集中在疑难案件上,现在的特点则是对法律领域的考察,这些领域的争议要比将这些领域定性为更重要的法律的边缘或阴影更为根本。进一步看,更深入的理解向我们表明,由于法律范式的共识性质,所有案件都有可能成为疑难案件,而真正的焦点不是明确与不明确之间的区分,而在于证成社群强制之适用的基本法律论证的质量如何。

解释的要旨

德沃金认为,我们必须尽可能"最佳地"理解一个解释性概念。这是非常抽象的,部分原因是德沃金想要指出科学解释和价值解释之间的联系。一个有用的比喻是"使事物处于最佳状态"。我们知道什么是拙劣的解释("《哈姆雷特》只是一部关于宫廷礼仪的戏剧"),我们也知道适当的解释更好。如果我们接受这一点,那么我们必须承认,适当解释意味着进行适当的论证。对这种普遍做法的一种常见反对意见是,"最佳"回避了问题,有时我们应该尽量将事物置于"最坏"状态。倾向于这一方向的人似乎对广泛接受的做法持怀疑态度,但这忽略了德沃金的要旨。他并不是说每一种行为都必须被理解为道德上的好行为,而是说人们必须从最佳可能论证的角度来看待它;这是个关于说明而非意识形态的问题。以历史解释为例,在对阿道夫·希特勒崛起的最佳解释中,没有任何东西迫使我们表明他在道德上是好的。为他画出最佳可能的图像,与表明他是最坏可能的怪物是一致的。从"最佳"的必要意义上讲,对希特勒的最佳解释不能通过压制事实来实现,不能仅仅从他的角度理解事件,也不能将解释仅限于其下属档案中的历史材料:

　　我并不是说,每一种我们称之为解释的活动,都旨在使它解释的对象成为最佳的事物。对大屠杀的"科学"解释,不会是试图以最有吸引力的视角展现希特勒的动机；试图展示一部连环漫画的性别歧视效果的人，不会拼命去寻找一个非歧视的解读。我的意思只是说，在创造性解释的通常或范式事例中，情况正是如此。[⑥]

德沃金认为，价值存在于历史的"说明性"解释中。但并非所有历史都是解释性的。例如，当我们指出存在类似"美国人正在走向独立"这种"广泛"意图时，这是一种描述，而某些历史只是简单的"检索"。[⑦]但历史解释依赖于历史学家"自己的要旨和价值感"，历史学家试图"使过去对现在来说是可理解的"。德沃金通过考察赫伯特·巴特菲尔德（Herbert Butterfield）反对麦考莱（Macaulay）对历史的辉格解释（根据他的观点，英国历史显示了向更完美社会的进步）的论战，举出了一个历史解释争议的例子。他指出，相反，巴特菲尔德认为历史让我们"远离了麦考莱所宣称的普遍观念的世界"。

我认为，德沃金所谓解释需要评价的观点可以因为足够抽象而得到接受（也就是说，它实际上是非意识形态的）：它只是说，一种解释在有严肃的支持性理由时是更好的。由于人们对什么构成"最佳视角"有自己的看法，争议存在于所有较低的层面，而较高的层面自身——根据他的理论——可以得到修正。我认为，解释的抽象性质很有吸引力，因为它从关于什么是最佳解释的实质性论证中抽象而来。它还表明了两个参与者之间的共识平台，尽管他们可能提出了不同的解释。

解释法律

解释如何应用于法律等社会实践呢？德沃金指出，我们可以以三种方式理解社会实践：前解释、解释和后解释。首先看一下前解释理

70 解。想象一下,在一个社会中,存在一种社会习俗要求男子在街上遇到女士时必须向她们鞠躬。在该社会中,对该规则的价值不存在任何态度;它也没有任何要旨。哈特对规则遵循的分析为这种行为提供了说明。⑧社会成员只是接受这种做法。这不只是因为男子出于习惯鞠躬或者将其"作为一项规则"来遵守,毋宁说,存在一条要求这样做的实际的礼仪规则。存在这一社会礼仪规则意味着男子在遇到女士时经常鞠躬,这种行为伴随着对背离这种模式的一贯批评。对哈特来说,另一个必要特征是,这种批评是基于至少一些社会成员接受的理由,即礼仪如此要求。当我们断言这一社会规则存在而不涉及其要旨时,德沃金认为,这表明了对存在一项有关对待女士礼仪的社会规则这一断言的前解释理解。

　　分析起来,前解释和解释阶段可以区分为理解现有社会实践或规则的两种方式。我们可以想象,过了一段时间,人们开始追问该规则的要旨是什么——为什么人们应该遵守它——并且对于特定情况下实践要求什么,他们的答案会有所不同。因此,对这一"解释"阶段的引入将分为两个部分,一部分是对礼仪的社会规则提出质疑并赋予"意义",另一部分是就这一意义是否适用于特定情况提出问题。我们可以通过参考比赛来检验这些区别,比如板球运动,其中规则的描述可以与其要旨的讨论(它有趣吗? 它能测试出运动员的技巧吗? 它有竞争性吗?)区分开来,后者又与解释特定规则的方式("打保龄球"包括投掷或者低手投球吗?)区分开来。

　　第二个解释阶段出现在人们质疑规则的要旨并建议对其范围进行限缩或扩张时。那些认为这一规则体现了对"弱势"性别的尊重的人们可能会认为,当一位女士在做"男人的"工作,或者她是女同性恋时,男子的鞠躬便是不必要的。如果有人认为鞠躬代表着对有生育能力的人的尊重,那么他可能认为这一规则不应该适用于未婚女性或丁克夫妇中的妻子。第三即后解释阶段发生在对规则的要旨以及适用的限缩或扩张存在共识时。德沃金指出,这是解释"折返自身"(fold back into itself)的时刻,这出现在社群决定确定——也许但不一定是通过司法判决——某种特定意义时。就刚所讨论的意义来说,过一段时间,该意义就会变成前解释,该过程可能会重新开始。

　　这种从前解释到解释理解的转变在法律哲学上非常重要,可以说 71
与哈特《法律的概念》中从"前法律"到"法律"社会的转变一样重要。对哈特来说,分析的、前法律的社会仅由简单的义务规则构成。只有通过补充次级规则或权力授予规则,它才能描述"现代国家法律体系"。将哈特的转变视为一种解释,这将破坏他宣称的"描述性社会学"的目标。我们可能会问,哈特描述法律的要旨是什么。他相当明确地表示,那可以服务于确定性、进步性和效率性等价值。次级规则将有助于通过创设法院结构来防止"世仇宿怨"(vendettas,哈特的用语),通过立法机关的动态运作使得进步成为可能,并通过承认规则创设法律识别上的确定性使得那些受法律调整者的稳定生活成为可能。⑨这一论证思路需要注意。哈特的阐述在某些处在前解释阶段的国家和地区(主要是英国和欧陆)可能是对人们会(也确实)接受什么为法律的一种相当好的描述(至少他们认为确定性是一种法律价值)。德沃金的论证是解释性的,所以人们如何言说或他们相信什么并不是决定性的。他像区分前解释和解释阶段一样,区分了解释的两个层次,因此前解释一词具有误导性。前解释阶段构成了解释性实质论证必须依赖的形式结构。这种看待事物的方式并不像斯坦利·费什(Stanley Fish)所说的⑩那样自相矛盾,因为在实质和形式(或者如德沃金所说,"符合")之间进行区分本身就是一种解释行为,我们现在从价值统一性命题中最清楚地看到了这一点,并且我认为这种区分也隐含在哈特的阐述当中。

这有助于在有关法律性质的问题(通常被视为哈特的兴趣所在)和专业问题(通常被称为德沃金所关心的"证成"问题⑪)之间加以区分。哈特对性质问题的回答("法律是什么?——初级规则和次级规则的结合")符合前解释态度,因为它试图描述对法律思考的共识(尽管在那些上帝被视为法律渊源的法律体系中肯定并非如此)。当然,德沃金的理论也需要对"性质"问题进行解释性理解,但它还需要对特定法律体系中的法律进行解释性理解。正如他所言,他的理论是对"教义性法律"(doctrinal law)的阐述。⑫请注意,哈特也规定了"教义性"法律的识别及其施行,这并不奇怪。你可以考察一下他所说的"承认规则",⑬即识别规则,看看它是否验证了任何所谓的规则。如果答案是肯定的,该规则便是该法律体系中的有效法律规则,因此构成其法律"教义"体系的一部分。哈特还将法院视为其旨在实现"效率性"的"次级裁判规则"的一部分。

在解释的第二和第三阶段,没有什么可以阻止怀疑论的出现。有些人可能同意礼仪意味着尊重,但进而主张,如果正确理解的话,尊重意味着承认他人的平等价值;接着,他们可能会合理地得出结论,鞠躬意味着一种与如此理解的尊重相矛盾的恭顺。他们现在——也许在某种程度上取得了成功——倡导废除鞠躬规则。这是德沃金所讨论的内部怀疑论的一个例子:你对鞠躬规则得出的最佳理解是,它是自相矛盾的,它根本不是一项礼仪规则,应该废除。

德沃金指出,社会实践的解释就像艺术解释,后者解释的是人们创造的艺术作品,但可以与他们的思想和意图相分离。他将其与解释并非由人们创造的事物的科学解释区分开来。它也不是对话解释,后者解释的是人们说话的意思所在,而不是解释者的建议。德沃金指出,艺术解释是创造性的："社会实践解释的参与者,通过描述可以被认为是某个实践所服务、表达或例示的某个利益、目标或原则体系,提出该实践的价值。"[14]创造性解释与科学解释、对话解释之间的这种对比很有启发性。重要的区别在于,后两种解释都不需要提出人类的利益、目标或原则。这在科学解释的情况下显而易见,我们应该注意到,比如凯尔森等某些实证主义者似乎赞同科学的解释观念。对话解释的情况更难处理,因为要解释的"事物"并不明显独立于语言的目的和实践。为了解释一个人的意思是什么,我们必须理解意义传达背后的人的目的。但这与艺术解释不同,因为解释者不能如此自由地将自己的解释置于言说者所说内容之上。在对话解释中,确定言说者意思的标准是他实际上想要表达的意思。否认这一要旨将否定语言的艺术使用和日常交流中的使用之间的区分。

　　尽管如此,德沃金表示,所有解释都可以在建构性解释的框架下进行。所有解释都力求"使某个事物(作为某种假定事业的实例)成为它可能成为的最佳实例"[15]。对于对话解释,他使用宽容原则,据此我们充分利用一个人的沟通来理解他所说的话;对于科学解释,我们则使用类似简洁、典雅和可验证性等理论建构标准。

使法律具有最佳道德意义

　　解释如何适用于法律? 法律规则构成了作为以建构性或艺术方式来解释的"事物"的社会实践。我们必须以其最佳的方式来展示法律实践,这意味着什么呢? 德沃金认为,法律的核心要旨是它为国家强制提供了道德证成。他指出,将法律视为对政府强制的约束和许可是我们共同的法律概念,即前解释理解:

　　法律坚持认为,只能以个人权利或责任(它们源自规定什么情况下可以证成使用集体强制力的过去的政治决定)许可或要求的方式,使用或克制使用这种力量。除此之外,不论对计划好的目的有多么大的帮助,不论这些目的多么有益或高尚,都不得使用或克制使用集体强制力。⑩

　　这样说合理吗? 德沃金确实描述了一种普遍的法律观。在任何情况下,如果我们确实将法律视为一种证成形式,那么看起来合理的是,道德证成比任何其他证成都更可取。

　　有一些明显的反对意见。我们可以说,这是在循环论证。也许,这个定义本身就是一种特殊的资产阶级观念:援引法律促进了国家发展,这也是一种循环论证的方式。坚定的无政府主义者不会对此感到高兴。我们不能对法律必须在某些基础(比如法律和道德"在概念上"有所不同)上得到最佳的道德解释这种说法表示怀疑;这也是在循环论证。我们应该根据自己的道德评价判断来思考法律,这是一种直观的感觉;德沃金的价值统一性命题如果为真,就为以这种方式看待法律所获得的价值提供了支持。非常重要的是,无政府主义者应该考虑他自己的观点是否试图将法律置于最佳道德状态,假设他们会认为无政府状态具有道德价值。

概念和观念

　　德沃金经常使用概念(concept)和观念(conception)之间的区分。概念包括在所有解释中使用的一套相互离散的观点,它是意义的最小公分母,在字典里很常见。另一方面,观念会引起某些用德沃金的话说

74

"潜在于"概念中的争议。概念和观念之间区分的开创性分析可以在加利（Gallie）题为"本质上有争议的概念"（"Essentially Contested Concepts"）的论文中找到,他的观点被许多政治哲学家采纳,特别是罗尔斯的《正义论》。[⑰]加利认为,类似艺术、民主、社会正义和"基督教生活"等概念,就其本质而言,只能被理解为涉及争议性论证的概念。他列出了一些条件,这些条件是对任何"本质上有争议"的概念的部分描述,并且我认为,这些条件包含这样一种观点,即这些概念是通过不同的观念来理解的。这些条件是,概念必须是"赞赏性的"（即批判性的）、"内部复杂的"和"以各种方式可描述的";它还必须承认"根据不断变化了的情况进行了相当的修改",并且"使用一个本质上有争议的概念意味着相对于其他用法来使用它,并承认自己对它的使用必须与其他这些用法保持一致"。[⑱]此外,为了将这些概念与"极度令人困惑"的概念区分开来,加利指出,此类概念的使用者必须承认概念之"原始范例"的"权威性",使用者之间的竞争必须使"原始范例的成就得以持续和/或以最佳方式发展"。[⑲]

例如,我们知道在某种明显意义上民主是什么:我们不会将民主与高山相混淆。我们认为某些理念是涉及"民主"的,例如自由选举、人民平等和自由、法治等,但是,尽管存在某些其他我们可能赞同的理念,我们可能只赞同民主大体上是经同意的治理。人们对同意的效力和范围有不同的观念。例如,所需的同意类型:是由比例代表制产生,还是由单一不可转让投票制或者工会集体投票产生？以"一人一票"所表达的平等理念为例,该理念的一个观念曾经是,它不能将女性包括在内。一些人认为民主是一种程序性的、多数人统治的制度,而另一些人则认为民主是实质性的,本质在于保护少数人的利益和权利。有人认为民主是对各级决策的约束,而不是任何特定的政府方案。还有人在一党制国家的理念中找到了民主。这些观点可以在民主是有关"经同意"的治理的共同基础上进行辩论，也可以在有关平等和自由的更广泛基础上进行辩论。

概念与解释性分歧

《刺猬的正义》中的一个重要命题是，道德推理是对我们使用道德概念的实践的概念解释；此处的解释摒弃了作者与解释者之间区分的正常用法。当我们对道德产生分歧时，我们不赞同的不是有关作者所说的，而是关于作为我们共同理解和共享实践的一部分的观点。在引入该观点时，德沃金（引用了他在《身披法袍的正义》中提出的一个早期分类法，并将他曾发表的言论汇集在一起）区分了不同类型的概念。对于理解法律实证主义来说，最重要的是他所说的"标准"概念，它指的是当我们使用相同的标准来识别概念实例时，我们共享一个概念。三角形是个标准概念，因为我们以相同的方式识别实例：只有三条直线边的图形。他指出，在大多数情况下（但不是所有情况下），我们使用相同的标准意味着我们对概念实例的关注是精确的。[20]

并非所有概念都是标准的，存在并非以共识作为检验其标准度的概念，即被称为"自然类型"的概念。以狮子这个概念为例。在此，我们可能会使用不同的标准来识别狮子，尽管如此，我们还是很容易理解我们所讨论的是同一件事。我们之间的差异并不一定标志着语言上的错误，就像我们发现我们中的一个人谈论的是河岸（bank），而另一个人谈论的是英格兰银行（Bank）那样。这也不是我们每个人都有点模棱两可的情况。相反，我们使用这样的自然类型概念来指代某种其特征在自然世界中确定的事物；我们假设自己指的是同一事物，即使我们使用了不同的标准。请注意,虽然标准概念和自然类型的概念彼此独立,但它们仍然可能共同使用决定性的检验(例如,秃头的核心情况是什么,或者——很可能——构成狮子的 DNA 是什么)。在每种情况下,这意味着"一旦所有其他相关事实都达成了共识",那"真正的"分歧就被排除在外。在我看来,当德沃金最初谈到认为法律是由"显明事实"构成——呼应了对"直言不讳"和确定性的共同理解——的观点时,他指的就是"标准的"和"自然类型的"概念,那些都是讨论对象被认为可以确定的概念。一旦我们明白我们谈论的是什么概念,我们必然达成一致,因为要么已经有了共识标准,要么我们赞同存在一些决定性特征(尽管我们可能不确定它是什么)。

解释性概念有所不同,它构成了一个"我们共享的概念家族,尽管对决定性检验没有达成一致"。我们赞同,但只是通过意识到它们的应用是由它们的最佳理解构成的。与理解性解释相关的还有范式。他指出,这些都是对"允许我们争论"的"特定特征"的共享理解。共识不同于标准概念和自然类型概念,因为并不存在决定性检验:范式与差异并存。他指出,即使驳斥也与共识并存。德沃金认为,标准、自然类型和解释性概念之间的区分并不是通过用法明确表示的。例如,他认为人们总的来说错误地认为民主的意义是标准的。他还认为解释性概念很重要,因为正是通过它们,人们才能看到他们的分歧是否是真正的分歧,他们的解释指导他们的判断。从道德概念是解释性的这一事实出发,它们不能被中立地分析。致力于某一特定道德概念的最佳意义排除了非承诺性、超然和中立的阐述。即使对这种概念的实际使用采取了一种超然立场(如果人们可能的话),那也会意味着进行道德论证(正如德沃金关于怀疑论的论证所表明的那样)。因此他指出,元伦理学是一个误区。

德沃金认为,在某种抽象的层面上,当对某些道德陈述存在共识时,道德概念有可能是标准的。他举了罗尔斯的陈述作为例子,罗尔斯说人们接受正义是关于权利分配时的非任意区分。尽管如此,德沃金认为这仍然是非标准的,因为许多人都相信是上帝决定了正义,因此正义并不以每个人都认为其是非任意区分为特征。在这种情况下,我们的道德概念中是否有哪一个是标准的呢? 他的答案是一个都没有。在道德上是否至少存在一种共识,即在确立道德命题时,存在一种"应该做或不应该做某事"的标准的共识(反映最抽象的道德要求)吗? 他再一次否定,因为道德判断并不总是与推荐某种行动方案有关。道德概念是自然类型的吗? 也就是说,它们拥有一种我们通过特殊的直觉能力来辨别的"独特属性"(比如,就像是某种粒子)吗? 他认为,只有在哪些粒子属于这一概念上达成共识的情况下,这才可能为真;那是对实例而非标准达成共识。但德沃金认为,我们并非就该概念包含什么内容达成共识。他说我们的共识程度非常低;我们就范式达成了足以说我们共享我们道德概念的共识,但除了这一最低共识之外,几乎什么也没有。因此,德沃金得出结论,道德概念必然是解释性的。

哈特的理论作为一种非描述性解释理论

将概念与观念之间的区分应用于哈特的《法律的概念》是有启发性的。我已经指出,哈特的著作是对法律的解释,而不是中立的描述。该解释接近于德沃金所说的"惯习主义",其要旨是服务于我在第三章所考察的受保护的期待之理想。德沃金曾告诉我,他觉得很遗憾,没有在《法律帝国》中以一个一般陈述开始他题为"惯习主义"的一章,该一般陈述即他认为哈特的法律理论最好被理解为一种惯习主义理论。用他的术语来说，《法律的概念》就是哈特对法律的概念的"观念"。[21]德沃金提供了一项证成，那是他解决解释性问题的方法的重要组成部分。简言之，我们有责任去"建构"这类问题的答案；袖手旁观并假设有一个答案"就在那里"，它也许可以由其他某些人解决，或者甚至任何人都无法解决，这是对责任的背叛。[22]

这并非脱离法庭现实的"抽象哲学"。以1932年英国里程碑式的侵权案件，即多诺霍诉史蒂文森案[23]为例。在本案中，上议院设计了一种新的责任关系，即最终的制造商（一家碳酸饮料制造商）和最终的消费者（一名在制造商的生产饮料中吃到腐烂蜗牛后患病的妇女）之间的责任关系。阿特金勋爵认为，制造商负有责任，因为侵权法中对那些行为可以合理地被视为影响他人的人规定有一般责任（被称为侵权责任的"邻人"原则）。巴克马斯特勋爵（Lord Buckmaster）认为，此类案件中的责任仅限于侵权责任中已经存在的类型：由于并未涵盖这一案件，而且双方之间也没有合同关系，所以该妇女只能败诉。

我相信概念和观念的用语很好地描述了它们的差异：两位法官中的每一个都对相同的侵权责任概念有着不同的观念。他们对概念有共识，但对其观念存在分歧。他们都认为侵权责任是非自愿过错的普通法赔偿的基础，并且认为责任源自当事人之间的关系，但阿特金勋爵的侵权责任概念的观念要比巴克马斯特勋爵的更广泛。我们可能同意许多评论者的观点，即阿特金勋爵的观念更好，因为他通过邻人原则整合了其他看似离散的责任类型。

我们不必只以著名案件为例。即使在日常的法律论证情形中，概念和观念之间的区分也很明显。以涉及对安全法规的某些部分的解释的典型案件为例。概念——共识所围绕的一系列离散想法——是雇主负有防护危险机器的责任。雇主的律师主张免除工厂雇主对其雇员疏忽所负责任的观念,工厂检查员的律师则主张相反的观念,即雇主有责任防止疏忽。即使我们不接受"最佳"意味着"道德上最佳",但考虑到法律体系的其他方面,概念和观念之间的区分对于理解上述差异仍然是有用的。

整全法的概念

对德沃金来说,什么是与正确观念相对应的法律概念呢? 我已经提到了证成的核心观点。当我们谈论法律时,我们"毫无争议地接受"的"离散的观点集合"涉及国家权力使用的证成。因此,他指出,"法律论证发生在一个粗略共识的平台上,即如果法律存在,它为个人公民或群体使用集体权力提供了证成"[24]。因此,德沃金的理论必须回应真实的法律论证。此外,他的理论试图证成法律,而不是世界应该有多么理想。道德判断是政治要求的子集,因此对法律材料的最佳解释必须借鉴法律体系的最佳道德理论。

法律材料与道德理论的融合体现在整全性理念上。要求法律以不同于正义的方式相融贯是一项原则,后者要求社会中存在着正确的事态;这项原则还要求法律以不同于公平的方式相融贯,后者是一种平等观念,据此"商谈过程中必须允许每种观点都有发言权"[25]。整全性意味着法律应该始终被建构或解释,以形成一个统一整体。这一要求表达了整全性的美德,但根据德沃金的说法,这与处于同一层面上的正义和公平的双重美德有所不同。德沃金概括地将正义和公平描述如下:

　　　　正义是政治体系的正确结果的问题:财物、机会和其他资源的正确分配。公平是这种体系的正确结构问题,这种结构以正确的

方式分配对政治决定的影响力。㉖

　　问题出现在正义和公平相互竞争时。德沃金希望能够在它们之间找到原则性的关系，而不仅仅是妥协。为了充实所有这些抽象概念，让我们假设最正义的社会将禁止堕胎。我们还假设，最公平的社会在决策过程中赋予每个人发言权。想象这样一个社会，其中大多数人都希望并投票支持在特定情况下将堕胎合法化。显然，如果我们接受这两种假设，我们必然会得出结论：此时存在冲突。接着设想一下以下情形，立法机关在正义和公平之间达成妥协，按照支持堕胎的票数的比例赋予妇女堕胎权。让我们假设有三分之二多数票反对堕胎，三分之一票支持堕胎。现在，制定法以每三项申请中批准一个的比例分配堕胎许可，这里可以使用某种公平的申请制度，比如摇号。作为一个证明问题，我们不知道堕胎是否正义，但我们确实知道存在某些正义要素，因为正义要么允许在特定情况下堕胎，要么不允许。进而，我们根据允许"每种观点在过程中都有发言权"的公平性来分配正义。

　　问题是，这是否是对这个严肃问题的恰当回应。这相当于正义与公平之间的妥协，这种妥协以前也曾被尝试过。德沃金以美国宪法为例，它最初通过将一个州奴隶人数的五分之三计入人口来决定该州在国会中的代表权，从而对奴隶制进行了妥协。㉗在美国，这种立法要求被称为"棋盘式"立法（"checkerboard" statute），因为它们产生了一种对称结果，即对比和综合。德沃金利用我们对这种妥协的直觉反应，提出了整全性的美德。他将自己的论证与海王星的发现进行了比较，海王星的存在并不是通过直接观测，而是通过其对邻近行星的引力效应得到证实的。他指出，我们通过关注整全性美德对正义和公平的影响而注意到它，正是这种美德允许在正义和公平之间进行原则性的调整，而不是简单的妥协。整全性理念首先出现在《法律帝国》中,是德沃金法律哲学的基本美德。我相信该理念贯穿于德沃金早期的著述,尤其是他对疑难案件中证成的阐述中。其中,为决定辩护的一般方案是通过价值,特别是通过论证和肯认原则问题来进行的。㉘

关于"融贯性"

　　法律中的融贯性所要求的不仅仅是一致性,或者像德沃金更喜欢称之为的"简单一致性"(bare consistency)。简单一致性不过是说两种法律陈述之间并不存在逻辑矛盾。相反,融贯性必须是"原则上"(in principle)的一致性,也就是说,它必须"表达一种单一且全面的正义愿景"。㉙虽然一般来说,我们必须提出与以前的决定和制定法,以及过去使用过的论证相一致的论证,但这里不仅仅是一致性在发挥作用。㉚例如,简单一致性是一种不可能的要求,因为作为法律论证的适当特征,我们都承认以前的一些决定是错误的。我们通过使用比简单一致性更丰富的论证证成它们独特的立场来应对错误。例如,我们可能准备提出推翻一组判例的论证,但这不是因为它们与另一组判例不一致——后者可能并不存在。或者,根据简单一致性(如果有的话),保留它们的理由与宣布它们错误而放弃它们的理由一样好。融贯性把握住了一致性的逻辑基调,但允许对孰对孰错进行其他判断。一个孩子对他下午进行的活动所做的不融贯描述远不止前后一致。为了使他的叙述融贯,它必须"有意义"(make sense),而不仅仅是一致。另一方面,融贯性在高度抽象的层面上描述了一种情形,在这种情形下,我们只是说事物必须有意义或"合乎逻辑",而不必更具体。融贯性只有在特定案件的语境中才能被充分理解,仅凭其自身是不够的。以多诺霍诉史蒂文森案(腐烂蜗牛案)中使用的论证类型为例。我认为,阿特金勋爵试图通过找到一种抽象的方式来表达合同和侵权中现有责任的各种形式,来使得过失责任的概念相互融贯。他认为,正如许多其他人后来所认为的那样,原则性的方式是通过邻人原则。我认为他的论证具有融贯性的优点。它有意义或"合乎逻辑",因为它通过一项原则——邻人原则——提供了一种从特定情形的事实到所有其他情形的论证方式。它做到了这一点,同时清楚地表明了为什么以前的案件得到了公正裁决,为什么将过失责任局限于某些案件类型(像巴克马斯特勋爵所做的那样)是错误的。用德沃金的话说,存在一种更深层的价值证明了以更抽象的方式来看待不同案件是合理的,理解这一点将允许对不同的类型进行解释,然后进行修正(或"折返自身")。

德沃金认为,"单一正义愿景"的特殊美德代表了社群的理想,或者他更喜欢称之为的"友爱的"(fraternity)理想。这种理想为以整全性的"一个声音说话"的国家人格化提供了最佳证成。我将在第六章讨论他的社群理念,那是他对保守的"社群主义者"做出的自由主义和个人主义式回应。简言之,他的观点是,一个人作为个体的存在,意味着某些公共美德的产生,其中包括国家负有的确保人民被作为平等者对待的责任(以及个人必须对此加以维护的责任)。

理想世界中的细微差别

对德沃金来说,整全性与平等理想之间的联系至关重要。他指出,正是通过单一的法律愿景,国家才将其公民作为平等者对待。这不仅仅是那种(正如哈特所指出的[30])"与极大不公正相兼容"的待遇一致性,而是包含了将人们作为平等者对待的理念。整全性是法律论证的原则性美德，也是政治领域的道德美德。因此，法律和道德论证不能分离。根据德沃金的说法，法律论证必须以每个人都享有的被作为平等者对待的权利为特征。为了说明这一点，德沃金带我们穿越了许多世界。在他所谓的"理想的理想"(ideal ideal)世界中，并不存在对整全性美德的需要。想象一下每个人都会按照他所应当的那样行为的完美世界。完全公正的立法决定在——使用上文举过的例子——堕胎案件中被做出，每个人都投票赞成。无论如何，立法都没必要，因为每个人都在做道德上正确的事。在此，立法者不会在实质正义问题和公平问题之间左右为难。所有人都能达成同意，而且这种同意是正确的。由于根据假设，国家将每个人都作为平等者来对待，因此在理想世界中，并不存在对独立的整全性美德的需要。之所以如此，是因为它是一个矫正性概念，只有在正义和公平之间存在紧张关系时才有必要。换言之，德沃金使用整全性理念是为了建构一个理想的司法体系，在该体系中，法官可以完美地做出原则性的权衡。法官对他们的所作所为有着正确的正义观念，但他们也被允许与现实世界中出现的其他因素进行权衡。

82　　　　　我认为，这一论证确立了整全性的独特性质。其功能是约束现实世界中的国家，这里的决定往往不正义但公平。由于其功能及其独特美德是约束，因此它也是一种只存在于"理想的现实"(idea real)世界中的理想。换言之，在"现实的现实"(real real)——你我所生活的——世界中，立法者、律师和法官必须致力于实现使得所有法律形成一个融贯整体，使得国家平等地对所有公民说话的理想。这意味着，在现实世界中，整全性代表着对德沃金所谓从制度中"抽象"出来的正义的追求。他指出，"纯净的"整全性"宣布必须怎样变革社群的实践，从而更加融贯而全面地促成社群已经部分采纳的社会正义愿景，但它不宣布在这项宏大工程中哪位官员担当哪个职务"。㉜

第五章　法律论证的评价融贯性

　　德沃金指出,法律必须融贯,必须将所有社群成员作为平等者对待;特别是,所有法律人(从法科学生到最高上诉法官)都应该将他们的决定和论证纳入现有法律体系,而且要以最佳道德方式做到这一点。理解这一观点有两种直接的方法。首先,如果你必须在一项制定法的两种可能含义之间做出选择,你会选择更具有道德意义的还是更缺乏道德意义的那种呢?①其次,你可以看看德沃金著名的理想法官模型,这是一位极其聪明、非常勤奋的法官,他称其为"赫拉克勒斯"。由于他是一位理想世界中的法官,所以否认他在现实中的存在并没有什么助益,尽管这是对德沃金理论的一种常见的糟糕批判。在任何情况下,事物都可以存在于理想世界中,我们不应假设唯一的存在形式是在现实世界中;事实上,"现实世界"是什么恰恰是个令人感兴趣的问题。"自由市场"是一种理想,它的存在通过我们判断现实世界中市场缺陷的方式来体现。垄断存在于现实世界中,它们扭曲了市场;因此,通过参照现实世界中并不存在的标准,我们知道它们并不完美。人们理解赫拉克勒斯的困难之处在于,他与边沁"主权者的命令"这种极其清晰的观点,以及哈特"承认规则"这种同样清晰的检验截然不同。通过使用赫拉克勒斯这一模型,德沃金只提供了一种法律论证的方案。他无法提供一套前提,由此可以通过推导得出结论——如命令和承认规则能做到的那样——因为他认为,这种形式主义阐述是错误的。②然而,在下述观点

中,我们可以看到赫拉克勒斯如何为我们提供了一个怎样识别法律的观点:

> 如果法官接受其法律体系的既定实践——也就是说,如果他接受其独特的宪法和制定法规则所提供的自主权——那么根据政治责任理论,他必须接受证成这些实践的某些一般政治理论。[③]

我们需要建构一种"既定"实践的理论,然后从该理论中提取出一项证成进一步法律命题的论证。因此,在大多数疑难案件中,法律论证将发展成为两个论证之间紧张关系的结果,一个主张倾向于"符合"既定法律,另一个主张倾向于政治道德的"实质性"问题。虽然德沃金的两条抽象禁令"理解法律的最佳意义"和"将人们作为平等者对待"推动了他的法律和政治哲学,但对他来说,正是"符合"和"实质"之间的区分构成了法律论证的优势。

在此,我们不应该强调推理、"理论"和"哲学"之间的区分。例如,斯科特·夏皮罗认为,德沃金过于看重法官的智力能力,因此也过于看重其可信度。他指出,德沃金对法官的期望"如此抽象,使用了大多数非哲学专业人士并不熟悉的技术,正常的制度制衡必然无效"[④]。他担心会有过多的道德决定被留给他们。夏皮罗表示,当对法理学的讨论与对法律实践的关注相距甚远——德沃金的理论尤其如此——时,执业律师会倍感烦恼。对于德沃金所谓法律实践应被置于其"最佳道德视角"的论证,他指出:

> 德沃金从未以任何有意义的方式考虑过,这种方法论对具有正常认知和道德能力的参与者是否适当。相反,德沃金式的解释

对群体成员的哲学能力以及他们执行这种严格的智力练习的良好意愿,预设了极大的信任。⑤

　　但就其主题范围而言,哲学其实只是一种敏锐的思考。我们可以说,它比日常实践思考更为抽象,但这只是因为它并不把自身局限于正统的结论(我认为,就像伟大法官的结论一样)。除了对某些人来说太难以外,还有什么能用来反对这种思维方式呢? 夏皮罗真的认为好法官无法回溯几个阶段,以实现抽象化和建立联系吗? 我自己参与法律实践的经验是,法官确实从事此种活动,法律报告提供了大量例证。美国有很多关于平等和自由之最抽象解释的民权案件。这并不是否认存在着糟糕的法官和判决,因为这种明显的事实得到了明确的制度承认,比如上诉法院等形式。但法官没有那么糟糕。在英国,他们可以在拥有更多的时间和研究设备的情况下做好工作。我怀疑夏皮罗认为哲学是一门专业学科,很大程度上不受实践思想的指导,并且可能是哲学系成员的内部游戏。我们应该比这放松得多,我们不应该假设,因为哲学家可能会用其他语言重新表述或解释法官的决定,所以法官所取得的成就不如哲学讨论可能取得的成就那么抽象、那么深思熟虑或那么敏锐。

　　如果我们不相信法官可能会超越立法者,我们就把他们仅仅当成了行政管理者或事实的判断者。这便是杰里米·边沁所热衷的解决方案。也许是时候改革我们的法律教育、法官培训和法律职业招聘制度了。尽管我需要确信事情正处于夏皮罗所说的那样的状态,但我还是愿意走这条路。尽管如此,我认为他对德沃金唯一的不赞同,即对法官可信度的担忧,是出于他对哲学推理的过于狭隘的看法。

"实质"、"符合"，以及连环小说

　　德沃金在法律论证与连环小说写作之间所进行的类比是有用的。想象几位小说家聚在一起,提出了一项建议,他们共同创作一本小说,每人写一章。一个人写第一章,另一个人写第二章,依此类推。第二位作者将受到一定的"符合"约束,而排位越靠后的作者受到的这些约束也将越多,尽管(令人信服的)方向改变是可能的。约束将是诸如角色姓名(例如,第一章中的克里斯蒂娜在第二章中不能毫无解释地改为"恶棍"这个名字)、语言(如果第一章用英语,第二章用梵语,那就太离谱了)和情节(想象一下,如果对地点和时间的变化以及任何角色的行为都没有逻辑解释会怎么样)之类的东西。这些建议并没有穷尽"符合"的多种可能性,重要的是要认识到,对于德沃金而言,"符合"问题本身就是向解释活动开放的。德沃金的批评者几乎完全不理解这一点。⑥斯坦利·费什就是一个引人关注的例子,他怀疑法律和艺术论证是否存在真正的前解释模式,因此他说并不存在任何真正的"符合"路线。德沃金回应中的论证只是重复了他关于范式的主张:我们在某些评价点上的一致意见表明,论证已经暂时结束(但并非最终结束),因此为了进一步论证的目的,一致意见可以被视为已获得(作为后续的解释可能会遇到的问题)。显然,对于连环小说来说,小说体裁的接受本身就是向解释活动开放的。没有什么可以阻止第二位作者决定第一章不是一部小说的第一部分,而是一份政治文件的第一部分。这很奇怪,但并非不可理解,因为人们被推定为就促使小说家共同创作的体裁达成了一些共识。⑦

　　我们可能会问,如果并不存在最终区别于解释的符合要求,是否一切都变得过于主观。费什认为,主观性消融于达成共识的离散群体当中,而他们只能与"俱乐部"以外的那些人交谈。这一论证并没有让我们走多远;俱乐部——"莎士比亚俱乐部""后现代主义学者"和3K党等——内部的论证同样是主观的,"一群解释者"的观点并不能推进论证。例如,莎士比亚的解释者对剧中人物的解释截然不同。此外,语言足够丰富,它使得每个人而不仅仅是那些离散的俱乐部成员能够加入。没有明显的理由说明社群之间无法通过翻译达成共识。[⑧]"符合"与"实质"之间的区分是否有用仍然是个重要问题,但我会为德沃金辩护,特别是考虑到《刺猬的正义》中的价值统一性命题。我们对文学和法律等解释性问题的判断是复杂的,它们包含许多约束因素。我们所做的总体判断是各种判断的结果,其中一些是对别的判断起约束作用的独立判断。在我看来,这似乎是一种明智的论证方式,一点一点从确定的立场推进到不那么确定的立场。德沃金肯定会持有这种观点,因为对我们做出的各种判断的任何限制都不可能是一种显明事实、"就在那里"的类型。约束本身必须从判断中产生。用他的话说:

> 我们能在自身的认知经验中发现,我们的一些信念和确信在决定我们能够或应该接受或影响他人的程度时起到了制衡作用。即使这些约束性的信念和态度是有争议的,这种制衡也是有效的。[⑨]

现在让我们直接转向"实质"问题,同时继续承认"符合"相当于普遍接受一种特定、可修正的解释。在连环小说的例子中,小说可能有许多不同的发展方式,每一种都同样符合被承认存在于第一章(以及后续章节)中的约束条件。在这些情况下,连环小说家将不得不对小说应该如何发展做出不同的判断。这一判断将是关于小说实质的判断。例如,哪种发展会使小说作为小说变得更好呢? 这个问题的答案也是解释性的。小说家可能会认为,如果一个人物缺乏自信的性格被强化而不是被削弱,比如在重大事件面前,这种特质被证明特别人性化,那将使得这部小说变得更好。她也可能会认为,如果缺乏自信被证明是懦弱,或者仅仅对一名扑克玩家来说是良好品质,那这部小说将不会太好。尽管这些决定中的每一个都符合前面章节中人物的缺乏自信,但有关小说方向和价值的实质性判断必须结合人物的发展来做出。

你必须记住所有这些主张的争议性质,或者"本质上的可争议性"。我们无法逃避,因为论证的特征化只有通过这种示意性的方式来实现。此处描述的文学创作方案不会决然否认下述论证,尽管我们当然希望仔细研究每一种主张的论证:"这不是一部小说,而是一本政治手册";"'缺乏自信'是一种女性特质,不应该归之于男性";"在小说中强调人的品质是不重要的";"所有小说都是政治声明";如此等等,不胜枚举。

关键是,根据德沃金对解释的抽象描述,所有这些陈述都是可能的。我认为,这并不像许多人所认为的那样,意味着每一个都和其他的一样好。在这一点上,举一些例子可能会有所帮助。让我们以德沃金的文学类比为例,并将其扩展到艺术和音乐。如果狄更斯在《大卫·科波菲尔》第二章中开始称大卫为"歌利亚",并把默德斯东姐弟(现在被称为金雀花姐弟)送到了阿布扎比,在那里默德斯东小姐死而复生,并经营着一家鱼类加工企业,这会怎么样呢? 在缺乏某种联系的情况下,说这个第二章是《大卫·科波菲尔》的一章,难道不是不太可能的吗(如果不是荒谬)? 即使在这种改写中,也存在一些可识别的联系("歌利亚"就是原来的"大卫";这两章中都有"默德斯东姐弟")。如果没有联系,没有"符合",难道我们不会认为狄更斯已经开始一个新的故事了吗？

　　或者以艺术为例。正是由于缺乏"符合"，我们可以说我"绿色背景
下带有白色三角形的红色斑点"的抽象画并不是对《蒙娜丽莎》的描绘。
没有什么可以把它们联系起来。将其称为"蒙娜丽莎"，或者画画时想
把它作为对其的描绘，这都不会起到任何作用。然而，同样，对此没有
任何显明事实表明它不是这样的描绘；这也是我们必须记住的。也许
我画中的斑点和三角形，以及绿色的混合色调，恰恰捕捉到了《蒙娜丽
莎》的正确情绪或感觉。但这种联系即使不是完全不可信，也是脆弱
的，并且压力正在于找到符合的联系，能使得论证成为可能（尽管脆
弱）。

　　音乐如何呢？让我们以一位完成了舒伯特《未完成交响曲》——舒
伯特只写了两个完整乐章——的音乐学家为例。新乐章长达4个小
时，由1000名斐济男子组成的合唱团，加上20名贝斯手，以及1个放大
的澳大利亚狄洁里都号角构成。它是十二音的。异域情调的效果令人
印象深刻。这是一种音乐，然而它与舒伯特交响曲的第一、二乐章并不
存在任何联系。我们必须再次保持警惕。我们不能傲慢自大。当然，
或许可以说，音乐的实质把握到了舒伯特作品中"固有"的东西。尽管
如此，对于论证而言，通过"符合"要求的联系力度太强，以至于它无法
令人信服。

　　文学类比可能刺激到了某些认为文学和艺术肯定处于法律对立面
的人。例如，德沃金因为使用这种类比而被指责为"文化狂热分子"
（culture vulture）。[⑩]粗暴的态度是：文学等与法律有什么关系？答案是，
如果艺术和法律都是解释性活动，那么对解释在文学中的作用的考察
便极为相关。法律解释有什么不同，从而使得文学类比具有误导性呢？
一种常见的回答是，"法律是一门与决策相关的实践学科"。这会有什

么不同吗? 例如,为什么任何解释活动都不应该与决策相关呢? 尼尔·麦考密克告诉我,我所想象的社会会败坏艺术。这对我来说是根本不清楚的,如果我们承认——正如我认为我们应该做的那样——仅仅被赋予了判断的权力并不能让艺术评委的判断客观正确。如果我们认为仅仅因为布克奖组委会如此决定,该奖得主写的书才是好的,那才是一种败坏。法律也是如此:如果我们认为法官总是提供最佳的解释,那也将是一种败坏,因为这会以同样的方式扼杀创造力,还会让上诉制度变得失去存在理由。⑪我倾向于认为,正是实证主义的思维方式——肯定存在其中一种形式——过于粗暴地将法律和艺术区分开来。需要做更多的工作,才能在某些观点的普遍接受和证成该观点的实质性原则之间架起桥梁;这项工作就是靠法律人证成普通法的新命题的方式来完成的。

普通法与"万有引力": 类比与整全性

赫拉克勒斯如何决定普通法呢? 在"疑难案件"("Hard Cases")一文中,德沃金提出了一个命题,即以前的决定施加了一种公平的"万有引力"(gravitational force)。赫拉克勒斯必须考虑先前的案件,以确定出于公平和既往决定施加的"引力",他是否要根据这些案件做出判决。现在这一命题必须结合德沃金关于整全性的阐述来看待,他将后者称为法律的"第一美德"。先前的决定通过整全性直接施加引力,后者要求法官阐明以前的案件,从而引导出证明法律在相关方面平等对待了所有主体的最佳论证。

整全性通过类比使得论证具有良好意义。当法官使用这些论证时,它们并不是演绎逻辑的论证,因为它们不会排除诸如诉讼当事人的姓名等不相关的因素。类比论证需要价值判断，因为正如哈特在类似语境中指出的那样，"逻辑不会对细节进行分类"。只有通过诉诸具有道德因素的论证，我们才能理解那些将先例的特征视为"无关"的论证。约瑟夫·拉兹和尼尔·麦考密克都强调了类比论证在法律中的重要性。例如，拉兹指出："德沃金的裁决理论是完全相信类比论证的最极端例子。"⑫麦考密克在其著作《法律推理与法律理论》中，耐心地详细说明了法官对这些论证的依赖程度。⑬两位法学家都强调类比的约束作用，只允许法官得出一个（用拉兹的话说）不会在法律中引入"新的不和谐和冲突的目的或价值"⑭的结论。拉兹和麦考密克对类比的分析与德沃金的观点并不冲突。

原则与政策

90

德沃金在原则和政策之间所做出的著名区分有几个目的，其旨在刻画法律人在描述法官应该做什么时实际使用的区分。我认为他成功地把握了这一话语。它还旨在抨击流行的功利主义中的某些假设。然而，原则和政策对他来说主要是技术性用语，其正式定义出现在《认真对待权利》第二章和第四章。请记住，对他来说，法律权利是政治权利的一种形式（符合他所认为的法律是政治道德的一个子集的观点）。他在《法律帝国》和《刺猬的正义》中都没有改变自己的观点。⑮大体上，原则描述权利，而政策描述目标：⑯

> "原则"是一种需要遵守的标准，不是因为它会促进或确保一种被认为是可取的经济、政治或社会状况，而是因为它是正义、公平或道德的其他层面的要求。⑰

在《刺猬的正义》中，德沃金指出，从责任的角度来研究个人伦理要比从我们有权利要求什么的角度更好；另一方面，他认为，从权利的角度来看待政治道德更好。[18] 因此，原则描述了旨在建立个体化(individuated)的政治状态的权利。所以，他指出：

> 政治权利是个体化的政治目标。一个人在如下情况下可以说对某种机会、资源或自由享有权利，即这种权利能够支持那些促进、保护个人可以在其中享有权利的状态的政治决定(即使没有促进其他政治目标或某一目标会因此受到损害)，或者能够反对那些阻碍或危害这种状态的政治决定(即使有利于其他政治目标)。[19]

另一方面，政策描述的目标是建立一个非个体化的政治状态：

> "政策"是这样一种标准，它规定了要达到的目标，通常是社群的某些经济、政治或社会特征的改善。[20]

我们说把某件事变成"原则问题"，这意味着我们应该以某种方式而不是另一种方式行事，无论后果如何，因为公平、正义或其他道德问题需要这样做。[21] 法律人以这种方式谈论法律权利毫无困难，事实上大多数人都是如此。"权利话语"在美国得到了更多的公开表达，这一事实没有什么重要意义，只是说明美国人对这些观点不那么冷漠而已。"政策"更为模糊，有时被更加宽泛地使用，有时甚至只是意味着法官已经用尽所有论证，只能孤军奋战。当这种情况发生时，法官往往不诚实地猜测立法机关正在制定什么政策(与立法意图一致)，或者对"公众可能想要什么"做出模糊的判断(通常也不过是确定立法机关的意图是什么）。然而,更多的时候,它是以德沃金所说的方式被使用的,也就是说,它诉诸决定支持其中一方所产生的后果。常见的例子是,法官说自己必须以某种方式做出决定,因为否则的话就会"打开诉讼的闸门"。所有法科学生都很熟悉这种推理。有时,法官非常宽泛地谈及"政策",实际上他们指的正是德沃金意义上的"原则"。在德沃金《认真对待权利》援引的斯巴达钢铁公司案（*Spartan Steel*）中,丹宁勋爵（Lord Denning）就是这样做的:

> 归根结底,我认为弥补经济损失是一个政策问题。每当法院划定界限以确定职责的范围时,他们都会将其作为一项政策来限定被告的责任(responsibility)。每当法院确定可获得的损害赔偿的界限时……他们都将其作为一个政策问题,以便限定被告的责任(liability)。[22]

他说他是基于政策理由做出决定的,但仔细考察,它们似乎非常具有原则性,事实上有利于法律的整全性:因为他说,如果其他所有相关方面都相同的各方都被免除了责任,那么被告也可以被免除责任;这是一种公平而非政策论证。[23]换言之,上引片段没有为他的判决增添任何实质性内容。一个复杂的因素是,与德沃金政策理念的分歧往往与政策的内容而非其形式有关。德沃金说得很明确,区别在于形式而非内容。对某人来说,政治状态可能是原则问题,而对另一个人来说则可能是政策问题,因此这种区分独立于许多政治观点的差异。两个人可能对某一特定政治决定——比如,允许警方无限期拘留嫌疑人的决定——产生分歧,一个人基于原则,另一个人基于政策。一个人主张,从长远来看,这样的政策不会奏效,事实上可能会适得其反。另一个人则主张,该政策是错误的,因为久拘不审在原则上就是错误的。该区分界定了关于什么是政治上合理的对立观念可能发生争议的背景。但是,原则性论证的观念对理解它如何不受政策论证的影响有作用。德沃金所谓权利"压倒"功利目标的著名陈述证明了这一点。[24]处理如下问题是重要的,它可能由内乱或战争等灾难性事件引起,在这种情况下,为了追求恢复正常状态的目标,暂停权利似乎是正当的。换言之,戒严法显然是有意义的,并且在我们的道德、政治和法律思维中都有很好的体现。只有在战争"肆虐"的时期,戒严法才是正当的。[25]

　　然而,有一种观点认为,如果为了实现目标可以废除权利,那两者还有什么区别呢?但这种批评是肤浅的。认为存在一种所有行为都有正当性的特殊紧急状态,这在逻辑上并没有问题。戒严法是个很好的例子,但还有其他一些,比如检疫法。正确的论证是,你可以以权利的名义暂停这些权利,以便在紧急状态结束时将其归还。事实上,正是当"紧急状态法"被定为无限期,失去了一个确定的"暂停"期限时,我们才开始怀疑,政治生活已经到了一个政府认为权利不重要的阶段。因此,重要的是要看到灾难性的状态不会为权利和目标之间的区分提供反例;相反,这种状态往往会证明而非削弱这种区分。

权利与功利主义

　　我认为在德沃金那里,权利与功利主义之间的联系相对清晰。在功利主义一词被最广泛地接受的意义上说,他是反功利主义的。功利主义最广为人知的含义是将对个人所犯的过错与改善一般福利进行权衡。有一些典型例子:为了避免一般违法行为,对无辜者进行惩罚(他无辜的事实被成功地掩盖),或者把未婚、抑郁的人或身患致命疾病的流浪孤儿送到荒岛实施安乐死。关于这些例子的一个普遍直觉是,道德选择的意义不止于整体福利的总和(衡量对无辜者的定罪与广泛的内乱,杀一个人与普遍的不幸和损失)。我们可以看到,这些情况下内在的错误性不仅仅是假设如果实施这些行为,后果总是很糟糕。㉖我们还可以看到,侵犯是直接的,与所涉人员有关;这只是他们是人这一事实的一部分。我们可以称之为对人性或尊严权利的攻击。关键在于,这种被广泛理解的功利主义版本缺乏一个并非作为福利的临时"容器"的人的观念。对德沃金而言,显然,以平等关怀和尊重来对待人们需要的远不止这些。

93

德沃金对功利主义的抨击针对的正是这一版本。但在《认真对待权利》第十二章中,他准备接受功利主义的一个版本,其中包含了一个相当强有力的平等主义前提。然而,这需要考虑与每个人都有权受到平等关怀和尊重的权利相一致的选择集合,例如民主运作的投票制度。德沃金对反向歧视(reverse discrimination)原则的讨论和他对"色情制品权利"的讨论特别证明了这种功利主义的解释。㉗在《认真对待权利》中,他宣称:

> 政策的功利主义论证似乎不是反对,而是反过来体现了平等关怀和尊重的基本权利,因为它们平等对待社群中每个成员的愿望。㉘

但德沃金对直接功利主义的抨击是正统的,即功利主义没有认真对待权利,因为任何权利主张都可能因诉诸整体后果而被淹没;换言之,权利主张不能被简单诉诸福利的边际增加所击败(紧急状态除外)。他指出,重要的是"承诺在特定情况下诉诸决定性权利的政府方案"㉙。

例如，德沃金式理解支持在未经审判的情况下不被无限期拘留的权利，以驳斥将这种权力赋予警察的政策将在一定程度上减少暴力的观点。用他的话说，权利论证将"压倒"政策论证，这意味着在发生冲突的情况下，权利优先。

　　这些观点构成了《认真对待权利》一书的主要命题。在他后来的著作中，他似乎将权利主张与他所称的公共目标之"背景"证成联系起来。在这些众多的"背景"证成中，功利主义理论是最为突出的。^㉚因此，权利"压倒"目标的观点具有比《认真对待权利》中首次提出的理解更广泛的意义。它现在在性质上显然不是反功利主义的。我认为理由很简单。德沃金对解释理论的发展，要求他将权利论证视为对公共目标证成实践的解释。因此，权利主张被附加于特定社群的背景证成——其本身当然要进行解释——之上。

　　此处有个微妙的难题。对与证成公共目标有关的实践的解释，并不是一种理想状态下的背书。哈特并不理解这一点，他批判德沃金无法在残酷的极权主义政权（其中，任何解释都无法为公共目标提供背景证成）或者人们完美如天使的社会中对权利进行解释。对此德沃金只需要回答，这些社群并不存在权利之适当的背景证成。^㉛

　　德沃金否认权利是"永恒的""由人性决定的"。它们是相对的概念，相对于背景证成。它们"包含在政治理论复杂的一揽子计划（package）里"：

> 我急切地想要展示权利如何适合不同的一揽子计划，因此我想看看，如果效用被接受——正如许多人认为应该的那样——为适当的背景证成，那么哪些权利应该被接受为优于效用……但这项考察并不意味着我一定要支持……功利主义的一揽子计划以及功利主义所要求的作为可以建构的最佳一揽子计划的权利。我没

有。权利与一揽子计划有关,一种一揽子计划可能会比其他的更好,并且我怀疑最终不会有一个最好的基于任何常见的功利主义形式的一揽子计划。[32]

在《刺猬的正义》中,德沃金证实了这一切,并扩大了论证范围。他说,权利必须是一种有利于个人利益的主张,这种主张必须足够有力,以克服"在其他方面充分"或"适当"的政治决定:"政治权利压倒政治行动的所有其他充分证成。"[33]认为权利只是压倒有利于公共利益的政府决策,这是错误的。权利可以被援引来对抗暴君,因为尊严原则(尊重人们的客观平等价值及其建构自己生活的个人责任)阐明了正当性原则。因此,"所有政治权利都是从基本权利派生出来的"。进而,这个原则自身的力量就可以压倒一个暴君违背这一原则的行为。

德沃金还从个人伦理中引出了政治"压倒"的观点:

> 权利的这种压倒意义在政治上等同于该观点被用于个人道德时这种最常见的意义。我可能会说,"我知道,如果你违背了对我的承诺,你可以为更多的人做更多的好事。但我有权利让你信守承诺"。[34]

权利的不同类型

95

德沃金在其"疑难案件"一文中对基于权利的论证形式进行了有益的分类。他描述的不同权利形式跨越政治理论,对每一种权利的使用和强调都反映出一种政治理论。例如,他区分了绝对权利(即不受竞争的权利,例如在假设有绝对生命权的理论中)和不那么绝对的权利。重要的是要记住，权利概念是由其承受与非紧急目标（例如，"政治管理的任何常规目标"[⑤]）的竞争的能力来定义的。我们可以在背景权利和制度权利之间进行区分。背景权利是指对某一事态进行论证而并不涉及某些制度必须做出决定的权利的权利。例如，当立法或宪法中并不存在某种权利，而有人提出我们享有该权利。一位富有哲思的罗宾汉可能指出，如果我们"需要"更多财产，我们就享有一项对他人财产的背景权利。该陈述可以在不涉及英美国家任何立法或宪法原则的情况下来理解。我们可能不赞同该陈述的内容，但至少我们理解其意义。

　　然而，有些人并不赞同，对这些权利看似更为合理的陈述是有意义的：他们会声称，这是一种政治修辞，目的只是说明人们应当拥有什么权利。这就是边沁对法国大革命捍卫者所宣称的权利的批判的实质，即它们是"踩在高跷上的无稽之谈"。不论你是否同意，主张胎儿享有生命权，或者人们享有未经审判就不被国家无限期拘留的权利，这都不是无稽之谈。很难看出主张这种说法应该改写为"胎儿应当享有生命权"有什么进步之处。如果以这种方式改写，论证还是保持不变：它敦促基于尊严主张的事态。我也怀疑，该论证改变了背景和制度论证之间的类型区分。关键在于，至少有两种不同的论证类型，每一种都独立于有关督促一种政治事态的非个体化目标的论证。一个来自制度，另一个则并非来自制度。否认权利独立于制度存在但允许敦促这些制度中的改变的论证，显然采用了德沃金所建议的区分。如果论证针对的是德沃金所使用的权利的特定观念，那么它们只与德沃金试图将权利与政策区分开来有关，而与背景类型和制度类型论证之间的区分无关。

　　德沃金进一步区分了抽象权利和具体权利。抽象权利是对诸如"人们有言论自由权"或"尊严权"等权利的宏大陈述，它们是"抽象的"，因为它们没有阐明它们旨在对任何实际社会状况所具有的影响，或者这些权利应该如何与其他权利相权衡。另一方面,具体权利在一些问题上是明确的,例如,当我们说人们有权要求公开被列为秘密的防御计划时(假设这种公开不会对部队造成直接的危险)。这一权利是抽象言论自由权利的"具体化"。

普通法的解释性特征

正如我们所见,德沃金的法律理论是解释性的。因此,它并没有充分回应诸如"法官实际的行为并非如此"这种形式的描述性批评。在某些情况下,法官会以德沃金所禁止的方式制定政策。另一方面,法官和律师都批判说"政策"决定并不适合于法律人。重要的是司法实践的特征。如果律师批判政策推理,那这必须也被考虑在内。只有这样,我们才能正确理解法官的典型做法。在英国,上议院和上诉法院基于德沃金认为错误的理由证成了一些决定,这种说法是"描述"意义上的事实。律师们已经谴责了这些实际或假想的决定,这同样也是事实。随手举几个例子:帕克勋爵在费舍尔诉贝尔案(*Fisher v. Bell*)中对司法机关篡夺立法职能提出的警告(其本身就是有关司法机关角色的理论性、解释性陈述),[36]西蒙勋爵在 D.P.P.诉林奇案中提出的类似的警告,[37]上议院就议会而不是法院应该为传闻证据规则制定新的例外的声明,[38]斯卡曼勋爵在麦克洛林诉奥布莱恩案(*McLoughlin v. O'Brian*)[39]中所提出的政策问题应由立法机关而非司法机关决定的声明。

公众对法官角色的态度也很重要。在著名的肖诉 D.P.P.案(*Shaw v. D.P.P.*,即"女士名录案")中,英国法官受到了相当多的公众批判,因为本案法官创造了一种新的刑事犯罪。人们认为这是个只能由议会决定的问题。[40]对肖诉 D.P.P.案的广泛批判与德沃金的建议完全一致。许多被用来表明政策决定是法律体系之特征的案件都是丹宁勋爵参与的,他在司法界的地位必须被慎重对待。他是位伟大的法官。他的许多决定都是最佳意义的赫拉克勒斯式的:富有想象力、创新性和公正性。他的司法生涯是德沃金式的,因为他的判决揭示了司法角色能多么具有创造性。许多律师持有怀疑态度,认为他没有充分强调,甚至忽略了某种特定类型权利的作用,这类权利通过产生合理期待来创造确定性。有时丹宁勋爵不加掩饰地立法。我们不应该因这一事实而让我们看不到他做出的具有创新性的真正法律判决。我认为,当丹宁勋爵试图仅凭已婚妇女作为妻子的身份来创造"衡平"(equity)以约束第三方,使她能够留在家里时,他就是在立法。他被上议院否决,厄普约翰勋爵(Lord Upjohn)指出:"我完全尊重上诉法院民事审判庭首席法官关于她权利的声明……她纯粹的衡平不构成衡平法利益,也不附属于或依赖于衡平法利益,对购买者并无约束力。"[41]当然,厄普约翰勋爵所说的并不意味着上诉法院在立法,因为这是个解释性问题。这桩案件是个很有用的例子,它以一种常见的解释而闻名,即丹宁勋爵背离了法律,尽管那是由他对自己所取得的结果的强烈正义感所推动的。本案与丹宁勋爵在伦敦中央财产信托有限公司诉高树房产有限公司案(*Central London Property Trust*, *Ltd. v. High Trees House*, *Ltd.*)[42]中同样著名的判决形成对比,后者确认了"禁止反言"(promissory estoppel)原则。更多评论人士就该案指出,这是一个极具想象力和大胆的判决,符合法律原则。在丹宁勋爵的职业生涯中,还有许多其他类似的判决。我的观点是,在对他在案件中的角色进行判断时,我们确实使用了司法角色之外与司法角色之内的富有想象力和创造性的判决之间的区分。

英国法律中散见其他一些例子,其中裁决职能和立法职能间的边界两侧都出现了丹宁勋爵那种具有创造性的决定。例如,在上议院的利姆诉卡姆登卫生局案(*Lim v. Camden Health Authorit*)[43]中,斯卡曼勋爵发表了以下评论:

> 上诉法院的丹宁勋爵宣称需要对法律进行彻底的重新评价。我对此表示赞同,但我在方式方法上与他分道扬镳。丹宁勋爵相信这可以由法官来完成,而我向各位法官建议,只有立法机关才能做出这种重新评价所需要的社会、金融、经济和行政决定。[44]

精神痛苦损害赔偿权

98

在《法律帝国》中,德沃金分析了上议院的麦克洛林诉奥布莱恩案。[45]这很有帮助,因为他对比了其"符合"和"实质"论证,并表明了他所谓"政策论证"的含义。这是一起车祸案件。医院不远,麦克洛林夫人很快就赶到,发现自己的女儿已经死亡,丈夫和其他孩子伤势严重。这是一个令人震惊的场景,使她遭受了严重的心理创伤。她起诉了对方车辆的司机。这是个疑难案件,因为在受到惊吓的人不在事故现场的情况下,并不存在可以判决损害赔偿的先例。[46]德沃金对本案中的普通法给出了六种可能的解释。

1. 只有在身体受伤的情况下,受害人才能胜诉吗?

他认为答案是否定的,因为这不"符合"神经性休克可获得损害赔偿的法律。

2. 只有当伤害(不论是身体上的还是精神上的)是事故的直接后果时,受害人才能胜诉吗?

答案是否定的,因为它不符合明确规定可以对间接造成的损害进行赔偿的法律。

3. 只有精神损害发生在事故当时，而不是在之后，受害人才能胜诉吗？

答案是否定的，因为这与实质相悖。法官不应任意行事。鉴于本案的情形，这一区分缺乏任何道德实质。从所有的意图和目的来看，麦克洛林夫人的处境与事故现场的人完全相同。这并不是说可以根据，例如，并不存在家庭关系，或者已经过去了很长时间等而产生道德差异。[47]但是，仅仅基于道德相关的理由进行区分不仅是律师一直在做的事，而且也是律师认为他们在识别法律时所做的事（"法律支持被告，因为否则的话它会做出道德上不相关的区分"）。即使实证主义能够做到这一点，它也不得不更加尴尬地解释法律："关于麦克洛林夫人是否应该胜诉并不存在法律，但道德介入并告诉我们，在此做出这种区分在道德上是不相关的。因此，基于类比和公平，法官应该做出有利于她的判决。"从我的个人经验来看，这种实证主义的思维方式常常把事情弄糟。[48]

4. 只有在支持麦克洛林夫人的判决经济高效时她才能胜诉吗？

德沃金认为，答案是否定的，因为那是个政策问题，并未尊重"整全性一心追求的成为一个原则社群的夙愿"[49]。换句话说，麦克洛林夫人并未被赋予与其他人一样的被作为平等者对待的权利。不过，这里有一个复杂的问题。人们可能有权以总体经济效率以外的其他理由重新分配经济资源。我把这个问题留到第八章和第十章讨论。德沃金在《法律帝国》第八章（这是很难理解的一章）提出了这种观点（第一次是以晦涩的方式出现在他"疑难案件"[50]一文中）。

5. 只有在伤害可以预见的情况下她才能胜诉吗？

德沃金认为这是最好的，因为考虑到保险的竞争性和相对廉价的可获得性，它不需要给任何人带来不公平的经济负担。

6. 只有在伤害可以预见的情况下她才能胜诉,除非造成事故的人承受了不公平的经济负担吗("不公平"是指"与造成事故的道德责任不成比例")?

他追问:"经过通盘考虑,从政治道德的观点来看,哪个叙事以更好的角度展现了社群呢?"其中一种叙事符合"集体同情"(collective sympathy)原则,在本案中针对的是被突然要求为他们造成的事故支付大笔费用的人们。他指出,正是这一原则支持安全法规、公共保险计划等等。另一种叙事则更为严厉,即有过错的人们应该为可以预见的后果付出代价。鉴于责任保险的普及,德沃金认为第五种解释是正确的解释。

作为论证的法律及其对法律教育的启示

认为德沃金的法律理论与那些好辩论的律师的思维方式具有根本上的相关性,这是有帮助的。在《法律帝国》最后一章,他颇为夸张地说:

> 任何规则和原则(各有其对某个个别行为场景的支配范围)的目录都并未穷尽法律。任何官员及其权力(各自部分地支配我们的生活)的登记簿亦未穷尽法律。法律帝国由态度,而非领土、权力或过程界定。[50]

在应能引起法官和其他律师关注的、关涉受到公开辩论的标准的领域,这样的律师大展身手。他的领域关乎众多的论证和标准,他必须在法律背景下给出融贯的理解。值得注意的是,这正是法科学生学习的领域。我认为,德沃金的理论与对法律教育的评价有关。法律实证主义不能很好地解释这一点,因为它缺乏足够复杂的疑难案件理论。对于英语法律教育来说,这一点尤其应该把握住。[32]毫无疑问,如果法科学生(以及他们所参与其中的法律体系)获得更抽象的认识,他们的能力就会更好。在这个专业的顶端,当什么才算正确论证的意义变得模糊时,有时迫切需要一个更清晰的理论结构:例如,是否允许高等法院采用政策论证,如果允许,采用哪种论证。在我看来,这些情况往往显示出对建构性法律理论的缺乏信心。一个很好的例子是目前关于法官是否应该"服从"(be "deferent")议会的辩论。这个问题通常的措辞形式说明了这一点。有一种普遍的假设是,由于法官不是选举产生的,他们是公学的学生,在牛津大学受教育,大部分是男性,因此他们的决定可能并不正当;尽管如果我们维持在这种水平上,类似的论证也适用于下议院和上议院。因此,在"服从"这个具有启发性的英语术语中,法官必须始终"服从"议会的要求。然而,司法不可能因为法官没有代表性而不具正当性。他们就像许多未经选举产生的官员一样是民主的组成部分,后者的范围一直向下延伸到未经选举产生的选民,他们虽然微不足道、实际没有权力,但也有一席之地。法官并不像"服从"这一简短比喻暗示的那样"低于"议会;他们的民主工作是解释法律和维护法治,这是一项至关重要的民主原则。服从并不是它的一部分,除非我们想到"命令""主权"等自上而下的品质,以及边沁(实际上是出于最佳的解释意图)带给我们的种种恐怖。[33]

　　正是整全性的要旨这一理念将这里关于法律教育的讨论与下一章的主题联系在一起。因为根据德沃金的观点,法律论证必须为了特殊理由以整全性所要求的融贯性为目标。整全性应该反映出社群将其所有公民作为平等者对待的承诺。对他来说,法律论证从根本上与公共论证有关。接下来,我们转而考察整全性理念与社群之间的联系。

第六章　整全性与社群

德沃金指出,他的整全性理念是超越并高于一致性(类似案件类似处理的理念)或他所说的纯粹"雅致"(elegance)的。整全性要求一致性,但还需要与对人的尊严的尊重保持一致——正如已经讨论过的那样,这限制了政府关于社群未来的决定。德沃金的整全性是从个人诚实正直(personal integrity)*的观点中自然产生的。社群应被视为具有一种人格,它也会受到与我们对一个行为不诚实正直的人所做的同样类型的道德批判。因此,我们有必要考察一下德沃金对社群所做的关键的人格化。

每天我们都会对社群(以及政府和国家)做出判断,我们认为它们的职责是什么,是减少失业、遏制犯罪,还是保持街道清洁等。我们批评政府侵犯人权,批评国家无视国际法并犯下战争罪。两个要旨与这种批评有关。第一个是常见的:社群的人格化会压制个人的权利和责任,因此我们可能会怀疑这是否明智。第二个是:我们是否能够并且应该要求被人格化的社群以个人所要求的那种诚实正直行事。

通常,我们很难将道德责任归之于群体。例如,我们自由而正确地讨论公司的责任,我们的意思是,这超越并高于对公司执行成员的责任归属。如果我们要批评一家公司的个别成员,我们可以通过不同的方

---

　　* Integrity 一词主要有两种含义:一是完整,用于形容从形式到内容都要求有机联系的整体;一是诚信,用于形容人的道德品质。德沃金的"整全法"有拟人意味。——译者

式。例如,我们可以假设具有实际控制力的成员做出行为时产生了不合理的风险。从这种意义上说,我们让他们负责。但我们的批评将集中在以公司名义所做的事情上。我们将起诉公司,并且这仅支持公司高层的次要责任。如果涉及犯罪,我们可以起诉公司,将某些高层认定为该公司的"头脑",让他们作为个人承担刑事责任。[①]批评公司成员的另一种方式是说他们的所作所为超出了公司的授权。对不参加辩论的议会成员或逃避工作的议会工作人员的批评,可能是针对个人失误的批评,也可能是对此以及对职务本身运作方式之批评的混合。

大多数此类批评都假设了公司类型的责任。群体责任的观念是我们语言和道德思维的共同点。它在我们的法律体系中发挥着重要作用,允许比其他情况可能的更加复杂的权利和责任分配。将责任归于公司是否会使其"身份不明",并免除其成员的责任呢?公司成员通过一个复杂的权利和权力网络与公司责任联系在一起。这是一种间接但至关重要的联系,不像是"公司的面纱"无法揭开。完全废除公司类型实体的观点这种替代方案,似乎走得太远了。

公司类型实体是否应该被要求与个人具有同样的美德,这也许还不太清楚;个人之间存在着如此明显的差异,有时还存在庞大的关系结构。这是一个我们需要从德沃金关于整全性的阐述中找到答案的问题。

道德整全性与邪恶法律体系

我提出的第二个问题具有更丰富的可能性,即整全性理念是否能够被有效地应用于社群之上?什么是个人的整全性?有趣且重要的是要注意,在通常情况下,该理念并不直接涉及特定的行动。如果以这种方式使用,它会采取因为行动是一个"有整全性"的人做出的而对其赞扬的形式。大多数时候,我们通过援引信任的理念来使用该概念,例如,我们会向自己保证,理查德是个"诚实正直的人",我们可以相信他是诚实的。"按原则行事"的观点在这里非常重要。理查德将是一个根据他认为正确的道德观来做出决定的人。说一个人按原则行事在一定意义上就是说他具有整全性,反之,我们更常说一个"无原则"的人"缺乏整全性"。还有一个因素是可靠性。你可以相信一个按原则行事的人在其判断上是一致的,但这仅限于原则要求的范围,因此,整全性与盲目忠诚不是一回事,尽管有时两者会相互混淆。

　　道德原则和一致性这两个观念如何符合于社群整全性的比喻呢?平等理念很重要。社群必须按道德原则行事,并且在原则要求的范围内,它应该在对待公民上保持一致。人格化的比喻至此仍在发挥作用。然而,平等是德沃金的根本。尽管"党卫军美德"中存在固有的种族主义,但设想纳粹党卫军指挥官的真正整全性有意义吗?[②]哈特对朗·富勒同样著名的法律之"内在道德性"八项原则的批判是有帮助的。富勒声称,这些原则宽泛地描述了程序正义的要求,在一个遵守所有八项原则的法律体系可以解释"忠于法律"这一最重要理念的意义上,它们将确保法律体系能够满足道德要求。换言之,这种法律体系可以以其道德正当性来要求服从。富勒的主要观点是,邪恶目标缺乏道德目标所具有的"逻辑性"和"融贯性"。因此,关注法律的"融贯性"确保了它们的道德性。这个论证令人遗憾,因为它似乎言之过甚。哈特的批判是,我们同样可以有八项关于投毒技术的"内在道德性"的原则("使用无味、无臭的毒药",或者"使用能从受害者体内完全消失的毒药",等等)。或者我们可以进一步即兴发挥:例如,我们可以谈论纳粹主义的内在道德性原则,或者国际象棋的内在"道德性"原则。问题是,原则概念本身,以及随之而来的对要实现的目标(例如,清除非雅利安人种)的一般性解释,再加上一致性,并不足以确立这种实践的道德性质。

遗憾的是,哈特的批判掩盖了富勒的主要目的,即对法律的忠诚。对他而言,有理由说以法律名义提出的主张在道德上是重要的。就此看来,言说投毒的"内在道德性"是荒谬的。为了理解邪恶法律体系的地位,德沃金在法律的根据和法律的道德力量之间进行了区分。法律的根据是从参与者的角度来看待而获得的。通过这种方式,我们可以预测纳粹德国的法官会如何裁决一个案件。以纽伦堡法律下的疑难案件为例,比如没收犹太人的财产。③我们可以想到,彼时人们普遍信奉的种族优越论会为案件的裁决方式提供详细的论证。④

但德沃金的理论主张,做出这种预测并不意味着认可其结果,因为除了对法律根据的解释以外,一个完整的法律理论还需要法律的道德力量。这里很容易陷入陷阱。有一些批评意见,最有名的是哈特提出的,它们认为德沃金只是通过补充"原则"和"基本理论"为实证主义增添了一层色彩,任何法律体系——无论多么邪恶——中的疑难案件,都可以借此来裁决。因此,哈特认为,由于德沃金将法律权利视为一种特殊的道德权利,因而产生的任何权利都应该具有一种会被强大的背景道德所压倒的微弱的表面道德力量。因此哈特指出:

　　如果支撑显性法律制度的理论或原则能够表明的只是,虽然它们是适合于显性恶法的道德上不可接受的原则,但它们在道德上是最不令人厌恶的,那么这种说法就无法提供任何正当理由。做出如此宣称,就相当于宣称"杀死一个无辜者但没有虐待他"在某种意义上是道德正当的,因为以虐待的方式杀人在道德上更加恶劣。⑤

德沃金的回答是,大多数社群权力结构都会有一些道德力量,因为他指出,"社群的核心权力是通过一个明晰的宪法结构来管理的,公民被鼓励向其服从,并将其视为权利和义务的来源"⑥。他说,决定一项制定法是否产生道德权利是个道德问题,因为"我们需要一种法律权利的概念,即某人可能因为一项恶法而拥有权利,以表达有时可能会冲突的两种政治权利的根据之间的冲突"⑦。

德沃金就邪恶法律体系的现实问题给出的解决方案,对执业律师尤其重要。如果律师和法官发现自己陷入这样的体系,他们该怎么办呢? 德沃金指出,这是个解释性问题。律师应把这个问题视为他们在解释法律时需要做出道德判断的问题。他们该如何完成这个工作呢? 纳粹法律体系不是一个恰当的例子,因为它过于极端了。在此,最不重要的问题便是纽伦堡法律的根据和效力。

尽管如此,我们可以参考不那么邪恶的体系。这些体系可能有很多好的地方,其中的法官和执法官员也能认真且独立地工作。这些体系中可能存在明确的程序限制,南非原来的种族隔离法律体系就是一个例子。德沃金指出,对此法官和律师可能做出有效的解释性判断。认为法律的根据和效力没有联系是错误的。如果在根据上——例如,种族歧视制定法和法院长期宣称的原则之间——存在矛盾,那么法官应该解释那些制定法以解决矛盾;这使得富勒有关一致性的观点更有意义。基于解释的理念,法官不必接受歧视性制定法的"表面价值"(face value)。相反,他们的任务是在该法律体系的权利和义务矩阵中来理解制定法。即使是一种无可避免地将一项制定法解释为道德上令人反感的解释,它所具有的最佳道德意义就是它在道德上令人反感这一事实,其本身就是一项反对该制定法的声明,也是对制定该法的立法机关的独立判断。⑧无论如何,返回到纳粹法律体系,在当时的德国,也有许多法律领域没有受到当时不道德的玷污,例如大多数财产法。这些法律创造了法院可以很好地执行的道德和政治权利。这些因素为理解邪恶法律体系提供了一种更具辨识度的方式:因为这个问题不是概念性的,而是一个人们在一个国家内享有哪些可执行的权利的问题。⑨

社群与正当性

德沃金认为,社群对我们的尊严至关重要。一方面,例如,无政府状态是对尊严的一种攻击;另一方面,强制性政府是对尊严的一种威胁。因此,我们必须问一个问题,即是否存在一个与个人尊严相一致的政府观念。根据德沃金的观点,正当性源于政治联合(association)的理念,并且有两个维度:证成政府权力的获得和证成该权力的行使。故此正当性不同于正义,因为一个诚实行事、平等关怀和尊重每位成员的政府是有可能在不实现正义的情况下拥有正当性的。德沃金还指出,正当性可能在较低程度上存在:"特定的政策可能会玷污国家的正当性但不完全摧毁它。其正当性因此就成了个程度问题:该种玷污有多深呢?"⑩

在《法律帝国》中,德沃金探讨了他所谓的"正当性之谜"(puzzle of legitimacy),即识别我们个人对社群的政治义务的问题。既然这是一个关于我们守法义务的问题,那它也是一个有关整全性的问题。总的来说,他的答案在于我们与社群中的其他人之间的联合或者——如他之前所强调的——友爱关系。此外,德沃金需要考虑政治宽容的理念。他的许多观点在他"自由社群"("Liberal Community")⑪一文中得到了明确表达,这清楚表明了他认为社群可以在多大程度上决定或影响一个人的私人生活。他在抨击 20 世纪 80 年代被称为"社群主义者"的政治哲学家群体的背景下发展了自己的观点,社群主义者设想并希望更多地强调"社群生活"的价值。我将考察他在该文中的论证,因为它们概括了他后来在《刺猬的正义》中所提出的许多内容。

德沃金非常强调我们拥有"按照自己的意愿"生活的权利,并且我们已经看到,这一一般原则后来在《刺猬的正义》中得到了一些完善,并被作为尊严的第二个组成部分。这一基本思想在"自由社群"一文中得到了充分论证。德沃金对正当性概念的处理遵循着一条常用的路径。对于为什么人们有义务服从政府或政治结构,他考察并拒绝接受一种普遍的回应。该观点认为人们"默示同意"了这一点,就好像他们与社群其他成员签订了一项契约,某些权力在政治管理中要由他人代表他们行使。因此,政治正当性基于这样一个事实,即人们已经就他们被如此管理的方式给出了同意。正如人们通常指出的,该种同意往往根本并不存在。人们是被生在某个社群的,并没有选择它们。虽然"默示"同意并非同意,但这一点显然具有直觉吸引力。如果政治制度公正,或者如果存在"公平竞争"(fair play)这一重要因素,或者如果社群成员获得了许多利益,那大家应该会给出同意,这当然具有合理性。但存在一些扭曲,因为它需要将一些没有发生的事情想象为事实——这通常被称为"反事实"的同意——但同意原则似乎仍然适用。

德沃金拒绝将正义和公平竞争作为政治正当性的基础。[12]他指出,正义的范围太宽,无法解释公民身份的概念,因为它超出了社群的要求。他说,它"在概念上太普遍化了",不够个人化,无法理解一个人对自己社群负有的公民责任。公平竞争也不够充分,因为并不清楚你如何仅仅因为获得了利益而承担义务。我们不会仅仅因为别人给了我们礼物而对他们负有义务——为什么一项利益需要以另一项利益作为回报呢?德沃金举了一个哲学家的例子,这个人站在卡车上发表了有趣

且有价值的演讲,那么我们是否有义务向他付钱呢? 德沃金指出,无论
如何,在一个政治社群中获得利益(同时,在另一个政治社群中他们可
以获得更大的利益)的公民为什么就应该承受相应的损害,其公平性并
不清楚。[13]由于公民没有机会去检验另一种政治制度,这一论证便似乎
堕落为一种纯粹的主张:公民因为恰好出生在一个而不是另一个特定
的政治社群中而必须服从。

　　德沃金指出,存在一种更复杂的方式来处理公平竞争论证。如果
我们只关注公平的概念,我们或许可以说,公民应该服从政府,因为政
府"根据它建基其上的正义和公平的标准",以事实上公平的方式来对
待他们。然而,德沃金认为这还不够:政府可能公平对待你——例如,
对你并不歧视——但不能保证你的利益;如果你没有获得利益,那么根
据公平竞争的论证,你就没有必要承受损害。在德沃金看来,关于政治
义务的正义与公平竞争论证的根本困难在于,它们都取决于一个来自
同意概念的观点,即为了确立政治义务,公民必须以某种方式"加入"
(join in)。德沃金认为,公共义务(政治义务是其中的一部分)远比单
纯的"加入"或选择的观念所允许的更加深刻。毋宁说,它们是"联合"
的义务:

　　　　它们是道德景观的重要组成部分:对大多数人来说,对家庭、
　　　恋人、朋友,以及工会或办公室同事所负的责任,在所有义务中最
　　　为重要、最有影响。[14]

　　这是一种解释性观点,依赖于现有的社群实践。其核心要旨是,有
许多义务仅仅产生于某些类型的关系的存在,例如父母与子女之间的
关系、基于友谊的联合等。这种关系中的义务往往在特征上都超越了

选择,尽管它们与公平竞争论证中的义务一样,都是相互的:

> 我们为了自己而接受,并且要求他人承担我们正在考察的那种联合义务(政治义务),这是我们自己伦理责任的重要组成部分,因而也是我们对他人所负道德责任的重要组成部分。[15]

德沃金认为,政治义务源于他所谓的"友爱"性质:这些义务包括对群体的特殊义务,它们是个人化的,因为它们直接从每个成员传递到其他成员,它们涉及对他人福祉的关注,群体的实践必须对所有成员表现出平等关怀。这里的最后一项要求非常重要,因为它将为集体或社群履行义务提供道德依据。然而,他指出,平等条件并没有像最初看起来那样排除所有等级社群。重要的是,等级制度不应以阶级为基础。因此,军队如果符合平等条件也会是个友爱组织,但将某些成员视为天生不如其他成员的种姓制度则不然。

产生友爱义务的社群或群体不是由遗传、地理、历史或心理事实构成的。该理念是解释的结果,是对实际实践的道德判断。[16]德沃金指出,关于人们在遵循这种友爱方式的政治社群中的义务的论证更加复杂。社群要比单纯从地理和历史角度对其进行的描述("粗陋的民族主义")更为复杂,包含更为密切的关系,也比任何认为社群在其政府和公民之间表现出"公平竞争"或正义的理念更具道德承诺意味。德沃金认为,联合义务的产生是因为需要一种特殊的保护结构,没有这种保护结构,政府的强制权力就会对尊严构成威胁。在他看来,那些关注种族、宗教或肤色等特征,往往会引发"自决"(self-determination)吁求的人与人之间的联系,并不形成真正的联合特征,这种"部落式"联合是"强大的邪恶根源"。

108

一个友爱联合为政治义务提供了证成的真正社群，重视对于福祉和平等的关怀。德沃金称这样的社群为原则社群。这样一个社群满足以下四个条件：对群体负有特殊义务、是个人化的、关怀他人的福祉，以及对所有人表现平等关怀。他说，原则社群使得公民的责任变得特殊，因为每个公民都必须尊重其特定社群政治安排中的公平和正义原则。[17]因此，原则社群为政治正当性提供了更好的辩护，也为我们自己的政治文化提供了更好的辩护。

109

四种社群观念

德沃金的社群观念对他的法律论证观念极为重要。通过他的解释概念，如果他要将道德与法律论证联系在一起，那么对于法律制度的公共义务的观点就必须足够丰富和复杂，才能使这项任务成为可能。对德沃金来说，个人权利和法律之间的联系在于宽容的证成。

德沃金考察了四种论证，它们被用来抨击社群应该宽容非正统的少数人行为这种自由主义观点。在不同程度上，这些观点都同样强调了社群的重要性。首先，作为一个正义问题，社群被允许通过多数人统治的机制代表自己行事，并进行干预，尽可能防止其不赞成的少数人行为。这一论证并不依赖于对非正统行为之错误性的任何看法，相反，这取决于允许多数人"自行其是"（have its own way）的正义性或公平性。德沃金对这个观点持批评态度。他说，这与我们认为民主社群中正义和公平的要求相矛盾。民主不允许在经济事务中"赢者通吃"：例如，民主与自由市场相结合，反对将经济环境交给政府管控的中央计划经济。所以，如果在一个民主国家，我们可以自由地做出私人经济决定，那为什么我们不应该自由地做出关于我们私人性生活的决定呢？因此，从正义或公平到社群多数人的论证都不足以允许对少数人的不宽容：

> 如果我们坚持认为，人们所拥有的资源的价值必须由个人选择的相互作用而不是由大多数人的集体决定来确定，那么我们已经确定，多数决无权决定每个人必须过什么样的生活。[18]

反对宽容的第二种论证涉及一个社群应该关怀其成员的福祉。一个真正的社群应该关心组成它的成员，宽容错行为会忽视个人的福祉。没有人会建议社群应该忽视其成员的身体疾病。社群应该实施疾病预防计划——清洁的用水、有效的污水处理系统、充足的住房，等等。那么，为什么社群不应该对其成员的道德福祉表现出类似的关注，禁止非正统的性行为或淫秽制品呢？

德沃金反对在身体健康和道德健康之间做类比，他认为我们无法"治愈"道德上的非正统行为。当社群介入以阻止某人发生同性恋关系时，说社群试图鼓励同性恋者做他"真正想要"做的事（"意志家长主义"［volitional paternalism］），或者相反，试图让同性恋者以"正确方式"生活（"批判家长主义"［critical paternalism］），都是没有道理的。德沃金追问，那么，什么是以"正确方式"生活呢？德沃金认为，以你可以认可的方式生活是拥有有价值生活的必要条件；他指出，一个人必须能够为自己的生活"承担责任"。让同性恋者认可社群强加给他的新生活方式的可能性有多大呢？他仍然是个同性恋者，并且现在很痛苦，因为他不被允许以他自己认为正确的方式生活。德沃金说，如果社群找到一种给同性恋者"洗脑"的方式，让他认可自己新的"正统"生活，那么确保道德正确的性行为的整个论证就会适得其反。这只不过意味着社群承认，它无法获得真正的认可，进而无法获得真正——本真（authentic）——有

110

价值的生活。

德沃金认为,第三种反对宽容的社群主义论证更具实质性。人们有各种各样的需求——例如,共同的语言和文化[19]——这只能由高度同质化的社群提供,因此对非正统行为的宽容可能会威胁到必要的同质化,从而威胁到人们的需求。德沃金认为,这一论证更具实质性,因为它对社群和个人之间可能存在必要联系这一点极为敏感。尽管如此,虽然这一论证普遍适用于经济财富等物质需求,但德沃金表示,他不明白为什么"道德同质化"也是必要的。他也不明白,为什么社群在非正统性行为问题上的不宽容有助于满足智识需求,比如拥有共同语言和文化的需求。

德沃金随后对迈克尔·桑德尔(Michael Sandel)的论证给出了回应,后者认为只有通过社群,人们才能获得"自我认同感"。[20]桑德尔的论证要比下述这种论证更为深刻:为了将自己视为一个新西兰人,就必须存在一个新西兰。这只是同义反复。这一类比在宗教中是说得通的:比如,一个穆斯林可能无法与自己的穆斯林身份保持距离。认真对待的话,信奉一种宗教描述了一种对自己存在方式的理解,这种理解与作为一个维续和支持其宗教存在的群体的成员紧密联系。宽容因此表现出糟糕的一面,因为它打破了在宗教意义上给予人们自我认同的方式所需要的同质性。德沃金认为,如果自我认同命题只是一个谈论人们一般状况的问题(作为一个现象学问题),那么它就是错的,因为我们可以很容易地独立于我们所认同的任何特定社群来识别自己。说穆斯林不能独立于自己的宗教而将自己认定为人,这是言过其实的。接受这一点并不是要否认伊斯兰教对他们很重要,也不是要否认伊斯兰教是他们的毕生承诺。那些如果脱离任何社群就会失去自我意识的人,更可能是病症患者。德沃金认为,桑德尔的要旨并非不重要,只是它与自我认同无关。此外，他认为，即使每个人都能从社群中获得如此程度的不可分割的自我认同，假设这适用于正统性行为也是非常不合理的。例如，如果人们知道他们的社群宽容同性恋行为，他们怎么会失去自我认同呢？德沃金接着指出，即使你承认在这种情况下人们可能会失去自我认同，但最明显的是，这只会在特定类型的社群中起作用，而不一定是所有政治社群。在德沃金看来，即使承认自我认同命题的最强有力版本，也不能因此得出结论，一个人无法根据对政治社群的进一步理解来"重组"（reassemble）自己。毕竟，我们不应该排除认同自身——也许自豪地——是一个宽容社群的成员的可能性。当人们对与家庭和社群相关的道德信念因某种原因受到动摇时，为什么人们不能重新将其认同感建立在一套略微不同而更宽容的条件之上呢？德沃金说，当然，我们在这些问题上的经验可能有所不同。不难想象由于与熟悉的社会习俗模式相隔绝而导致的精神崩溃和创伤情形。但没有足够的证据表明，个人意识和对社群的依恋之间的联系，尤其是在性的问题上，就像社群主义的论证所要求的那样强烈。

　　这些论证为理解德沃金提供了一个很好的实验室。我发现这些论证非常清晰和严谨。和他的许多论证一样，它们都是律师式的。它们建立在理由之上，并且直截了当。但是，我从经验中知道，这是一种让一些人陷入绝望的论证方式。他们说德沃金并不公平，而桑德尔和其他社群主义者所说的肯定不止于此。没有人能犯德沃金所提出的那样严重的错误。而且不得不说，无论如何，桑德尔的论证都有一定吸引力。或者反过来说，德沃金是在与一个"稻草人"作战，因为最初的命题太过糟糕以至于不值得抨击。[21]让我们来看看这种说法。桑德尔确实提出了一些有意义的观点，德沃金并未对此予以贬低。然而，他确实成功而礼貌地指出，这些观点听起来要比实际情况更好，自我认同的观点是一种障眼法（red-herring）。显然，没有人会失去自我认同，除非他们有非常严重的人格缺陷。但是，如果桑德尔的意思是，人们致力于并强烈地感受到在他们社群中宽容同性恋的错误，那么这个论证就不那么有力了。德沃金反对社群主义者基于与社群自我认同之需要的不宽容诉求，这表明，个人对群体道德的认同充其量适用于性神经质个体组成的非政治群体。[22]在我看来，如果桑德尔声称，有偏见的人尽管有其观点，但仍然值得尊重，并且这可能允许（比如）对公开展示同性恋的行为进行监管，那他的理论基础会更坚实。不宽容的论证不能像"社群中的许多人不想看到同性恋行为"这样简单。德沃金揭示了其缺陷所在。

　　德沃金认为，最有内容的社群主义者的论证是第四种，也就是最后一种。它主张，人们以这样一种方式与他们的政治社群相关或认同，即社群生活就是他们自己生活的一部分。我认为我用来解释社群主义第二个论证的健康类比也可以在这里使用。那里的论证是，简单来说，社群应该关心其所有成员的健康。而此处的论证是，一个人应该关心社群的健康，因为那会影响他自己的健康。这个人的健康是社群健康的一部分。这并不是说社群必须家长式地关心他的健康，而是他必须关心社群，因为这与他自己的健康息息相关。在德沃金看来，这是对社群概念更丰富的阐述，因为社群成员的生活和社群被视为一个整体。也许对非正统性行为的宽容会破坏一个人的生活与社群生活的融合。德沃金认为，这种想法错误地理解了公共生活的特点，因为它假设那只是一个非常复杂且庞大的人物的生活。这种正确地包括了整全性理念的对社群的更丰富阐述"屈从于拟人化，它假设公共生活是一个特大号人物的生活"。[23]然而，社群不可能拥有——比如说——性生活。

　　这种直截了当的批判需要更细致的关注。整合并不是说一个社群仅仅由其成员构成。社群有自己的生活，[24]这来自群体责任的理念。它也不会给出以下奇怪的主张,比如社群在某种程度上是比个人更真实的实体,或者(就像人们喜欢说的)社群在"本体论上"或"形而上学上""先于"个人。德沃金借用了罗尔斯关于管弦乐队成员与管弦乐队之间的区分观点,以使整合更加具体。人们可以在这些成员身上看到乐队。长笛手可以为乐队取得的成就感到骄傲,而同时也为自己的演奏感到骄傲,这对乐队的成就有所贡献。他自己的幸福与乐队的幸福息息相关。

德沃金问道,那么产生这种代理(agency)——由此,社群成员的幸福与社群的整体幸福相关——关系的条件是什么呢?他说,这必须取决于实际存在的代理社会实践。我不能仅凭一个简单的声明就成为代理人。这种社会实践必须承认某些行为是特定社群——比如管弦乐队——的行为而不是社群成员的行为。这必须只包括为此目的而自觉做出的行为。此外,关于个人成员的角色范围和社群的"维度"存在限制。例如,柏林爱乐乐团的业务经理不能为某一场演出感到"音乐上"的骄傲,尽管他可能会为一次成功的巡演感到"商业上"的骄傲。此外,从这一论证可以得出,社群生活是受到限制的。乐团的生活是音乐上的,乐团没有其他生活。正如德沃金所说,它不会头痛,也不会产生友谊问题,更不会有性生活,尽管个人音乐家会有。那么,政治社群的特征是什么呢?美国的公共行为是由官员的实践构成的:

> 一个政治社群的正式政治行为——其政府通过立法、行政和司法机关的行为——符合集体代理的所有条件。……尽管特定人士的行为——国会议员做出的表决和将军下达的军事命令——构成了这些集体行为,这仅仅是因为这些官员在将个人行为转变为国家决策的宪法结构下自觉行事。[25]

还有什么呢？我们有集体的国家性生活吗？我们的实践不包括此类生活。与自愿成为交响乐团成员不同,我们并没有选择成为某一特定社群的公民,这一事实似乎进一步限制了此类想法。

社群与民主

德沃金很明确,多数决原则本身并没有价值。很明显,在某些情况下——例如,一艘过度拥挤的救生艇——通过投票做出决定是错误的,抓阄可能更好。他问道,如果民主意味着多数决原则,那么我们为什么要如此关注它呢？我们确实将民主视为一种价值,如果我们认为民主本质上没有什么好处,这"会让我们的政治生活在很大程度上变得愚蠢"[26]。民主需要"背景理想"来指导我们,因此,德沃金自然认为,我们需要将政治美德的概念理解为解释性概念。他指出,一个接受尊严的双重原则(平等和个人自由)的社群必须在其政治结构中接受它们。同样,每个人都必须被视为具有平等的客观价值,并且每个人都应该被视为有责任在自己的生活中识别并追求成功:"民主的观念是关于如何通过政治结构和实践最好地应对这一挑战的观念。"[27]

德沃金的法律理论因此提出了整个政治制度的证成问题。对他来说,这是一种民主证成。民主以法律的方式证成了什么呢？至少在美国,民主被普遍理解为多数决原则。然而,经过进一步研究,这个观点甚至不能清楚地解释一些最常见的民主制度和结构规定。有权势的官员,比如法官或国务卿,并不是选举产生的;即使是保护诸如普选这种常见民主制度的根深蒂固的立法规定的存在,似乎也与多数决原则相矛盾。这个问题也存在于英国,但人们对此还知之甚少;然而,它在美国得到了明确的承认。美国宪法规定了明确的禁用条款(disabling provision)，以诸如良心和言论自由权利、平等保护权利和正当程序权利等基本权利的形式声明。法官可以宣布违反这些条款的制定法不在宪法范围之内，因此不具有法律效力。这是一项巨大的权力，它被用来推翻州立法机关以压倒性多数票通过的立法。法官作为法律程序的核心，是否经常性地做出与民主不符的事情呢？但民主似乎是赋予法律论证所需道德力量的基本道德原则，"一人一票"原则明确体现了平等和自由的抽象而富有吸引力的结合。

115

　　众所周知，与美国相比，英国缺乏强有力的支持权利的文化。[28]不过，德沃金认为这两个国家都有过错，美国和英国的宪法学者都倾向于在这两个法律体系中对民主宪制进行程序性而非实质性辩护。例如，他就埃利(Ely)对美国宪法某些禁用条款的著名民主辩护提出了批判。[29]埃利认为，诸如言论自由等宪法禁用条款是民主的，因为尽管有时与大多数人的愿望相反，但承认少数人的言论是参与民主进程的必要条件。埃利承认，他无法解释某些权利，例如宗教自由，因为这些条款似乎没有保护民主程序。人们普遍接受的观点还存在一个问题，即宪法保护个人道德方面的私人选择。根据埃利的观点，一个州禁止同性恋行为的做法似乎符合宪法，因为这样做并不会扰乱民主结构：同性恋者仍然可以在免于审查的思想交流的基础上投票并形成观点，但会因为他们是少数派而失败。

　　德沃金认为，埃利式的解释从根本上误解了民主的含义。他在两种集体行动观念之间进行了区分，其中每一种都可能被视为民主的候选。[30]统计性的集体行动只是"统计人头"，并就人们想要什么提供一个统计读数。据此，多数决制度是合理的。多数决原则是个人想要什么的功能性表达，通过个人组成的集体读出。简单说，统计就是收集数据。但是，不论是罗尔斯的交响乐团理论，还是德国应对犹太人负集体责任的观点,我们从中都可以区分出另一种形式的集体行动,即公共(communal)集体行动。德沃金指出,公共意义上的民主更好。他说,这让我们更好地理解亚伯拉罕·林肯的著名论断,即民主是"民治、民有和民享",并让我们更好地理解卢梭的"公意"理念。[31]他指出,我们应该区分两种类型的公共集体行动:综合的(integrated)和整体的(monolithic)。综合类型强调个人的重要性,而否认集体行动只是统计性的。整体的社群观则是个更加"黑格尔式"的观念,它赋予社群更加独立的作用。德沃金拒绝接受它,因为它否认了个人的重要性,也因为它对实际存在的民主国家提供了更好的解释。

　　民主因为政治权力的分配以及随之而来的对私人生活的强制干预而具有根本重要性。如果像我们许多人所认为的那样,民主是建立在平等和公平的基础上的,德沃金指出,将人们作为平等者对待是否意味着给予他们平等的政治权力就是一个重要问题。"平等的政治权力"是什么意思呢? 他从两个方面来看待这个问题。我们可以横向比较公民,暂时忽略政治权威问题,并试图使他们彼此平等。他说,我们还可以将公民与政治制度中的官员进行纵向比较。德沃金提出了另一组区分。[32]政治权力可以通过影响(impact)来衡量,影响是我们通过投票的方式所产生的差异。根据这一观念,立法机关成员的影响远远大于其所有选民,甚至是那些投票给他的选民,因此不可能实现权力的纵向平等。

　　我们可以将这种影响与以影响力(influence)衡量的政治权力区分开来,德沃金用后者指通过引导或诱导他人相信、投票或选择而产生影响的能力。他说,在一个正常运作的代议制民主政体中,"实现了大致的纵向影响力平等"。该观点意味着,如果一切正常运作,每个公民都有同样的机会影响相关的政治代表,后者将认为自己在决定以何种方

116

式在立法会上投票时必须考虑所有意见。换言之,每个公民都有权影响政治家,尽管每个公民的影响与政治家的不同。

影响平等有助于横向比较公民的权力,但只会以放弃民主为代价。首先,我们可以通过几乎不给他们任何权力来让所有公民在政治权力上平等,这将与许多的极权主义完全兼容。但其次,德沃金指出,"这无助于证成我们对民主的一个核心假设,即民主不仅需要广泛的选举权,还需要言论和结社自由,以及其他政治权利和自由"[③]。例如,只有当我们将相关的平等理解为影响力平等时,审查一个人的观点才是合理的。当然,一个被审查的人仍然可以有平等影响,前提是他的投票权没有被剥夺。

特别有趣的是,德沃金不相信政治权力平等。他认为,作为影响的政治权力的平等没有意义,而影响力平等意味着限制人们的信念和野心,从而剥夺他们在民主社会中应有的道德价值。这一观点引人注目,因为至少就横向政治平等而言,让公民在其所能带来的政治影响力方面平等的想法是具有吸引力的。德沃金倾向于用其他方式解释这种直觉。例如,我们可以简单地说洛克菲勒的钱比其他人多这么多是不公平的。作为结果,他具有了不成比例的政治影响力,这并不是因为他超过了分配给他的平等政治影响力,而是因为这与他在公平分配资源的情况下可以拥有的最大政治影响力不成比例。这种说法允许不平等政治影响的存在。

德沃金的核心重点始终是民主体现了尊严的基本权利。因为他们具有平等和客观的价值,个人可以(有时也必须)私下和公开地运用他们的个人判断。在民主国家,在某种假定的影响力平等的约束下,一个人不应该被阻止去追求"以社群为荣"的抱负,并参与"政治活动的共同目标"。虽然这意味着原则上人们想为政治竞选捐多少钱就可以捐多

117

少钱,但实际上,由于资源分配不公,需要有所限制。此外,根据德沃金的理论,由于公司不是真正的人——例如,它们不会投票——所以公司将无法"以社群为荣",也无法在"政治活动的共同目标"中获得适当的"综合利益"。因此,人的尊严原则不允许公司向政治竞选捐款。在谈到肯尼迪(Kennedy)大法官在美国最高法院 2010 年裁决的公民联盟诉联邦选举委员会案(*Citizens United v. Federal Election Commission*,该案明确大公司可以在政治广告上化费无限的资金)中的论证时,德沃金指出:

> 在我看来,他的论证——根据第一修正案,公司必须像真正的人一样受到对待——无比荒谬。公司是法律拟制。它们没有自己的意见可以贡献,也没有权利参与平等发声和政治投票。[34]

民主的原则

德沃金毫不意外地得出结论,在真正的民主国家,我们需要的不仅仅是"统计"治理("statistical"governing)。[35]民主论证必须对个人与社群之间的关系以及尊严原则保持敏感。人们必须被视为具有平等的客观价值,并且必须坚持尊重他们生活本真性的立场。与其将民主视为一种个体交易者抬高货币价格的股票市场式的制度,不如说我们需要"能够引发和滋养所需的民主态度的背景制度和假设:集体责任和个人判断"。[36]根据这些尊严原则和民主态度,民主论证将产生三项主要原则,德沃金分别称之为参与(participation)、利害关系(stake)和独立(independence)。

他指出,参与原则是集体代理理念的一部分。除非我们发挥某种作用,否则我们就不是某个社群或组织的成员。而且,在民主国家中,只有当我们在民主角色中被作为平等者对待时,我们才能发挥民主作用。因此,他说,后一个理由说明了为什么管弦乐队不是一个民主国家,因为指挥家被认为具有特殊的才能。这也源于以下基本原则的介入,即民主社会的任何成员的参与都不应受到价值、天赋或能力的假设的限制。德沃金并不认为参与原则是我们普选和代议制结构的基础。毋宁说,它表明了它们被采纳的历史理由。赋予人民加权投票权并不违背将他们作为平等者对待的原则,就像为贫困地区设立特别投票区一样。

利害关系原则要求当权者与公民之间存在某种互惠。如果他们的社群与统计社群不同,被恰当地视为"他们的",那么人们应该在他们的社群中拥有某种利益。如果不是这样的话,我们就将处于荒谬境地:德国犹太人将作为德国社群的成员,就该社群对他们犯下的罪行负责。那些犹太人与那个社群没有任何利害关系。正是在对利害关系原则的讨论中,德沃金对在现实世界中建立公民对社群的义务问题做出了重要让步。社群的综合观念表明,如果公民在社群中没有充分的利害关系,他们就没有社群义务。至少统计观念可以摆脱这一要求,并允许其他(因为算术)也许是非民主的原则来规制公民的义务。德沃金承认,综合观念就像一个"黑洞",所有其他理想都被吸入其中。他的答案是修改利害关系原则,不要求社群必须实现平等所要求的目标,而是要求其领导人以此为动力。[37]这意味着"诚信"(good faith)要求,据此,如果领导人本着诚信行事,并假定人们应该被作为平等者对待,那么所有公民都与该社群有利害关系。我想,几乎任何一个欧洲或北美国家都是例证:事情绝非完美,但总体而言,政府似乎真诚地宣布并在很大程度上贯彻了一种信念,即人民具有平等价值。

德沃金早期关于民主的所有论述都与他在《刺猬的正义》中所描述的第二项尊严原则相一致,因为这一原则体现了道德独立性的重要性,并申明民主政府不应支配其公民对政治和伦理的看法:

> 正如让一个德国犹太人为纳粹暴行承担集体责任是荒谬的一样,我认为让自己在一个否定我为自身做出判断的能力的群体中分担集体责任也是荒谬的。㊳

根据这一原则,德沃金得出了言论、结社和宗教自由的结构性保障,其基础是必须允许人们为自己的个性和信念负责。他还指出,这一原则防止了道德的强制执行,尽管他认为,这也可以作为一个正义问题来辩护,而不受关于民主结构的论证的影响。在他看来,主张独立原则只保护一个人的判断是不够有力的,当同性恋者被允许投票却不被允许选择自己的性伴侣时,这一原则也会得到遵守。当一个人不能在行动中塑造自己的道德生活时,他的判断就毫无意义:

> 这就是为什么反对道德主义立法的人说,他们想"自己做决定",而不是让多数人为他们做决定,即使立法允许他们在行动上服从的前提下自由思考自己喜欢的事情。㊴

德沃金认为,埃利在民主所必需的基础上证成的对多数决原则的结构性限制,在民主的综合解释中会更为合理。例如,埃利所谓统计上只计算人头的解释仅仅在公众需要最知情的意见的基础上允许言论自由。但德沃金表示,综合解释可以强调言论自由的言说者方面;对言说者的平等尊重可能要求言说者必须能够说出自己的想法:"毕竟,第一修正案直接保护的是言说者的发言权,而不是听众的听取权。"更重要的是,他声称,综合解释可以证成埃利承认根据他自己的理论无法证成的宪法约束。德沃金指出,宗教自由得到独立原则的支持,据此公民可以自行决定个人信念和良心问题。他认为,刑事诉讼制度的保护更为复杂,但仍然是利害关系原则的一部分。他说,正当程序要求确保犯罪嫌疑人在尽可能长的时间内属于"责任社群",无罪推定则是社群中"持续成员资格的推定"。[40]

参与原则支持诸如言论自由等政治自由。利害关系原则是平等保护条款的后盾,因为它应该表明政府的决定是反映了对公民平等关怀的诚意,还是相反反映了偏见和偏祖。此外,独立原则决定了"隐私权"的概念,其目的确保人们能够对自己想要过的生活做出自己的道德判断。德沃金总结说,政治社群与其公民之间存在着一种综合关系,包括参与、利害关系和独立这三项原则的应用。因此,民主的社群观念使我们能够理解宪法中的禁用条款"不是损害民主,而是民主叙事的重要组成部分"。然而,这种关系并不像整体的黑格尔式社群所要求的那样紧密。德沃金所设想的社群生活仅限于关于正义问题的正式政治决策。

尽管如此,德沃金表示,将对自己的生活价值做出明辨性判断的诚实正直的公民应该正确地认为,社群内的不正义会损害他们自己的生活。通过德沃金在《刺猬的正义》中自信地将伦理与道德相分离,并将道德融入政治的观点,我们现在已经熟悉了个人与社群之间更复杂的联系,这相当于一种更复杂、更有意义的个人生活形式:

> 在我看来,政治道德与辩证自利(critical self-interest)的融合似乎是公民共和主义的真正神经,这是公民个人将其利益和个性融入政治社群的重要途径。[41]

立法的司法审查

　　同样,民主是个解释性概念,所以它在一定程度上是个评价性问题。我们因此需要考察一种常见主张,即对立法的司法审查是不民主的,因此是不正当的。德沃金认为这一说法令人困惑。民主并不决定一个国家的历史,而是假设它,因此,地方性实践会引起一些问题,例如司法审查是否可以"纠正"民主,甚或司法审查本身是否必要。这些问题没有任何先验知识。正如我们所知,他的观点是,民主不是由多数派的政府模式构成的,而是由他在《刺猬的正义》中称之为"伙伴关系"(partnership)——显然源于"友爱"或"联合"义务的观念——的模式构成的。立法如何组织是个程序问题,它是通过特定的历史实践确定的。所有民主国家中不同的国家做的事情都不同,正是认识到这一点,我们才将程序正义与实体正义区分开来。当代司法审查的批判者是杰里米·沃尔德伦,他认为司法审查与民主相矛盾,因为它允许作为少数派的法官推翻多数派的意志,即立法。[⑫]德沃金指出,沃尔德伦对民主持有"多数派"观点,因为根据"伙伴关系"观念(《刺猬的正义》中对应之前的"社群"观念的术语),多数派观点必须是正当的,而沃尔德伦无法假设司法审查不能通过推翻剥夺少数人尊严权利的多数派立法而使多数派观点正当。德沃金因此认为,像沃尔德伦一样假设多数决原则本质上具有原则性,这是有问题的,尽管他承认沃尔德伦的观点很流行,即便"令人吃惊"。德沃金认为,多数决原则本身"显然"不是一项公平原则。首先,除非涉及正确的社群,否则多数决原则并不公平。中国不能立法赋予新西兰人投票权,然后通过多数票为新西兰立法。其次,无论如何,多数决原则并不总是公平的。德沃金举了一个在救生艇上做出决定的例子,该决定涉及谁应该跳下水去以挽救其他人免于溺毙。他说,在这种特殊的情况下,多数派的决定远非公平,相反是错误的,这是一种霸凌,可能抓阄才更加公平。德沃金的一般要旨源于他的价值统一性命题。如果要旨并不确定,人们无法由此可以站在两种观点之间对实质性正义要求什么做出裁决。正义既不是标准的,也不是阿基米德式的。人们不能说"你们三个人意见不同,所以我们将根据多数决原则来决定",因为这假设了这第三种观点的内在正确性。任何"第三种"观点也都是评价性的。事实上,即使是一致同意的要求也只意味着原则上的一致同意,这只是要求决定为正确的另一种方式。德沃金得出结论,多数派观念的"算术平等"没有任何价值:"政治平等要求分配政治权利,以确认政治社群对其所有成员的平等关怀和尊重。"⑬

然而,他还有更多的话要说。他认为,"伙伴关系"的观念表明,司法审查只是"可能"民主的,并且必须考虑地方历史环境。只有在没有出身或财富歧视的情况下,司法审查才是民主的,德沃金认为"至关重要的是",司法审查有可能提升社群的正当性。法官未经选举产生这一事实容易错误地引起我们的关注。然而,问题在于司法审查是否有助于正当性,是否会因社群不同而有所差异,并且我们没有得到任何事前保证。其他方法可能更好。他建议,例如,英国的一项改进措施是,改革后的上议院由"没有滑稽头衔或服装"的经选举产生的议员组成,让前下议院议员没有资格当选并延长任期。他指出,美国的一个改进措施将是,缩短最高法院大法官的任期。

需要澄清的一点是,沃尔德伦所说的法院是个"多数主义"机构("最高法院是个多数主义机构,问题是参与其多数决的人数很少")肯定是错误的。⑭首先,为了使沃尔德伦的陈述令人感兴趣,他所指的必定是未经选举产生的司法机关整个部门,而不仅仅是选定的法庭。英国

122

高等法院当然会以二比一的多数决定三位法官坐在哪里,但存在许多法庭。总体而言,并不存在法官的多数。显而易见,因为法官并不像议员坐在立法院那样坐在中央法院投票。但沃尔德伦很可能觉得这强化了他的批判理由:他们通过多数做出决定是糟糕的,但如果他们不这样做,情况甚至会更糟糕。然而,更重要的是下一点:强调法院借以将判决变成决定的程序性手段,是对法官行为的一种贫乏描述。司法机关不是一个代议制机构,它也不应该是(我不是说法官不应该来自社会的不同阶层)。它具有决定法律是什么的特殊功能。如果立法机关因违反宪法权利而偏离法律,那么进行某种形式的制度审查是明智的。一个这样的可能性(并不存在"必要性")是未经选举产生的司法机关,其(这样说似乎很明智)应该接受法律教育,并对党派偏见的诱惑保持理智。如果法官要审查那些与赋予立法机关道德决定权的道德原则相去甚远的多数决定,那么他们当然必须通过应用这些相同的原则来做到这一点。因此,如果有足够的共识支持它,至少对我而言,很难看出反对它的理由是什么。法官未经选举这一事实是完全无关的。民主政体中的许多职位都是未经选举产生的,这其中显然还包括民主政体中可能最重要的职位,即选民。

123

　　我们现在需要看看道德和法律论证的客观性。德沃金完善并发展了他对价值客观性的看法。但在下一章中,我将按时间顺序考察他是如何发展出"唯一正确答案命题"的。这一切都源于他对疑难案件的考察。理解他的许多——如果不是大多数的话——困难都来自对(遗憾地说)首要而原始意义上的显明事实理论——作为某种"客观地""就在那里"的东西——的拜物教式坚持。

第七章　法律和道德中的客观性

　　客观性问题被许多人认为是理解德沃金理论的主要障碍。让人们感到惊讶的是,德沃金认为评价性问题乃至道德问题都存在正确答案。尽管如此,大多数人确实认为这些问题存在正确答案。例如,人们不能就堕胎在道德上是否允许达成共识,他们的分歧就是关于什么是正确的:那些认为错误或正确的人至少同意在这个问题上存在"对错"。在下文中,与本书其他部分的模式不同,我按照时间顺序追溯了德沃金的论证。我们将获得更全面的理解,而且对他现在的命题——法律上的真理取决于正确的法律论证,而不是什么更神秘(或更不神秘)的东西——从两个早期观点发展而来的方式也存在教学法上的兴趣。第一个在于他对德夫林(Devlin)所谓公共舆论是道德的标准的抨击,第二个在于他的以下观点,即实证主义之所以会选择可证明性(provability)——或者他过去所说的论证可能性(demonstrability)——作为法律中真理的标准(例如,与承认规则的相符度),是有其实践理由的。

德夫林勋爵和采取道德立场

　　德沃金关于道德推理客观性的第一个论证源自他对德夫林勋爵的命题——在某些情况下,国家有权使用刑法来执行道德问题——的批判。国家可以根据普通陪审员的观点("克拉珀姆公共马车"[Clapham omnibus]＊上的人的观点),根据其"不可容忍、愤怒和厌恶"的深刻感受,来判断什么是道德问题。德夫林在其1958年的著名演讲中提出了这一命题。①与德夫林的大多数批判者不同,德沃金认为这一一般命题有其可取之处,因为它将民主与道德直接联系在一起。允许不同道德观念存在的共识对每个人都应享有平等尊重的民主是友好的。克拉珀姆人的愿景包含了一个隐含的平等主义前提,即普通人的观点在决定我们道德环境时至关重要。德沃金分析了德夫林对道德本质所提出的假设。德沃金认为,"公共道德"的概念比陪审员在某一特定时间之感受的描述更为复杂,德夫林认为可以从公众感受的粗糙表达中获得准确的衡量标准是错误的。②相反,公众的感受或陪审员的愤怒,受到一个理性"过滤器"的制约,它从真正的"道德立场"的表达中挑出纯粹的感受表达。

　　例如,我们必须为我们的观点给出理由。③它们不一定是特别抽象或哲学的,但我们的期望是,我们至少应该明白,自己所主张的是有理由的。("我讨厌同性恋。""为什么呢?""哦,没有理由。")有偏见的观点不是道德观点。说"我讨厌同性恋,因为他们是娘娘腔"的人没有表达真正的道德立场。当然,这并不是说什么算是有偏见的观点永远不会引起争议;例如,你和我可能就我们对反向歧视的不同看法是否基于偏见达不成共识。"每个人都有偏见"这一常见观点也毫无帮助,因为这只是意味着我们都有不同的观点,有些对有些错。事实错误也不能算是道德理由。用哈特所举的著名例子来说,优士丁尼皇帝(Emperor

---

　　＊　这是鲍温勋爵(Lord Bowen)经常用来形象地指代"理性人"(reasonable man)的用语。"理性人"是一个假设的人,用来衡量疏忽行为中的被告是否达到法律所要求的谨慎标准。——译者

Justinian)称由于同性恋会引发地震,所以其在道德上是糟糕的;这种说法之所以错误,是因为没有证据表明同性恋与地震之间有任何联系。优士丁尼皇帝的观点并不构成道德立场:没有任何事实证据可以作为他的观点的依据。(我想他是说同性恋引起了上帝的愤怒,上帝又引发了地震,但即使是这样的话,这个观点还是成问题的。)

　　仅仅重复一种观点也不足以确立道德立场。因为"一个朋友告诉他"而说同性恋行为是错误的人没有提供充分的理由,因为我们期望道德观点的真实表达是一个人自己的背书。这并不是否认我们可以向他人学习,也不是否认可能存在一种具有权威性的特殊宗教理由。情绪反应也是不充分的。"这种行为让我恶心"并不是一个充分的理由,因为我们期望一个关于为什么的理由,而且无论如何,我们认为批评一种道德立场混乱不清的一个好方法就是指出,它的论证是情绪化的。如果只能看到连续不断的情感陈述,我们就会考虑言说者是否有强迫症或恐惧症。一旦我们有了这个想法,就很容易想象出其他类型的不适格理由。逻辑规则必须具有一定的影响力,而且存在各种各样我们不可能有道德观点的主题。例如,你不可能对黄金有道德观点,也不能认为暴风雨是不负责任的。

　　德沃金的主要观点是,社群有关道德的共识比对人们在某个时间、某种心情下的想法或感受的表面描述更加深刻。任何合理的共识观念都存在于理性或信念层面,并且跨越表面差异。对于那些怀疑这是企图以"理性"反对"普通人观点"的人来说,得知德沃金并不反对存在社群道德(例如民主),并且认为社群道德应该受到重视,他们会倍感惊讶。德沃金指出,德夫林勋爵的论文的"令人震惊和错误之处""不在于他认为社群道德很重要,而在于他认为什么才是社群道德"。④

126

作为道德基础的惯习和共识

从他对德夫林的批判中，显然可以看出，惯习和公共共识之间的区分对于德沃金来说很重要。在他看来，道德不是由公共惯习——主张行为在道德上是由多数人观点的检验所要求或允许的——构成的。否则的话，奴隶制曾经就是正确的，或者我们将被迫就强奸这种形式的错误性走向一种无力的辩解："好吧，每个人都认为这是错误的。"相反，共识意味着相同信念的并存。在我们的社群里，存在诸多认为强奸在道德上是错误的、被独立持有的信念的并存。但共识事实并不是认为强奸错误的理由，因为我们认为它错误是出于完全独立的理由，例如攻击、支配、痛苦，如此等等。如果强奸的错误性来自惯习，那就会出现我在上一节讨论过的那种鹦鹉学舌的错误。换一种说法就是，每个人都认为强奸错误是强奸之所以为错误的最后一个理由。如果把这当作教育孩子道德的唯一方式，那将是一种灾难性的教育方式。

127　　当然，有些惯习为以特定方式行为提供了理由，例如你在教堂里脱帽的惯习。然而，事实证明，这仅仅是一种你不应该冒犯他人的信念，故此你才遵守惯习。并不是仅仅因为他人认为你应该遵守规则你就遵守规则。⑤的确，道德在一种具有误导性的、无足轻重的意义上是由惯习来定义的，正如我们说"他们的道德是奴隶制的道德"时那样。当我们使用诸如"纳粹党的道德是不道德的"这样的措辞时，"道德"一词在其中的使用就显得微不足道，也很危险。边沁和奥斯丁巧妙地将"实证的"和"批判的"道德区分开来：实证道德是人类创造的社会惯习（因此可能是邪恶的），批判道德则是评判这些社会惯习的标准。哈特后来在《法律、自由与道德》（*Law, Liberty and Morality*）中反对德夫林勋爵将公共共识与道德相等同而使用了该区分,以表明公共共识本身可能存在偏见、缺乏逻辑、观点重复,等等。

这种区分在德沃金的著述中随处可见。在《认真对待权利》中,他在第二次抨击规则模式时批判了惯习的承认规则理论("规则模式 II")。在我看来,这篇论文是他早期论文中最好的一篇,但也经常被忽视;它最初发表在《耶鲁法律杂志》上。⑥就其基本形式来说,此处的论证只是重复了上述关于依法决定的司法义务的论证。德沃金首先指出,该义务不能被承认规则所穷尽界定,因为当承认规则在疑难案件中被用尽时,法官有义务依法做出决定。其次,司法义务甚至不能部分地由承认规则来界定,因为这会混淆实证道德和批判道德。他举了一个素食主义者作为例子,他以一种在道德对话中耳熟能详的方式宣称,每个人都有义务不吃肉,这并不意味着存在这样一种惯习,而是意味着关于我们为什么应该成为素食主义者存在独立的理由。

有人认为德沃金的论证中关于道德论证的性质是正确的,而关于确立法律、司法义务所需的论证则是错误的。对于这种批判,我认为德沃金给出了正确的回答,即法律实证主义本身不足以提供支持。他说,需要进一步的理由来说明为什么法官的义务不是道德义务,直接断言司法义务完全由惯习界定是不够的。因此,承认规则"将法律领域的一部分误认为是整体",因为它忽略了在疑难案件中对司法义务的认定。此外,它使得常见的混淆成为官员(和其他人)关于以下问题的共识:在存在识别法律的惯习的情况下,什么构成法律。换言之,一个社群的官员承认识别法律的标准,这应该被理解为他们接受了关于该种承认的独立且关键的理由,想法上的一致只是表明了这一点(即共识),而不是对惯习的接受。因此,对德沃金来说,道德的客观性并不依赖于一个以惯习形式存在的道德现实的外部世界("就在那里")。

128

反思平衡与去创造的责任

德沃金对显明事实理论所谓"就在那里"的否定具有道德优势。他希望道德责任依附于人,而不是存在于我们之外的、或许我们并不知道的实体。在他最有趣的一篇发表于 1973 年《芝加哥大学法律评论》上的题为"原初状态"("The Original Position")的论文⑦中,他对罗尔斯两个最基本的命题——通过"反思平衡"的方式进行道德推理的出发点,以及政治问题被提出时的"原初状态"——进行了重要的分析。"反思平衡"是罗尔斯对道德推理方法论的称谓,它设想在道德直觉或信念与我们所持有的关于道德的一般问题的抽象立场(道德理论)之间实现平衡。两者之间的"平衡"应该通过我们将直觉与结构化的道德信念进行比较来实现。有时我们的直觉会让我们的理论难堪,就像我们的直觉认为正义的战争在道德上可以允许时,会让我们认为无辜的生命永远不能被夺走的理论难堪一样。反思平衡的过程因此为我们的道德心理提供了证成。要么以能够解释直觉的方式对理论进行修改或发展(例如,无辜的生命不能被故意剥夺,再加上一些有关什么构成无辜生命和故意意味着什么的附随理论),要么由于理论的融贯性,直觉开始失去影响并最终消失。

当然,我们关于一般道德问题的抽象立场将有助于我们理解自己所持有的个别直觉。该过程正在进行中。我们根据自己的一般化(generalization)修改甚至最终放弃直觉,并根据理论和新的经验获得新的直觉。我们与他人关于道德问题的争论应该以同样的方式发展。我们检验我们持有的与一般立场相对立的直觉。我们指出他人的直觉与他们一般立场之间的不一致,从而使他们难堪。⑧德沃金的观点是,罗尔斯对反思平衡方法的描述在两种道德推理模型（我们将很快对之加以比较）之间模棱两可。我认为德沃金的观点是，罗尔斯的观点不够规范，并且有如下风险：它有可能成为一种成功的道德心理学，也很好地展示了一个人道德信念的发展，但关于为什么一个人应该进行这个活动这点是不清楚的。

我们将辨认出第一种模式，因为它是一种"就在那里"的观点。德沃金称之为"自然"模式，因为它假设反思平衡从根本上讲是为了揭示一套已经存在的道德真理。它对道德思想有以下后果：当道德直觉和道德理论之间似乎存在不可调和的冲突时，并不存在立即对此加以注意的理由。在这种模式下，我们假定解决即和解是可能的，尽管我们并不具备实现和解的知识或智力。解决方案超越了我们，但这并不重要。第二种模式是德沃金支持的模式，即"建构性"模式。据此，我们有责任进行和解，并建构答案。并不存在什么"就在那里"的东西来免除我们的责任。当然，从《刺猬的正义》中，我们应该认识到，德沃金认为，正是价值统一性命题，再加上我们根据我们认可的其他也许是更加抽象的价值将明显冲突的价值相调和的个人道德责任，支持着这一观点。

德沃金认为，道德推理是某种我们应该从事以使我们行动所依据的不同判断相互融贯的事物。人们不能像自然模式所做的那样，简单地假定道德直觉可以具有超越其解释能力的"正确性"，从而背弃这一责任。当面对表面上相互矛盾的直觉（例如，关于正义战争或禁止堕胎）时，他们不被允许主张某种过去没有，也许也不可能被人们发现的调和解释存在。这是一种非常世俗的命题，要求我们按照原则而不是信念行事，将责任牢牢地置于个人身上。反思平衡是从吸收和改造基本道德直觉的角度来理解的，并准备好按照一个尽可能被理解为融贯的计划行事。你可能做得不对，但你仍有责任去尝试。

在《刺猬的正义》中,德沃金专门回应了罗尔斯的反思平衡。他说,他自己的方法"更有抱负,更加危险",因为罗尔斯允许"不同价值之间的从属、妥协和平衡"(例如,坚持自由对平等的"词典编辑的优先性"[lexical priority])。德沃金表示,他自己的(类似)方法中的每一项价值都必须根据其他价值来评价,并且应该以"真理"为驱动;特别是,他认为罗尔斯的阐述的价值范围要比他自己的小得多。[9] 道德判断的建构理念之所以重要,还有另一个理由:在一个相对一致的社群中,社群的理念与正义原则之公开表述的理念相联系。这是德沃金在其整全性理论中发展出的一个观点。

"平局"与不确定性

在早期的一些文章和讲座中,德沃金允许"平局"(tie)出现的可能性,也就是说,法官可能会面临从两方看都同样平衡的论证。这是一种中间立场,一种真正的不确定性——对所辩论的命题并不存在正确答案。德沃金在《认真对待权利》题为"权利可能是有争议的吗?"(Can Rights be Controversial?)的第十三章中考察了这个问题,他指出,认为一项事业或实践的"基本规则"承认平局的可能性,这是有可能的;他否认这种基本规则是英美法系法律论证基础的一部分。这一章被一些人认为意味着德沃金对"英美法律事业"(Anglo-American legal enterprise)给出了一种描述性主张,他未能意识到"真的"存在平局,就好像这个问题很容易解决一样。这些文章和这些评论与德沃金后来发展的解释理念保持一致。关于法律客观性的判断是解释性判断,因此不能排除法律中存在平局的可能性。德沃金的观点是,法律论证和道德论证一样,需要做出决定,并且总是要求做出最佳决定,即应用真实命题的决定。诉诸平局可能(虽然不一定)是未能履行做出最佳决定的责任。这可能意味着"逃避责任",法官说"这太难了,我要抛个硬币来决定"就是典型例子。这是一种决定;如果只是为了解决问题的话,无论哪种方式的决定本身都会有一些好处。但在法庭案件中,如果不考虑双方论证的是非曲直并根据理由的平衡做出决定,那将是非常不负责任的。所有这些都不排除话语,或价值领域,或德沃金现在所说的"领域"的可能性,在这些领域中,命题具有"平局"价值是适当的,也许特别是在文学领域。某些解释之所以正确,正是因为它们承认场景、短语等从根本上是模糊的,有时是故意如此的。[⑩]德沃金指出,当我们不确定一个命题是否为真时,即它并不确定时,我们应该意识到不存在"默认"立场。命题是否缺乏真值必须是解释性判断的结果。仅仅不能确定某件事是否为真,或者是否不确定,只是一种心理状态,丝毫不会影响其真值。[⑪]

131

　　我记得,德沃金1973至1974年在牛津他和加雷斯·埃文斯举行的关于法律和道德客观性的研讨会上多次使用了以下例子。一家公司举办了一场比赛,为其早餐麦片做广告。比赛设置了许多问题,将著名摇滚明星的头像与其身体相匹配。还有一个"决胜局"(tie-breaker)的问题,与关于摇滚明星的问题显然不同的是,它不承认存在一个明显正确的答案。它要求参赛者用给定数量的一组词编成顺口溜,说出特定品牌麦片的优点。五名参赛者在头像和身体匹配的问题上得出了正确的答案,并且(在此则没有正确答案可得出)他们在单词数限制内写出了自己的顺口溜。然后,任务交给比赛评委,他们要在决胜局的基础上来决定谁应该根据顺口溜获奖。换句话说,评委必须决定五个参赛作品中哪一个是"最好的"。没有先例,什么都没有。然而,如果评委的选择是随机的,这看起来正确吗?难道我们不期待一些判断吗?评委在做什么呢?埃文斯和德沃金都认为不排除有些答案会比其他答案更好;

此外,如果最好的答案不是正确的答案,那就很奇怪了。德沃金关于这种情况下的责任的观点更加明确,他的立场在《刺猬的正义》中得到了更多的强调:评委(法官、裁判)有责任尽其所能找出倾向一方而非另一方的理由。在说比赛不过是场游戏之前,德沃金认为,评委必须试图理解参赛者认为一个参赛作品可能比另一个更好的理由,并在必要时回头看看参赛作品,以决定哪一个是最好的。从麦片顺口溜的例子中只能得到这些。但是,在必须做出决定的场合,比如发生重大道路交通事故后,关于两个人之中谁承担经济责任的决定,就会有一种紧迫感。就法律而言,德沃金的立场介于预先存在的道德现实和价值的完全主观性这两个极端之间。道德命题的真实性源于道德的重要性,源于我们在提出有关我们道德上应该如何行为的命题时应该做出的承诺。如果道德命题进而法律命题必须是"客观的",那么我们必须在这个意义上理解它们:"一个正确的解释主张之所以正确,是因为接受它的理由比接受任何与之相竞争的解释的理由更好。"⑫

在某些人看来,这可能是无可救药的主观性。然而,该论证并不必然得出这一结论。道德直觉或信念要具有融贯性的要求是一种制约,该制约显然可以用于检验其他人对自己直觉和信念的融贯立场。客观性以支持和反对的理由为标志。公开性要求仍然存在(也许这就是"命题从何处来?"这一问题的力量),尽管这一要求是一般的公共理由,并且不必指向独立的形而上学现实。

"批判的"观点和"怀疑的"观点

德沃金吸引了许多怀疑论的回应,主要是由于他观点的所谓"主观"性质。据说,他的论证毫无意义,因为关于这些问题的理性论证是不可能的。但怀疑论有很多不同的形式,明确这些非常重要。例如,考虑一下一个典型法庭的情况。要理解怀疑论,我们需要一个"普通"的观点来供其怀疑。每个诉讼当事人的律师、法官以及其他许多人都是论证机制的参与者。我的意思是,每个相关的人都承认该机制有某种"意义",且每个人在其中扮演的角色都有某种意义。常见的相关回应如下:(1)有人说,从事法律上的论证模式假设,法院会以"平滑"或者甚至可能是无意识的方式应用"冲突"的规则,从而认可隐藏的糟糕价值;(2)另一些人则认为,"每个人都接受"法律的含义的断言,在道德上以某种阴险的方式支持它,也许支持资本主义或男性价值,也许只是支持一种总体保守的指导社群的方式;(3)其他人认为,普通的观点不允许"内鬼"(insider mole)通过在法学院工作等方式改变事情。一个机制的"内部人"和"外部人"的概念有助于理解这三种回应。这个比喻以不同的方式被广泛使用。哈特就是这样,他对内部观点和外部观点的区分,标志着法律哲学发展的重要一步。⑬

　　德沃金在这些问题上的立场是什么呢?他明确表示,法律的概念,即"共识所集合的那些离散观点"是解释性的,因此是关于特定社群使用强制力之道德证成的"内部人"观点。⑭首先,法律制度遭受内部冲突的观点本身肯定是一种解释性立场,它不可能必定为真。该观点也非常符合非怀疑论的立场。执业律师不难理解,如果存在冲突,他有义务尝试解决冲突(例如,他通过区分案件、推翻裁决或"将裁决效力严格限定于本案案情"来解决冲突)。然而,一种更强的怀疑论形式是从外部来看,并认为法律作为一种制度存在固有缺陷和冲突。根据这种怀疑论,由于源自法律性质本身的理由,内部人将无法理解这一点。如果我们根据马克思主义将法律及其在财产作为剥削的资本主义观念中的体现来思考,这种困难的——也许最终是模糊的——观点就会变得更加清晰。但这一版本的怀疑论也是解释性的:这是整体的内部怀疑论。他说所有法律都有缺陷,因为它是资本主义的,因此是剥削性的。这些法律越早消失越好。第三种"内鬼"回应也是解释性的。内鬼的任务取决于普通观点,但抨击它的方式与第一种或第二种怀疑论形式相同,也就是说,或者部分的或者整体的。

德沃金利用"外部人"和"内部人"的比喻来描述这两种怀疑论。他对外部怀疑论和内部怀疑论进行了区分。道德价值的外部怀疑论,或者说阿基米德式观点(因为阿基米德推断,如果他离地球足够远,并且有一根长杆和一个支点,他就能撬动地球)否认存在一个特殊的形而上学领域,即道德判断是一种描述,因此价值或真或假。这是一种"脱离接触的"(disengaged)怀疑论形式,因为它使怀疑论者处于一种不必为他做出的任何特定道德(或价值)判断而争论的地位。对他而言,这毋宁说只是一个"意见"的问题。外部怀疑论者既要求存在某种"就在那里"的东西使道德判断为真,又否认存在任何"就在那里"的东西使其为真,由此确立了他的怀疑论。它被认为不是一种解释性立场,而是一种"形而上学"立场。

德沃金在《刺猬的正义》中对这种观点进行了进一步批判。如果"形而上学怀疑论"的主张建立在"就在那里"(out-thereness)[15]是使道德判断为真的必要条件,那么这肯定是一种有关什么使得道德判断为真的解释性判断。正如一个功利主义者可能会说,"假设功利主义为真,因为最大幸福原则支持禁止早期堕胎,所以早期堕胎在道德上被禁止的判断肯定为真","阿基米德主义者"则可能会说,"假设'就在那里'为真,则早期堕胎在道德上被禁止的判断不可能为真"。如果阿基米德主义者不认为这是错的,那他就是在做出早期堕胎在道德上被允许的道德判断。阿基米德主义者怎么能规避这一点呢? 他希望并不存在道德,因为没有科学证据支持;当然,他在日常生活中不会那样做,但戴上哲学帽子,就没有什么道德可言了。他不能通过为道德上正确的事创设条件来达成这一立场,他无法规避逻辑(某事如果不被禁止,那它显然是被允许的)。道德判断不需要通过对"客观"存在的事物的描述来加以补充,以使其具有实质性。正是出于这个原因,外部怀疑论不可能是"外部的";科学客观性毫不相干。例如,虐待婴儿是错误的主张不要求额外判断该主张的客观性。德沃金指出:"我运用客观性用语的目的,不是为我们通常的道德或解释性主张提供一个古怪的形而上学基础,而是重复它们,或许是以精确的方式强调或限定它们的内容。"⑯

　　另一方面,德沃金确实容许内部怀疑论,后者是参与性的。因此,一个主张因为上帝已死就不存在道德的人,通过否认其力量而参与了道德主张;他提出了他所接受并由此得出其怀疑论的更为深刻的哲学道德假设,即如果上帝活着就存在道德。所有这些都可用于其他价值领域,例如文学和其他艺术领域的解释性主张。在这个意义上,一位解释者可能怀疑,由于《哈姆雷特》这出戏剧完全缺乏融贯性,所以不可能对其进行可理解的解释。在此,怀疑论者准备好与他所怀疑的论点的实质进行斗争;他需要融贯性来进行解释,而这里恰恰并不存在融贯性(正如阿基米德主义者要求"就在那里",而恰恰并不存在"就在那里"一样)。没有什么能够阻止怀疑论者采取更广泛的怀疑观点,比如说文学批评本身毫无意义,因为它试图从必然冲突的事物中整理出秩序,或者它处理的只是想象的产物,或者它并不服务于人类事务中任何有用或重要的目的。德沃金称这最后一种内部怀疑论为"普遍"内部怀疑论,因为其怀疑论对于文学批评而言是"普遍的"。与法律等社会制度相关的内部怀疑论也可能出现。一个人可能会认为,根据任何解释,裁决都没有意义,因为各种规则和原则在根本上都相互冲突,无法以任何方式解决或融贯协调。

外部主义的消失

接下来我们看一下德沃金 30 多年来对所谓"唯一正确答案"命题的观点的改进。下文,即在有关《刺猬的正义》的第九章中,我将讨论这个问题的不同层面,因为它最初是由批判发展而来的,即他倡导疑难——争议——案件中的论证是关于法律是什么的论证的观点。我认为我所记述的德沃金所说的一切都与他在《刺猬的正义》中所说的完全一致(其中一些观点在他 1996 年的论文"客观性与真:你最好相信它"["Objectivity and Truth：You'd Better Believe it"]中发表过)。[17]如果像独立性所要求的那样,价值只能从价值中推导,那么德沃金认为这无关紧要。他认为,这只是一种重申,价值存在于一个独立于科学的领域。科学也源于科学,事实上,人们甚至普遍认为这是科学的美德之一。问题是,我们对价值论证还没有像我们事实上对科学所有的那种信心,我们做价值论证的方式相对来说还不够成熟。鉴于过去 200 多年来科学的成功,科学方法主导了我们思考真理的方式,这并不足为奇。用德沃金的话说,道德哲学家——以及其他认为真理的科学解释也往往是价值所需的人——常常错误地极力主张"一种殖民哲学,要在价值话语中建立科学的大使馆和驻军,以提供适当的控制"[18]。

如果价值判断不可能为真或为假,那么价值的统一性就没有任何意义。证成将不再是个问题,道德判断将仅限于品味问题。然而,正如德沃金所指出的那样,对我们而言,言行就像存在道德真理那样,这很正常。在通常情况下,我们认为"只是为了好玩"而虐待婴儿的行为在道德上是错误的,这与其他人的看法完全无关,我们会毫不犹豫地对施暴者加以判断。我们通常认为,虐待儿童的错误性可以独立于我们对此事的"感受"描述来证成。另一方面,没有科学证据证明这种道德信念为真。人们的实际信念、过去的历史告诉我们的,以及我们所理解到的感受,往往毫不相干,并且无法指导我们。因此,对是否存在道德真理的广泛怀疑并不令人奇怪。

　　尽管如此,德沃金声称,对于价值的客观性并不存在威胁性的怀疑论立场。这种怀疑论要么是自相矛盾的,要么只是做出道德判断的一种迂回方式。然而,他热切地指出,存在一种并不会威胁到价值客观性的真正的怀疑论立场,因为它源于价值本身;基于这个理由——它内在于价值——德沃金称之为内部怀疑论。他举的例子是,由于文化差异,道德并不普遍适用。他指出,这陈述了一种道德观点(顺便说一下,他认为这是错误的),因为它声称,如果道德陈述的适用性跨越文化,那它就是错误的。德沃金一直很明确,他与内部道德怀疑论并没有深刻的分歧(那会挑战观点的融贯性),因为他认为,这种怀疑论表达了一种融贯的预设道德观。因而,他把精力集中在外部怀疑论者身上。他们的主张是,并不存在道德客观性,因为(1)假设世界上存在某些事物(德沃金称之为莫龙),据此道德判断可能具有客观性,这是错误的(谬误怀疑论者);或者(2)因为通常的道德判断可以以表明它们具有不同的主观状态的方式被重新描述(状态怀疑论者)。德沃金认为,谬误怀疑论者和状态怀疑论者都是外在于道德的。他们都认为,他们以一种超然和超脱的方式"从外部"来看待道德,并从这个外部角度对其做出价值无涉的判断。德沃金依次讨论了这些立场。

　　根据德沃金的说法,谬误怀疑论是自我挫败的(self-defeating),因为它依赖于这样一种主张,即仅当道德判断被经验上可确定的事实证明时,它才能为真,但它同时也主张不存在这种事实。接着他指出,这只是一种内部怀疑论立场。以堕胎为例,外部谬误怀疑论者认为,堕胎在道德上既不正确也不错误。德沃金承认,世界上并不存在使得这两种陈述之一为真的莫龙。但是,他指出,如果没有什么可以证明堕胎是对是错,那么根据外部谬误怀疑论者的说法,只能推导出堕胎在道德上是允许的。这进一步表明,"外部谬误怀疑论者"反驳了自己的主张,即一阶道德判断缺乏客观性(以及我们有关道德的通常讨论都是有缺陷的)。

　　另一方面,状态怀疑论是职业哲学家中的主要怀疑论形式。这种怀疑论使用了众所周知的一阶和二阶道德主张之间的区分。一阶主张是通常的道德判断;二阶主张是关于这种判断的,就像"2+2=4"这样做算术和"学校里教算术"这样谈论算术之间的区分一样。根据外部状态怀疑论的观点,道德的一阶主张不可能为真或为假,因为关于它们的二阶主张是,它们不是对任何事物的描述,而只是(情感或情绪的)"表达"。

　　总之,谬误怀疑论认为通常的道德主张是"误判"(misconceived,并不存在就在那里的莫龙),而状态怀疑论认为这种主张是"误解"(misunderstood),因为它们应以更为精准的方式来理解。根据德沃金的说法,状态怀疑论是一种流行的形式,因为它至少允许我们——不同于"谬误怀疑论"——保留我们诸如堕胎是错误的这样的信念。

　　但他指出,尽管状态怀疑论在哲学家中很流行,它也是自我挫败的。诸如"堕胎在客观上是错误的""堕胎是错误的为真"或者"堕胎是错误的是一种外部事实"等说法并没有增加任何意义。相反,这种表达方式只是一种强调,它们只是一种更形象地表达堕胎为错误的方式。正如谬误怀疑论者一样,既然状态怀疑论者否认这些,那么这种否认也肯定是一阶道德主张。德沃金并没有使用任何特殊的逻辑或技巧来建立这种直截了当的论证。那么，为什么这些道德主张与哲学主张不同呢？如果状态怀疑论者声称这些道德表达是我们语义学的一部分，那么他的主张就会被我们的语义实践所推翻，因为那些声称虐待婴儿为错误的人显然意在表达某种与"这是他们的感受"不同的东西；相反，它是产生这种感受的理由。他们当然不是在说，这对他们而言为真，对他人来说则不为真。

一些哲学家认为，我们的道德信念"其实"是对我们愿意实现的事态的渴求，因为信念不会成为理由。他们认为，既然渴求不可能为真或为假，那么就不存在什么道德客观性。但德沃金否认信念不会成为理由。首先，在许多情况下，我有一种渴求至少意味着我有一种信念（我渴望停止杀戮意味着我相信杀戮是错误的），并且在任何情况下，都有可能相信某些事情在道德上正确，但却有着完全相反的行动渴求。德沃金举了理查三世想要做他知道是错误的事情的例子："我打定主意以歹徒自许。"⑲

然而，另一种形式的状态怀疑论认为，二阶陈述并非一阶陈述的改写，而是存在于一种完全不同的哲学话语中。德沃金将理查德·罗蒂（Richard Rorty）作为这种论证的典型。对于解释文学作品，它很有作用。麦克白夫人在剧中做出了真实陈述，但在另一种话语中，由于她是虚构人物，所以她的陈述不可能客观为真。罗蒂将这种论证推而广之。例如，他指出，我们可以玩一个山脉的"语言游戏"，而这个游戏与是否真的存在那座山无关，所以我们也可以玩道德语言游戏。哲学语言游戏与道德是否客观毫不相干。"投射主义者"（projectivist）采取了另一条这样的路线，他们似乎主张，我们许下道德承诺，并按照道德的要求行事，但这些只是"投射"到世界上的承诺，因此并没有随之而来的客观性。德沃金指出，在这些情况下，语言游戏策略失败了，因为它没有提

138

供一个论证来说明为什么替代语言不是对原初一阶主张的重述。与文学作品不同,我们不能证明存在不同的语言游戏,它们的差异阻止我们断言道德判断在其各自的游戏之外为真。相反,我们非常清楚为什么《麦克白》是虚构的。(德沃金说,他看不出罗蒂使用大写字母——The World as It Is In Itself——有什么作用。)

　　德沃金在此取得了重大成就。他将休谟重新解释为一个支持价值独立于科学的人,而不是道德怀疑论者。休谟原则——如德沃金所谓——告诉我们,我们有信心寻找价值来证成我们的道德判断,因此根本不支持道德怀疑论。就他的著作来说,价值的独立性非常重要,它要求价值相互关联且相互支持。德沃金在这里也推翻了有关道德的二阶理论化观点。该领域被道德所占据(将其与科学或语言联系起来无关紧要),因此德沃金可以自由地完全基于评价性判断来发展全面的道德阐述。这就从所谓的道德或教化的形而上学中砍除了很多的朽木。长期以来,关于道德本身可靠性的争论一直存在于科学决定的现实阴影之下,这对道德极其不利。道德哲学家中的现实主义者试图展示莫龙与我们之间的互动,但失败了,而反现实主义者相信依赖精神的道德,他们存在于同一个阴影之下,因为他们不得不说,有鉴于现实主义阵营的存在,道德是以某种方式编造出来的,完全来自内部。正如德沃金所言,这是个"极为奇怪的任务。如果我们能够编造它们,它们如何能够成为价值呢?"[20]道德不可能仅仅是个品味问题,只与拥有这种品味的人相关。

　　德沃金关于怀疑论的论证给我们带来了什么呢? 我认为,关键的一点是,德沃金不赞成通过简单化的断言——世界上并不存在任何"客观的"东西,因此道德判断只是"意见"——来推卸掉一个非常重要的道德责任。我们的道德责任是对我们的观点公开负责。形而上学方法的

139

问题在于,它似乎否认了任何负责任论证的可能性。因此,它否认了除了宣布一个人将要做什么之外的公开立场的必要性。我们应该能够让怀疑论者为他的"意见"负责。无论如何,作为一个社会学问题,在法律的实践世界中,不仅普遍的内部怀疑论者很少(也许马克思算一个),而且外部怀疑论者对法律论证绝对没有影响:

> 怀疑论的挑战(被认为是外部怀疑论的挑战)对律师有着强大的影响力。他们说,在任何有关某个法律部门法律实践的最佳阐述的命题中,"那是你的意见"为真但毫无意义。或者他们会问,"你怎么知道?"或"这种说法从何而来?"。他们要求的不是他们可以接受或反对的情况,而是一场那些有智慧去理解的人们谁都无法抗拒的雷鸣般压倒性(knock-down)的形而上学演示。当他们看不见有这种力量的论证时,他们抱怨说法理学只是主观的。然后,他们最终回到自己的编织中——以正常方式提出、接受、抵制、拒绝论证,咨询、修订和部署与决定法律实践中哪些相互竞争的陈述提供了该实践之最佳证成有关的确信。我的建议很简单:这种初步的怀疑之舞既愚蠢又无用,它既没有增加也没有减少手头的事务。唯一有些价值的怀疑论是内部怀疑论,这必须通过与它所反对的论证具有相同争议性质的论证来获得,而不是通过一些强硬的经验主义形而上学的伪装来提前声称。[21]

当然,我们可以通过否认存在关于法律和道德问题的真正争议之可能性对这一切持怀疑态度。真的存在这样一种真正的主观怀疑者吗?

"压倒性"论证

人们喜欢演示、证明或以其他方式提供令人信服的"压倒性"效果的论证。因此,一种认为关键案件中的法律论证并不包含此类论证的理论就会显得很薄弱。然而,理论不可能因为人们希望它们错误便成为错误的,因此我们应当考察这样一种主张,即除非能够证明它们正确,否则便不可能存在正确答案。有些人反对存在为真的法律命题的观点,但会接受存在"最佳"或"更好"答案的观点。对这种观点的考察具有启示意义,因为它揭示了可论证性命题对人们的影响。对于一个不明显为真的命题,人们说它并不为真,"只是一个意见问题",这也很常见。但是,如果说一个命题是法律的最佳陈述,但它不可能为真,那就没有任何意义了。为什么不说表达其"最佳"观点的陈述就是为真的法律陈述呢? 进一步说,在清晰度方面取得了哪些进展呢? 此外,我们决不能把"尽最大努力"提出正确、为真的法律陈述与提出正确陈述混为一谈,因为我们当然可能是错误的。我认为,这种常见的困惑表明了人们对无法论证的真相的真正问题。我们怎么能知道、怎么能确定这个命题为真,或者"最佳"呢? 当一切皆不可能时,人们需要确定性。这并不意味着不可能存在正确或为真的命题。尽最大努力的法官可能会把法律搞错,但他的努力中最重要的部分其实是陈述正确的法律命题。

某种事物"只是我的意见"的事实并不会将其从真理舞台上排除出去。过去人们的"意见"是世界是平的,但现在看来,这种意见是错误的。我们总是提出结果证明为真或为假的意见。实际上,"在我看来"这个短语的作用通常正是为了承认这样一个事实,即言说者承认他可能是错的,因此意见可能错误,也可能正确。这里需要关注的一个更进

140

一步的问题是,律师们所共享的"为真"这个概念是否是好的或者明智的。鉴于他们确实使用了为真概念,该概念可能是混淆的或错误的,就像主张人们曾经认为世界是平的是混淆或错误一样合理。

有两件重要的事情需要考虑。首先,一个超越可证明性的为真概念是可供人们普遍使用的好的概念吗? 例如,我们可以通过考察话语的其他领域来回答这个问题,看看对它来说是否存在一般用法。其次,如果它适用于一般用法,是否存在特殊原因使得律师使用它的话会不明智呢? 请注意,我们可以对为真不可能超越证明的断言进行简短的处理,因为这个断言本身就不可能被证明为真。考虑一下可论证性命题的以下陈述:

> 只有能够被演示或证明为真的命题才有可能为真或为假。

我们无法证明这一点为真。支持可证明性者断言这一点,使自己　　141
陷入难堪境地。我认为有关德沃金"唯一正确答案"命题的很多谬论到此为止。在有关德沃金的研讨会上,我看到恼怒的人们浪费了太多时间,他们从开始(无视他所要说的实质内容,例如关于权利)到最后都在说:"但这只能是你的主观观点,德沃金教授,因为你无法证明这一点。"争论令人尴尬。令人感兴趣的问题是,是什么导致他们接受可证明性命题呢? 它有什么值得称许的吗? 更重要的是,采用它还是采用某种其他的真理标准或定义,是在我们能力范围之内吗? 毕竟,我们可以采用定义(或者假定、公理、指南、规定等)来指导我们在其他领域的推理,比如几何学、经济学或战时代码。之所以选择这种假定,不是因为它们为真,而是因为其他原因。"猫在垫子上"可能是个不切实际、行不通的代码,因为用它表示"导弹击中目标"太容易被破解。因此,如果实用性考虑是证成至少某些假定的线索,那么现在将其视为一种假定,这种考虑是否与法律中采用可证明性命题相关呢? 我的观点是,法律中采用可证明性命题的理由最终只不过是实证主义的理由。据说,只有当法律的存在与否、为真或为假、有效或无效可以通过参照实际的官方实践来证明,以便"不确定性缺陷"可以得到矫治,或者合理期待可以实现时,法律才可以被视为"存在",即为真或为假、有效或无效。

然而,反对这一观点的论证涉及什么是切实的法律和法律论证的观念的问题,而不是依赖于某种"就在那里"的确定不变的真理观念的论证。换言之,诉诸可证明性命题,就好像它是个独立论证一样,具有误导性。

并非默认"没有正确答案"

在价值领域,德沃金并没有说总是存在一个正确答案。相反,他主张的是,并不存在任何正确答案不符合事实。因此,他认为在各种重大问题上都存在正确答案(像你我一样,他认为,我们不虐待儿童是正确的),但在诸如红葡萄酒是否比白葡萄酒更"名贵"等问题上则并不存在正确答案。然而,由上述他的主张可以看出,他认为评价领域中是否存在一个正确答案的问题本身就是个评价问题。许多哲学家主张,在这种领域,从不确定性——无法像阿基米德式命题所要求的那样具有"压倒性"——可以默认推导出该问题不可能存在一个正确答案。

以堕胎是否邪恶为例。在此存在争议,并且对于某些界定明确的情况,人们可能不能确定答案。然而,从我们不能确定的实际心理状态并不能推导出,该问题没有对错之分。这并不是说所有不确定的判断都缺乏真值。如果毕加索或贝多芬都不是比他人更伟大的艺术家,那便意味着他们之间(该种类型)的比较是不确定的。但这完全不同于下述主张:我不能确定毕加索或贝多芬是否更伟大,因此我无法为任何主张一者比另一者更好的陈述赋予真值。主张一件事不确定,需要的不仅仅是心理状态(无论是我不能确定的状态,还是由于两个或两个以上的人有着不同观点而产生的不能确定的状态)的记述,事实证明,该论证必须与说某个特定价值是确定的论证具有相同的顺序和要求。换言之,不再存在什么阿基米德式的支点,可以让价值判断——不论确定还是不确定——据此被评价为真与否。正如我们所见,德沃金认为,就文学解释中的内部怀疑论而言,可能存在很好的论证。尽管如此,他也指出,识别冲突是合理的,因为看到冲突往往是一种使得我们寻求"更深层次的分歧理解"的更具建设性的判断。

　　我们应该回到法律上来。德沃金认为,实证主义在法律争议问题上采取了默认路线。在法官、律师和法科学生不能确定法律是什么的疑难案件中,实证主义认为可以推导出该问题并不存在真理,因此所谓的法律主张既不可能为真也不可能为假。因此,当法官做出决定时,他们是在制定新法。由于默认论证是错误的,我们完全有理由假设,律师等通常的法律人士类型所提出的各种理由是决定法律主张是否为真的理由,因此可以说,真理标准并不包含在某种阿基米德式体系中。这一结论消除了许多一直困扰着据称对法律推理是关于什么持怀疑态度的误解。德沃金的警告是,任何其他类型的路径都是浪费时间,因为它们离题甚远。

简短的总结

143

　　很明显,德沃金不是一个将他"自己的价值"强加于他人生活的彻底的主观主义者。认为任何人都能有力地表达自己的观点,这是一种粗略但极为流行的观点。很明显,他从来没有声称过,只要我们能找到,所有埋在某处的道德问题都存在"唯一正确答案"。建立在(正如我所指出的)理性和承诺基础上的中间路线是否可行呢? 为了考察这种中间立场的可行性和可取性,你必须问自己两个问题:第一,道德判断是否应该受到任何形式的理性筛选(尽管不一定是其产物),或者它们本质上只是武断的断言吗? 第二,当你自己做出真正发自内心的道德判断时,你真的相信你所断言的并不为真吗?

　　我们现在应该已经了解了德沃金关于社会实践之解释性质的观点,以及他关于法律实证主义之基本简单化和整全性之优越性、灵活性和复杂性的观点。我们也赞同他关于某些富有争议的命题的客观性的观点。接下来有必要考察一下他所指出的人的平等客观价值的基本理念与整全性观念之间的联系。我们也已经看到了德沃金在社群观念和通过整全性观念组成社群的公民待遇之间建立联系的方式。"将人们作为平等者对待"到底是什么意思呢?"将人们作为平等者对待"极为抽象,而它正是德沃金最基本的观点之一,我们现在对此详细考察。

第八章　将人们作为平等者对待

在讨论德沃金使法律具有"最佳意义"的观点时,我曾指出驱动他的政治哲学的抽象原则之一是政府应该将其公民"作为平等者"对待。在解读德沃金的过程中,有必要始终遵循这一支配性原则。既然它如此抽象,我相信很难对其持反对意见。毋宁说,令人感兴趣的论证取决于平等在特定情况下意味着什么。简言之,德沃金反对基于某些人不如其他人有价值而进行的歧视,他支持民主,因为民主以平等的方式分配政治权力。此外,他认为社群资源的分配涉及的必然只是经济资源:首先是因为任何关于人类生活相对价值的判断背后都是有关可用资源的假设,其次是因为为人们提供资源保障就是承认他们对其使用的自由。因此,对他来说,平等与自由不可分离。由于一个人的自由权利受到限制——或者,用他的话说叫"参数化"——这便意味着,在公平的资源分配方案中,过着伦理上不同生活的人们可以从自己的角度认可政治方案。但这种简短总结只是浅尝辄止,我们必须首先从最抽象的层面上探讨将人们作为平等者对待这一观点的内容。这一观点带来的问题,以及德沃金对它的处理方式,将贯穿本书的剩余部分。

平等的吸引力

我们需要证成人们应被作为平等者来对待这一律令吗？我们应该

145 这样做,理由有二。其一是,平等的理念在政治辩论中以一种松散而未
经检验的方式被大加争吵。平等被认为是自由的敌人。例如,那些倡
导"平等"的人往往主张减少或限制私人医疗或私人教育,其理由是,通
过有序的公共分配,福利将被更加平等地落实。常见的批判意见是,这
种公共分配剥夺了人们在医疗和教育问题上做出自己决定的选择。一
个人选择自己要做什么的自由是他成为一个人的部分条件,这一论证
对我们有着强大的影响力。另一方面,平等主义者显而易见的反
驳——为什么一个人的自由要以牺牲另一个人的自由为代价?——也
具有强大的影响力。平等和个人自由之间这种表面上无法解决的冲突
会让人们选边站。我们可以看出政治左翼和平等(不论它是温和的福
利自由主义还是共产主义)与政治右翼和个人自由(也存在两极)之间
的联系。这种看似如此的冲突令人遗憾,因为即使从表面上分析,自由
和平等不相兼容也绝非明白无误。德沃金比任何人都更进一步,他认
为两者是不可分离的概念。对他而言,每个理念都强调了另一理念的
重要方面。因此,至关重要的是,人们不要被这些术语的常见理解所
左右。

　　第二个理由是,正如伯纳德·威廉姆斯所指出的,平等理念要么太
强,要么太弱,以至于无法起到太大作用。[①]强意义正如法国革命者在
《人权宣言》第一条中所宣称的那样,"人生来就是而且始终是平等
的"。从能力、财富、地位、长相、身高甚至体重等来看,这种说法显然是
错误的。杰里米·边沁注意到了这一点,当时在其著名作品《无政府主
义的谬论》(Anarchical Fallacies)中评论道,由此可以推断,疯子可以把
神智正常的人关起来,白痴则有权统治![②]

　　为了更有意义,我们应该转向一种较弱的平等意义,即人作为人是
平等的,用威廉姆斯的话说,也就是他们在共享"共同人性"(common

humanity)方面是平等的。这将强意义从谬论中拯救出来,尽管这也意味着我们在如何将人视为人方面没有得到任何明确指导。毋宁说,我们只是被提醒所有人都是平等的人这个事实。当然,平等理念中的主要问题在于回答人们应该如何被视为"目的"。尊重一个人意味着从"人的角度"看待他。因此,我们在这个人和他所拥有的特定地位或"头衔"之间加以区分,我们认为,当人们不再将头衔与"拥有该头衔的人"加以区分时,正义便不复存在。忽视这种区分的等级社会更为贫乏,因为人们普遍接受头衔和地位是注定的、不可避免的。此外,在这种社会中,一个重要的问题是,等级较低的人认许自己的低下地位为可接受的,就像那些高高在上的人认许他们之前的低下地位符合事物的正确秩序一样。每个人都接受"自己的命运"不可避免。

当然,社会中的各种资源都是有限的,因此必然会形成某种等级制度,尽管不一定是命中注定的等级制度。那么,如何赋予平等以意义呢?威廉姆斯认为,该理念在于对机会平等的正确理解,从而将机会平等与人的平等联系起来。他的论证首先依赖于将人们与他们的地位区分开来,并从"人的角度"看待人们;其次取决于理解作为环境(人们在其中被剥夺资源)的结果,他们没有真正的获得更高等级地位的可能性。用威廉姆斯的话说,我们必须能够将人们从其"可治愈的"环境中抽象出来。

一些哲学家认为平等并不能为以任何方式对待人们提供实质性理由。以颇具代表性的约瑟夫·拉兹的观点为例,[③]他区分了弱平等的三种意义。首先,他认为平等只是他所谓的"闭合"(closure)原则,它意味着一种仅适用于其中实例——比如"每个人都享有平等的受教育权"这种陈述——的一般规则。他指出,这只不过表明了人们有权接受教育,并提醒只有人性的品质才具有相关性。换句话说,该表述的作用是通过人之为人的理念完成的(或"闭合的")。第二种意义更丰富。这就是平等主张指向的是实际存在的分配不平等,例如"人们有权拥有别人拥有但自己没有的东西"。拉兹认为,这种意义更有前途。它更接近于法国《人权宣言》签署者表达的情感。拉兹指出,和许多其他原则一样,这一原则可以通过向下拉平而非向上拉平来满足。④事实上,除去其修辞装饰,该原则只不过是在说,人们有一个共同的人性。第三种意义是拉兹所说的"修辞的"平等。根据这种意义,诉诸平等具有良好的修辞效果("我们作为人都是平等的"),但没有实质的智识基础。如果这种修辞能够带来更好的沟通,他并不反对这种修辞,但他认为这是一种智识上的捏造。在他看来(其他许多人也是如此),"所有人都有权得到平等尊重"这一说法也可以被理解为"人以其为人作为获得尊重的基础"。

我并不认为这些批评意见很有分量。当然,当你说人们作为人应该被平等对待时,你说的是一句很有道德意义的话,因为这会把注意力从与他们无关的特征上移开,转到是什么使他们成为人上(夏洛克:"若你戳刺我们,我们不会流血吗? 若你呵我们痒,我们不会发笑吗?")。如果你只是说"人应该得到尊重",那你说得还不够,因为这与说"嗯,这个人比其他人更不值得尊重"没什么区别。法国革命者所说的"平等"意味着:法国贵族仅仅凭借运气就拥有比其他人多得多的东西,这是错误的。他们是在主张,这些属性与我们身为平等的人无关。

德沃金在将人们作为平等者(as equals)对待和给予人们平等待遇(equal treatment)之间所做的区分非常有用。他指出,首要的理念是将人们"作为平等者","平等待遇"的理念只是源自前者。给予人们平等待遇意味着就资源而言,给予残疾人和非残疾人的同样多。换言之,它并不敏感于人与人之间的差异。这两种理念的混淆会导致人们拒绝将平等作为一种道德理想。德沃金认为,如果我们应该优先考虑将人们作为平等者对待这一律令(这被认为是政治哲学中最为抽象的律令),那么我们将会进而认为,残疾人有的不是得到平等待遇的权利,而是得到不平等待遇的权利。根据首要的抽象原则,残疾人必须有权获得更不平等的资源来补偿。如果我有两个孩子都得了同一种病,其中一个已经濒临死亡,而另一个只是感到不舒服,在我掷硬币来决定哪一个应该服用剩余的药物剂量时,我并没有表现出平等关怀。这个例子表明,作为平等者被对待的权利是基本的,而平等待遇的权利是派生的。在某些情况下,作为平等者被对待的权利必然要求平等待遇的权利,但无论如何,并不是在所有情况下都如此。⑤我认为,绝对平等论证之所以成功,是因为我们在本身就已自足的"平等"论证(允许我们为了"闭合"原则而放弃平等)和"人性"论证之间划出了太明显的界线。但我赞同德沃金所谓人性之内存在平等的观点:除非你认为人们在某种重要意义上与你平等,与你一样具有平等的客观道德价值,否则你无法尊重他们。向下拉平与不尊重他人是一致的:毕竟这只是算术,而与道德高度脱节。这并不是说向下拉平可能被平等所要求,比如说,那种认为关闭"白人专用"的高尔夫俱乐部更好的平等。

148

平等与功利主义

对于平等权利和功利主义之间的关系,德沃金有一个令人感兴趣的观点。他通过直接诉诸政府应致力于最大限度地提高公民的平均福利这一功利主义信条的直观理解,将它们联系起来。他指出,它的"巨大吸引力"归功于固有的平等主义前提,即在最大幸福的计算中,任何人都不能比其他人获得更多的权重:

　　因此,功利主义的政策论证似乎并不反对,反而是体现了获得平等关怀和尊重的基本权利,因为它们以与其他任何人的愿望一样的方式来对待社群每一成员的愿望。[⑥]

　　在此,平等理念来源于功利主义中人的非特定性。约翰·罗尔斯曾说过一句著名的话,功利主义"一视同仁"(no respecter of persons),这是指功利主义的恶性一面。对该学说最著名的批判利用了这一恶性特征,指出功利主义计算,例如涉及巨大的财富失衡的计算,可以为少数人的巨大痛苦辩护,只要能使绝大多数人的总体幸福获得边际收益。相反,德沃金指出了功利主义的良性一面。他强调,最大幸福是最大多数的,因此,根据人们是痛苦和快乐的数、点或承受者的事实,他们被平等区分。这符合人们应被公正对待的原则;从功利主义角度看,似乎颇为清楚的是,任何人都不应比其他人计数得更多或更少。

　　从历史上看,我们很难不赞同德沃金的观点,因为功利主义的发展伴随着自由主义和平等主义改革的并行发展。功利主义计算中包含着平等前提,这一论证是强有力的。简明扼要地说,功利主义空洞的数字取向强调了平等的重要性;最大化取向则强调了我们福利的重要性。德沃金的论证与该学说的许多解释大相径庭,这一点引人关注。对他而言,功利主义的吸引力在于它对下述观点的谴责,即一种生活方式从根本上比其他生活方式更有价值。因此,例如,如果一个社群只能为其部分成员提供足够的药物资源,那么必须首先治疗病情最为严重的人。或者,如果更多的社群成员想要一个新的游泳池而非剧院,那么游泳池便排在第一位。任何人都不应因其天生就更值得被关注(被"评级更高")而被偏袒,戏剧爱好者的愿望也不应因为戏剧比体育更值得关注而被偏袒。梳理出"任何人都只能被计数为一个"这个前提后,德沃金在一个人的个人和非个人(或"外部的")偏好之间进行了区分。一个人的个人偏好是与他自己的生活相关的,非个人的外部偏好则涉及他认为其他人应该如何生活。德沃金认为,非个人偏好的满足会破坏功利主义,因为它违背了功利主义的要求,即偏好的价值不应在整体计算之中。如果非个人偏好被计算在内,那么就存在"重复计算"(double-counting):某个偏好另一个人应该如何生活的人可能会否定该他人的偏好。在现实世界中,往往不可能将个人和非个人偏好分开,因为两者通常都用一种陈述来表达。以偏好全都是白人的法学院的白人应试者为例,这可能是因为(1)这增加了他的录取机会,(2)他不喜欢黑人专业人士,他不赞成黑人从事专业工作。反对重复计算的实质性论证也存在问题,因为一个人可能不是为了自己,而是为了他人的利益而投票。问题出在哪里呢?是出在他会有效地取消一个希望过上他所不赞成的生活的人的投票吗?这看起来并不像是重复计算。

在"福利平等"("Equality of Welfare")一文的结尾,德沃金重新考察了平等功利主义的概念,并指出为什么它不能"声称提供了完全合理的一般政治或道德理论"。例如,平等功利主义者必须解释,为什么以最大化平均痛苦为目标不如以最大化平均幸福为目标,为什么尽管它改善了少数人的处境,一场导致数千人死亡的自然灾害仍是令人痛惜的。[7]德沃金之所以这样说,是因为平等功利主义的目标是基于数字原则的福利最大化("任何人都只能被计数为一个"),它并不将福利视为善本身。这只是对拉兹所定义的平等的空洞意义的援用。德沃金认为,对这两种情形之问题的解释在于进一步的政治原则,其中一种坚持,那些以他人的失败或痛苦为目标的人,并没有向他人展示人们至少有权获得的关怀。[8]他认为,我们在自由社会中确立的众所周知的基本权利,即通常以"权利法案"的名义集合起来的权利类型,其最佳理由

150

是,它们是通过抵消现实世界中很难不发生的重复计算之影响的经验
而获得的。在他看来,个人的性关系中言论自由和选择自由的权利应
该得到捍卫,因为政治进程通常无法进行必要的甄别,以消除对这些活
动的价值的不同看法。

　　同样令人感兴趣的是注意到基本权利的这种情况的偶然性和历史
性本质。因此,经常对自由主义者提出的指责,即支持一般的言论自由
权利而非一般的财产自由权利是不一致的,并没有实质内容。由于潜
在的腐败可能性而维持言论自由权利的论证与确立基本财产权利的论
证具有不同的历史特征。社群对财产权利的一些限制并没有明确表示
对平等关怀和尊重的权利的否认。⑨德沃金对功利主义的著名解释与权
利作为王牌的观点是一致的,因为粗略言之,如果平等是更基本的原
则,那么它应该胜过由其产生的任何结果。在我看来,作为王牌的可能
性表明,平等功利主义并非真正的功利主义。然而,德沃金认为,有明
显证据表明,他所讨论的英美社群的传统受到某种形式的功利主义的
推动,但他显然不是功利主义者,因为如果他是的话,他的所有工作都
会失去意义。尽管如此,他与功利主义的短暂合作在现实世界中是明
智的。在现实世界中,我们必须对我们现有实践的意义进行解释,如果
这些实践是功利的,就必须赋予它们最佳意义。令人感兴趣的是,他在
平等功利主义和代议制民主之间建立了强有力的联系。例如,在第六
章中,我考察了他的下述观点,即在现实世界中,公民与其中政府真诚
地认为公民应该被作为平等者对待的社群存在利害关系。德沃金在他
的论文“自由主义”(“Liberalism”)⑩中断言,即使面对绝大多数人的要
求,保护言论自由或性偏好的主张也是民主的。这向我们表明,他的观
点是,这些社群的政治和功利主义文化需要被解释为平等功利主义。
换言之,他认为,在现实世界——其中,在某种形式的功利主义是对正

义的适当检验的传统下,政治家们诚信行事——我们可能与我们的社群在道德上存在利害关系。

平等与功利主义经济学：芝加哥学派

正如我们所见,德沃金对所谓的芝加哥法律与经济学学派——波斯纳对此提出了最为清晰的阐述——的抨击,是基于他对抽象平等原则之认可的抨击,针对的是一种高度不受约束的功利主义形式。只有对经济市场进行一些阐述,我们才能清楚地看到法律与经济学运动主张的是什么。可能最便捷的方式是通过帕累托主义(paretonism)的概念,这是以 20 世纪经济学家帕累托的名字命名的。帕累托主义是一种主要根据双方之间的关系来衡量福利增长的标准。如果与 B 情形相比,A 情形下至少有一方的福利增加——"境况改善"——且任何一方的福利都未减少,则 A 情形相比 B 情形为帕累托优化(pareto-superior)。帕累托最优(pareto-optimal)情形设想了帕累托优化式改变的可能链条的终点,即在这种情形下,任何改变都不可能使至少一方的境况变好而又不使他方的境况变糟。应该看到,这一标准意味着一种分配约束:没有人会输。在经济学话语中,帕累托优化情形"在道德上具有吸引力",因为并不存在"失败者"。但在现实世界中,情形大相径庭。市场存在"缺陷"。完美的市场交易是当事人讨价还价,作为"理性最大化者"行使他们的自由会对双方都有利。例如,市场并没有被垄断所"扭曲",当事人拥有"完全的知识",并且不存在"交易成本"。这个粗略的定义被广泛接受为一个基本的理解平台。但在现实世界中,帕累托优化的情形事实上非常少见,因为几乎总是会有第三方境况变得更糟,例如,一名当地商人被甲和乙之间的交易抢走生意。为了应对现实世界的实际情况,芝加哥学派的法经济学者采用了另一种看待市场的方式。该学派采用了一种通常被称为卡尔多-希克斯标准(Kaldor-Hicks criterion)的不同标准。这种标准衡量的是财富增加而非福利增加。此外,它还将是否有人的境况变得更糟考虑在内。该标准只要求创造的财富足以补偿境况变得更糟的人,而对于补偿没有任何要求。卡尔多-希克斯标准是成本-收益分析的通常会计形式。

152　　　　一个例子是一家工厂搬到另一个租金和劳动力更便宜的城镇。它所搬离的城镇会有损失,但新工厂和它搬到的城镇获得了足够的收益,原则上能够用金钱补偿受损失者。既然如此,这便产生了整体的经济效益。简言之,成本-收益标准是以财富取代福利,并且去除掉分配因素(没有人会变得更糟)的帕累托主义。这个简单公式表明,卡尔多-希克斯标准相比于帕累托主义只有有限的道德吸引力,尽管它当然是衡量财富流动总体影响的有用方法。令人惊讶的是,波斯纳采用这一标准来衡量法官应该如何裁决一个法律案件。为了规避他观点中显而易见的卑劣之处(法官竟然成了一名会计师),他试图以当事人已经对这样的会计结果予以事先同意的观点——经济学家所谓的事先同意(ex ante consent)——来控制帕累托主义中的自治部分。他指出,诉讼各方事先接受或同意法庭案件的结果,因为他们事先同意根据财富最大化原则来分配权利:

> 这里使用的同意概念就是经济学家所谓的事先补偿。我认为……如果你买了彩票却没有中奖……你已经同意接受损失。[11]

德沃金认为,波斯纳将关于同意的理念(他旨在借此引进真正的自治行使)与公平相混淆,这一说法肯定是正确的。波斯纳似乎设想了实际的同意,他说他自己的论证改进了罗尔斯原初状态的那种虚构的同意,因为财富最大化下的同意涉及在他所谓的"自然"无知下做出选择的实际的人。在诉讼案件中并不存在实际的同意,因为论证必须基于自利(那显然不可能)或者公平。对波斯纳为自己的辩护而言,彩票类比也是最令人遗憾的论证形式,因为这是有偏见地诉诸他对诉讼事务是什么的理解。鉴于他所接受的法律训练和法官身份,这一点尤其令人感兴趣。因此,如果问题在于公平,那么波斯纳有关财富最大化之正义的论证便是循环论证。他无法将公平引入他打算用来向我们展示财富最大化就是公平的模式。

　　一些法律经济学家采用了不同的策略。他们主张,失败者要承受"道德败坏成本"(demoralization cost),包括承认一项结果不公平或"在道德上没有吸引力",并且这些都应该得到补偿。但你不能仅仅"收买"一个不公平的结果;真正的不满很可能会继续存在。无论如何,它都无法绕过这个问题,因为效率标准不要求失败者得到补偿。德沃金基于最佳解决方案是以正义换取效率,对波斯纳的理论和卡拉布雷西(Calabresi)有关法院财富最大化的部分辩护进行了深思熟虑的抨击,就此我推荐他的两篇论文:"财富是一种价值吗?"("Is Wealth a Value?")和"为什么是效率?"("Why Efficiency?")。[12]

　　波斯纳的法律的经济分析兴起于 20 世纪 80 年代。尽管法官很少这样做,但现在在法学院以这种方式分析案件是很常见的。这只是一种特殊类型的功利主义,它特别容易受到一种批判,即以敏感于一致性和平等——换言之,德沃金的整全性——的方式适用法律对诉讼当事人之公平具有重要性。它的衰落源于它缺乏财富最大化以外的分配原则。波斯纳的经济学比德沃金所解释的平等功利主义更粗糙,因为后者需要平等主义的约束:从某种意义上,"任何人都不比其他人计数得

153

更多或更少"比单纯的"闭合"或"数字"更重要。波斯纳式法律与经济学的致命之处在于它抛弃了帕累托主义，后者要求没有人的境况变得更糟，这与"卡尔多-希克斯"成本-收益分析不同。换言之，德沃金认为，波斯纳"不论是在疑难案件还是简单案件中，都无法为普通法裁决提出真正的帕累托证成。他那帕累托主义的条件放宽版本只是带有所有缺陷的功利主义而已"[13]。

反向歧视

　　我们已经看到，对德沃金而言，整全性的重要理念是如何通过友爱和社群的中介与平等理念联系在一起的。国家必须将其公民作为平等者来对待，因为正是这一理念赋予了每个成员都具有平等道德地位的社群理念以纯粹血统。将人们作为平等者对待的理念要求，在理想世界中，国家必须平等公正地对所有人说话。德沃金曾多次将赫拉克勒斯式技术应用于美国和英国法律的各个领域，例如与废除奴隶制[14]、反向歧视[15]、言论自由[16]、刑事诉讼[17]、隐私权[18]、堕胎和安乐死[19]有关的案件。如果我试图公正地处理他在所有这些案件中的微妙论证，这将使本书篇幅过长，并破坏其目的。我已经讨论过他对隐私权案件的部分分析，[20]他的许多分析读起来就像是思路清晰且深思熟虑的司法判决。我将考察其中一项分析，即"反向"或"肯定性"歧视的问题。这个问题可以简单陈述，它非常清楚地表明了德沃金是如何将政治和道德论证视为对于法律论证而言不可或缺的。尽管他在很大程度上认为该问题主要涉及宪法，但它还具有更广泛的重要性。在美国宪法中，立法是否违反平等是个明显的法律问题。由于这相当于对一种道德观点——反向歧视政策并不一定违反平等——的论证，因此德沃金观点的适用范围更为广泛。

首先,我们必须了解一下法律背景。美国宪法第十四修正案规定,任何一州都不得拒绝给予任何人以平等法律保护。反向或肯定性歧视方案给予少数群体以优惠待遇,其目的是提高该群体在社群中的地位,从而减少整个社群对它的偏见。问题是,在州法律允许的情况下,第十四修正案是否禁止此类方案。问题不在于此类方案是否真的能够减少社群偏见,因为这个问题是个经验问题。显然,如果反向歧视方案事实上不能减少偏见,那它便不能被证成。毋宁说,问题在于此类方案在原则上是否能被证成。换言之,此类方案的存在本身(无论它们是否真能发挥作用)是否就违反了平等保护修正案呢? 我的经验是,许多人并不能清楚地将这两个问题区分开。他们认为,如果此类方案能够被证明不起作用,那么谈论平等问题就没有任何意义了。但这是否定该问题的愚蠢方式,因为不同类型的方案可能会被设计出来并且确实起作用,它们不起作用的纯粹事实并不能成为充分的理由。如果一个人真的被剥夺了获得平等法律保护的权利,那么因为他的权利被剥夺,某些善好的社群目标是否得到了促进的问题就无关紧要了。毋宁说,这个问题要被作为一个平等法律保护的权利问题来解决。

请注意,这个问题既是法律问题又是道德问题。在确定反向歧视在法律上是否能被证成时,我们必须就平等需要什么展开辩论,这是个道德问题。在接下来的讨论中,我们要将实证主义法律观牢记于心。对德沃金的一个常见批判是,诸如"平等法律保护"等法律术语的"固有模糊性"证明他的理论是错误的。该批判意见指出,这些术语不能被任何足够可控的论证"填充",从而被描述为"法律的"。让我们举例分析。1945 年制定的得克萨斯州法律规定,只有白人才能进入得克萨斯大学法学院。经过长时间的诉讼,最高法院在 1949 年以违反第十四修正案为由推翻了这项州法。[21]有关反向歧视辩论的大多数参与者都接受这一判决。得克萨斯州的法律是一项基于种族偏见的法律,仅仅因为某些人是黑人,这项法律便剥夺了他们像白人一样成为律师的机会。在这一论证发展的这个阶段,特别重要的是如下事实,即在得克萨斯州,州立大学法学院在为候选人做进入律师界的准备方面具有独特的地位。鉴于这种地位,受隔离的黑人教育场所事实上不可能是平等的。这种招生政策总是被认为是"平权行动"(affirmative action)方案的必要组成部分,后者的目的是提高少数群体在法律(或医疗等)职业中的地位。有必要指出这一点,以说明为什么后来的布朗诉教育委员会案(*Brown v. The Board of Education*)还需要就一些事项做出判决。[22]我们应该将这一案件与后来的案件进行比较,其中州法律允许法学院在招生计划中为少数群体分配一些名额。他们必须有足够良好的学术记录才能参加课程,但除此之外,他们的入学不受非少数群体成员入学所需的平均成绩的影响。因此,会有一些非少数群体的申请者未能被录取,尽管他们的平均成绩要比被录取的少数群体更高,甚至高得多。这是否剥夺了这些申请者的法学院入学资格,剥夺了他们受到平等法律保护的权利呢? 换句话说,对得克萨斯大学法学院的判决是否完全适用于他们的案件呢?

　　"平等"是什么意思? 如果一个人有权获得"平等法律保护",那么我们可以合理地假设,这意味着法律必须包含人们有权依法被作为平等者对待的原则。原则必然是,法律不得带有偏见。或者换一种说法,法律的制定绝不能因为一些无关、任意,因而带有侮辱性的理由,比如皮肤是黑色的,而使人们处于不利地位。这似乎是对第十四修正案的一个相当没有争议的理解。用德沃金的论证来说,对其解读应体现最佳道德意义。它如何适用于反向歧视方案呢? 分数较高的多数群体申请者是否因为偏见和侮辱性的理由而被剥夺了进入法学院的机会呢？
这很难说，因为它是旨在减少种族偏见的政策的一部分；只是多数群体
申请者由于该政策而处于不利地位。对于任何政策来说，肯定总是会
有人处于不利地位，关键在于他并没有因为偏见而处于不利地位。多
数群体申请者因为被剥夺了进入法学院的机会，从而被剥夺了平等关
怀和尊重的权利吗？他被认为和其他人一样。他的成绩被发现低于多
数群体申请者的分界点，而那是歧视方案所确立的。这里的意思是他
低人一等吗？不，该政策肯定了多数群体和少数群体的平等。不那么
值得尊重吗？不，该政策肯定了尊重的平等。比少数群体申请者更不
值得关怀吗？不，因为该政策并不否认来自多数群体的申请者应该被
录取。

　　这个论证很有吸引力。作为一个原则问题，在得克萨斯州用一个
明显带有种族偏见的案例来阻止一项旨在减少种族偏见的方案是荒谬
的。其他政策并没有造成这种有关歧视的困难。例如，要修一条必须
通过许多房屋的高速公路，这些房屋必须被拆除。房屋所有权人很失
望，他们处于不利地位，他们受到了损害，但他们没有受到侮辱或被剥
夺平等尊重。在某种程度上，财产所有者比反向歧视情况下的失败者
拥有更充分的理由，因为他们至少有权拥有自己的财产，而在正常情况
下，没有人可以声称自己有权进入法学院。即便如此，该权利充其量也
只是一项获得赔偿的权利，而不是一项会导致高速公路计划被放弃的
权利。（我们需要构想一项管理得当的高速公路计划。例如，如果州法
律要求高速公路通过黑人聚居区，目的只是避免给白人带来不便，那么
第十四修正案的问题就会出现。）

　　然而，德沃金似乎容许以下情况。比如，"二战"刚刚结束时在得克
萨斯州只培养白人律师，这可能是个商业上明智的决定。或者，如果黑

人被录取,校友们给得克萨斯大学的捐赠将大幅减少,其后果可能超过因持续歧视给黑人造成的任何损害。这些商业政策可以通过不带偏见的个人投票获得批准。显然,最终这些结论都迟早将取决于偏见思维。个人投票产生的多数决结果可能会支持这种歧视性的政策。德沃金将"理想的"论证与功利主义论证进行了对比,他指出,得克萨斯大学无法为其歧视提出"理想的"论证,即通过主张歧视会导致一个更加公正的社会来为歧视辩护。而在另一方面,反向歧视可以,因为其目的是减少对少数群体的偏见。这一阐述很有启发性。我认为,这表明了德沃金所谓权利"作为王牌"的观点的解释性特征。要说功利主义的最佳形式是纯正的功利主义,因为它考虑到了我所说的"数字"公平观,这并非对于功利主义的赞同。权利是对社群实践的约束,这些实践包括证成旨在改善社群目标的决定。

该阐述对于理解社群如何就性行为问题(包括色情制品消费)立法极其重要。社群中的多数派可能希望,通过个人投票,支持某种特定的社群"纯净"(cleanliness)或"道德环境"。个人和非个人偏好之间的界线在哪个点上被越过了呢? 我们可能想沿着公共行为和私人行为之间的粗略区分来划定界线,并采取强硬路线,即只有敏感到变态的人才会反对发生在视线之外的少数派性行为。这便是例如威廉姆斯委员会(Williams Committee)在 1979 年采取的路线。[23]或者按照密尔式传统,我们可以尝试对"伤害"进行某种界定,也许——就像拉兹所做的那样——可以把限制自治(restriction of autonomy)的观念也囊括进来。[24]

在《法律帝国》中,有一个针对反向歧视观念的更加充分的证成,尽管它与迄今为止描述的论证是一致的。德沃金没有明确提到个人和非个人偏好的概念。他转而更倾向于认为存在某些"被禁止的"偏见来源(我认为,这必须被理解为包括非个人偏好的观念)。简单说,我们必须努力减少潜在偏见决定的作用。这个理念是支配性的（ruling）。他指出，由于历史原因，基于某种种族特征（如作为黑人）的歧视必须始终是"可疑的"，这一观念更为可取。而且，在大多数情况下，这种分类类别只能被禁止，这一观念也更为可取。为什么偏见是支配性理念呢？一如既往，德沃金认为，除非因为它们是偏见所以它们错误的原则得到澄清，否则对该分类类别的禁止便无法得到正确理解。他指出，我们可以（并且确实）适当地引入根据人的特征来加以甄别的分类，即使这些是他们无法控制的固有特征。他说："如果种族是被禁止的类别……那么智力、地理背景和身体能力也必须是被禁止的类别。"㉕

　　当然，偏见在此起作用的观点将为我们提供一份我们认为可疑的类别清单。历史告诉我们，在某种形式的种族歧视存在的地方，很有可能其基础便是偏见。既然是偏见驱动了对于歧视性分类的谴责，那在偏见缺位的情况下，谴责也便失去了基础。换言之，任何一组"可疑分类"都可能被驳倒，只要它能被证明真正基于人们的无偏见偏好，或者被证明其证成是无偏见的。其结果是，在反向歧视的情况下，德沃金认为，基于种族的分类本身即为错误的论证（"被禁止的类别"观点）是站不住脚的，因为支持它的唯一原则性论证是"人们绝不能因其无法控制的属性而受到不同的待遇"㉖。因此，如果引入反向歧视方案背后没有偏见性理由，亦即不幸的多数群体申请者没有因此遭受不利后果，那么诉诸偏见（与其他一些论证相反㉗）就没有任何力量。

158

本章小结

　　我们通过一般性介绍的方式研究了平等的理念，并依靠一个迄今为止相对欠缺分析的"共同人性"观念作为该理念的要旨。我们也研究了德沃金在"将人们作为平等者对待"和"给予人们平等待遇"之间所做的重要区分。将人们作为平等者对待的观点是他对波斯纳式的法律经济分析学派之批判的根源,这种批判是在通过诉诸社群目标的最大化来证成政治行动的社群实践语境下提出的。因此,德沃金的论证是一种解释性论证,是对该语境的解释。他的答案是,不受约束地追求社群目标,例如财富的最大化,这是说不通的。同样,在他将受约束的功利主义观点具体应用于反向歧视问题时,他认为偏见性投票不应被允许,因为这构成了不公平的"重复计算"。另一方面,如果一个背景政治证成是为共同目标而努力,就像美国和英国的情况那样,那么那些并非建立在偏见或蔑视他人基础上的目标是合理的。此外,尊重平等要求尊重个人做出生育选择以及有关何时、如何死亡的选择的自主权,即使是在事关内在神圣性问题的所在,这仅仅是因为国家无权在良心问题上使用强制权力。

第九章　刺猬的正义

在《刺猬的正义》一书中,德沃金大胆地肯定了价值论证相对于有关科学事实问题的论证的独立性。他坚持认为,价值论证完全地、可靠地停留在自己的价值领域内。大多数情况下(但并非完全如此),他所关注的是道德价值。他主张,认为外部力量可能会在道德价值之间造成冲突——正如以赛亚·伯林(Isaiah Berlin)和其他人所力主的那样——是错误的。相反,他认为,我们应该更有信心通过诉诸我们持有的更抽象的价值来证成我们的价值判断。他还指出,我们个人有责任使我们的判断保持融贯。"当考虑到可以为它们提出的实质性情况它们为真时,价值判断为真。"①

这些观点共同构成了他所说的"价值统一性"命题,也就是经由伯林借用而广为人知的阿尔奇洛克斯(Archilochus)对于狐狸和刺猬的比较中刺猬知道的那件"大事"("狐狸知道很多事,但刺猬知道一件大事")。以众所周知的资源分配中自由和平等之间的冲突为例。如果我们认为人们作为人不仅具有平等价值,而且人们应该自由地保留他们为之付出过努力的东西,那么我们必须试着看看平等和自由在哪些方面应该受到限定,以尊重这两种价值。我们不能仅因为怕麻烦就简单地放弃任何一种价值——比如,否认人们的交易能力平等,而肯定市场的最大化自由:"如果不确定什么样的财产和机会分配对所有人都表明了平等关怀,你也就无法确定自由的要求是什么。"②

德沃金的主张是,事实问题并不能决定我们最终的价值判断;他并不是说我们做出的价值判断与事实判断根本没有联系。价值判断通常将一些事实与价值结合在一起,比如我们说故意杀人在某些情况下构成谋杀。德沃金以一个引人注目的例子提出了他的一般观点,即事实不能决定道德信念。想象一下,科学家们证明,在一个特定地区,突然短暂出现了一个巨大的磁场,它与生活在该地区的所有人的道德信念的变化同时发生。那些在磁场出现前坚信堕胎在道德上为错误的人,在磁场出现后坚信堕胎在道德上是允许的。他认为,这个例子表明,它对我们证成我们道德信念改变的方式根本没有任何影响。我们不会说,"我认为现在由于磁场的原因,堕胎是被允许的"。相反,我们会给出我们现在认为支持我们改变信念的道德理由:也许我们现在认为母亲享有更高的道德权利,或者我们认为胎儿缺乏或相对缺乏感知能力会产生影响,或者我们有其他理由。"能够让你认为是事实引起了你的道德观点的唯一理由,是一种独立的信念,即你的信念为真。"③《刺猬的正义》第一部分有力地支持了休谟在事实与价值之间所做的区分,它主张价值的独立性和客观性。后半部分探讨了证成我们道德判断的挑战,并通过合理的补充(或外推法)广泛认可了康德关于道德的论述:"好好生活"可能会负责任地包括个人伦理和道德之间的整体平衡,甚至是权衡协调。德沃金毕生致力于让我们相信价值的重要性(《认真对待权利》和《原则问题》),及其普遍性和融贯性(《法律帝国》和《至上的美德》)。对他来说,这不仅是因为我们不能将我们的道德信念改写为表达、欲望或外观,而且认为我们可以这样做在道德上是荒谬的:这是我们不应该想去做的事。怀疑论的尝试未能确保道德信念的重要性和严肃性,相反,它们贬低了它。正如他所言,如果没有什么值得怀疑的,那么我相信堕胎绝对错误,但却鼓励朋友去堕胎,这并没有什么大惊小怪的。

个人伦理与尊严：本真生活的重要性

《刺猬的正义》中一个引人关注的地方是德沃金在个人"伦理"（我们应该如何生活）和"道德"（我们应该如何对待他人）之间所做的区分。他认为道德源于我们对自己的感受，我们认为什么对我们自己来说是正确的，这是我们判断对待他人的行为是否正确的基础。因此，他寻求一种伦理而非道德的标准来指导我们对道德概念的解释。然而，这个观点的一个显然的障碍是，我们为自己做最好的事情的个人责任似乎与我们应该为他人做的事情相冲突。德沃金对这个问题的态度极富独创性：他认为这是一种过于"严苛"的看待方式，因为这否认了他所谓的我们的"本真性"，也就是说，我们个人有责任让我们的生活成为我们自己的，得到我们自己（并且只有我们自己）的认可。他指出，如果我们要过上真正本真的生活，从而负责任地过我们的生活，我们需要以一种能够"突破明显的道德考量"的方式来构设我们的人格和生活。他认为，我们的个人生活包括不断地做道德上正确的事——也就是说，我们的个人生活总是对于我们如何对待他人的反思——这是一种康德式的严苛观点，并且"极为糟糕"。它使得道德看起来像是一座"我们必须不断跨越的难以攀登、令人讨厌的高山"④。

因此，德沃金提出了一种不同的理解道德之类本质（categorical nature）的方式。它不只是促进了我们的私愿，这太"令人难以置信"了。毋宁说，我们需要找到什么样的个人目标适合并证成我们负有义务。他说霍布斯和休谟都主张道德原则的伦理基础。然而，德沃金指出，霍布斯的道德原则源自"社会契约"，只是基于个人"生存"的需要（这是个"自我保护"的问题），这并非好好生活的充分条件。一种伦理生活不

161

能建立在我们为了保护自己而需要什么的基础上。他认为,休谟的"敏感性"(sensibility)"更让人可以接受",但仅靠敏感性无法回答我们应该如何生活的问题,我们的伦理生活不可能只遵循自己的感受。他指出,休谟的功利主义原则也无济于事,因为尽管它意味着平等对待每个人的利益,但这"很难成为一种让自己好好生活的策略"。

与传统观点相反,德沃金在过上好生活(having a good life)和好好生活(living well)之间进行了区分。好生活不仅仅是拥有自己想要的东西,而且是按照自己的紧要利益生活。[5]尽管如此,他指出,认为过上道德上的好生活和好好生活一样,这是"令人难以置信的"。实际上,正确看待我们的道德责任很容易导致我们的生活过得不好:

> 一个人可能因为道德行为而遭受不幸,也可能因为行为不道德而随后在创造性、感情和物质等各个方面都不断成功,长期安定地生活。难以相信,他在前一种情况下会比后一种情况下生活得更好。[6]

162　　我们可以理解我们欲望、品味和偏好的满足,但要理解我们过上在紧要层面上好的生活的渴求则要困难得多——仅仅享受生活是不够的。德沃金指出,我们希望负责任地生活。他建议将艺术与生活进行类比;我们珍视自己的生活是因为它们的"状语价值"(adverbial value),即其"行为"而非它们对他人的"影响"的价值:

> 在几乎所有的人类生活中,究竟什么是真正美妙的,所有合理的观点几乎都没有将影响这个因素纳入考虑范围之内。[7]

此外,追求好生活并不等同于将糟糕生活的风险降到最低。生活更适合"自发性、风格、本真性和冒险的勇气",以及设置困难或不可能完成的任务。但这些可能会大错特错:好好生活与最大化最佳可能生活的机会并不是一回事。另一方面,他认为,尽管有在好好生活,但我们的生活仍有可能很糟糕。我们的生活之所以糟糕,不仅仅是因为我们做出了糟糕的选择,还因为运气和我们所处的环境问题。例如,我们可能会遭遇偏见,或者天生残疾,或者我们可能在很小的时候就不幸夭折。尽管我们没有好好生活,我们也可能过上好生活。德沃金举了美第奇亲王的例子,他过着成就非凡、精致优雅的生活,但却是通过杀戮和背叛实现的。"好好生活"和"过上好生活"之间的区分说明了"道德运气"的现象。我们可能因为一些并非我们过错的事情而感到遗憾,就像一名驾驶过程中没有过错,却致 20 名学童因其交通事故死亡的公交车司机会感到的那样。认为公交车司机有"好好生活",但因为事故"过着不太好的生活"是有道理的。这种区别有助于理解你死后发生的事是否会影响你生命的美好性(goodness)的问题:它不会影响你生活得有多好,但会影响你生命的美好性。

德沃金指出,如果我们不关心我们个人如何生活,那对我们来说将是个错误。判断人们是否平等与其说是个伦理原则,不如说是个道德原则。它告诉我们,任何人的生命都不会比其他人的生命"更重要"。我们应该尊重自己的原则显然是伦理性的,因为它描述了我们应该对自己生活所持有的态度。那么,这对"好好生活"重要吗? 这与享受不同,尽管享受与我们认为的"好好生活"有关;"快乐"也不是一种独立于产生它的信念的纯粹的感觉,因为它"融合了伦理的气息"——即使是做我们知道不该做的事情时的快乐。

德沃金认为,本真性是"自尊的另一面",因为它要求我们对他人和对自己的行为承担责任。除非我为此承担责任,否则我不能将一种行为当作自己的(例如,我不能说我的父母应该受到谴责,来推卸我对自己所做的事的责任)。我也应该准备好承认我对他人的要求和对自己的要求都是有限的。我不能要求他人资助我心目中昂贵得离谱的项目(比如提供重大帮助,来为我个人的神建造一座巨大的纪念碑);我也不应该认为,因为我在生活中犯了一个相对较小的错误,我就应该过着苦修和赤贫的生活。德沃金认为,本真性要求我们努力争取独立,但这种观念与人们通常理解的"自主"(autonomy)价值有所不同,这一观念并没有充分说明我们应该如何平衡伦理和道德的决定因素,并且在某种程度上受到"伦理文化"的约束。他举的例子是,在当今时代,在布鲁克林过上中世纪骑士的生活毫无可能。⑧独立的观念必须把握住那些对我们不可避免的影响和我们被支配之间的内在基础。"我们无法逃避受影响,但我们必须拒绝被支配。"因此,自主并非约瑟夫·拉兹所说的"一系列选择"⑨。相反,德沃金指出:

> 当一个人需要接受别人关于他的生活应该表现什么价值或目标的判断而不是他自己的判断时,本真性就受到了损害。⑩

从尊严到道德: 他人生活的客观平等价值

德沃金希望将伦理和道德结合起来。他想要回应我们为什么应该有道德的问题。如果我们自己的生活有什么特别之处,并且这些特别之处与他人的生活融为一体,那么认为我们自己的生活重要的理由——这肯定没有那么难确定——就是在他人的生活也很重要的基础上对待他人的理由。你自己的生活有什么特别重要的吗? 显然,你要对此负责(这就是关于本真性的全部),但这又有所不同。你有理由关心别人的生活是否失败吗?还是只关心自己的生活呢?也就是说,关心自己生活的成功与否是否反映了"普遍重要性"呢?客观价值与品味、纯粹偏好等主观因素无关。那么,客观重要性是什么呢?首先,请注意,我们生活的重要性似乎是普遍的。例如,这很符合一种常见观点,即我们应该关心第三世界的人们,他们是我们从未见过,也从未期待能见的。考虑一下相反观点的情况。难道因为只有我对此负有特殊责任,所以只有我的生活才具有特殊重要性吗?并非如此,因为是策展人对艺术作品负有特殊责任,但艺术作品本身就具有独立的客观价值。德沃金指出,一种令人遗憾的流行观点是,在某些情况下,如果你有特殊特征——比如,你是美国人、逊尼派、犹太人或才华横溢的音乐家——这会给予你的生活"特殊的重要性"。

然而,他认为,虽然这些东西可能是你成功的参数,但这并不意味着它具有客观价值,会使你的生活与众不同。他举了理查德·黑尔(Richard Hare)的例子,一名纳粹分子认为如果他被证实是犹太人,那么其他人杀死他就是"客观上正确的"。[11]德沃金认为,这种观点无法与更大的价值体系完全融合。他追问,面对"客观重要性究竟如何被认为取决于鼻腔结构"的问题,反犹太主义的观点如何能够提供合理的解释呢?宗教是这种观点的一个特殊来源:屠杀的证成建立在其成员具有"特殊的重要性"的基础之上。为什么这会成为一个理由,既然那种神根本不在乎让别人崇拜他呢?

在此,德沃金在"承认的"(recognition)尊重和"评价的"(appraisal)尊重之间进行了区分。[12]"承认的"尊重是指仅仅因为他们是人而给予他应得的尊重。"评价的"尊重使得我们能够独立于这一尊重,就一个人的价值做出判断。承认的尊重和评价的尊重在一种观点中共同发挥作用的一个很好的例子是，人们说"我不赞同你的观点（评价），但承认你说话的权利（承认）"。德沃金指出，尊严需要承认的尊重。如果你认为承认的尊重很重要，那么你肯定会认为评价的尊严也很重要。人之所以有尊严，正是因为他们可以选择，并且创造自己的生活；他们因此可以创造自己的生活（拥有有价值的生活），正如他们可能拥有毫无价值的生活一样。黑尔笔下的纳粹分子至少应该认为，当事实证明他实际上是个犹太人时，他为自己的生活做出了贡献的事实——有事业、受过训练等——应该是有意义的："很少有人会老老实实地接受这种反事实的伦理责任的免除。"[13]

德沃金得出结论，尊严的第一原则是承认所有生命都具有平等的客观价值；他称之为"康德原则"（Kant's principle）。这意味着你认为自己生活得如何具有重要性的理由，就是你认为任何人生活得如何都具有重要性的理由："……你将自己生活的客观重要性看成其他每个人生活的客观重要性的反映。"[14]但是，如果他人的生活具有"平等的客观重要性"，那你就必须像对待自己的生活一样，平等地努力改善他人的生活（这似乎是一种功利主义的观点），这意味着几乎不可能改善你自己的生活。本真性——德沃金称之为尊严的第二原则——使得我们对自己的生活负责，但所有生命都具有"平等的客观价值"的观点可能会否认这种可能性。

答案在于对这两项原则之间明显紧张关系的整合解释。尊严应该从其两个组成部分——平等和自由——的各自角度来理解。每一个都反映了另一个，并且不需要任何折中："我们需要为这两项原则找到有吸引力的解释，这两项原则本身看起来都是正确的（似乎把握住了自尊和本真性真正需要的东西），并且彼此之间并非相互冲突而是相互强化。"[15]

我们应该如何对待他人

德沃金认为存在两种类型的冲突：首先，我们自己的利益和他人的利益之间存在冲突；其次，当我们能够帮助，但只能帮助某些人时，我们的行动方案之间存在冲突。在此，他认为他所谓的康德的普遍性黄金法则是有助益的，因为它与伦理和道德构成一个整体的观点具有一致性："我们必须表明对每个人的生命都具有平等的客观重要性的完全尊重，也要表明对我们都有让自己的生命变得更有价值的责任的完全尊重。"⑯我们应该依次处理这些冲突。

仅当我们假设一种极端苛刻的解释，即我们必须平等地关怀他人的福祉时，他人与我们自己之间冲突的第一种情形才会出现。德沃金认为，未能做出牺牲与将人类生命视为具有平等重要性是一致的。必须在某个地方划一条线。例如，如果我中了彩票，我并不必把钱捐给公益事业。那么我们该如何划线呢？德沃金认为，对陌生人利益的风险不能根据仅仅对他来说为主观的条件来衡量。例如，如果一个人正在建造一座对他来说极其重要的巨大寺庙，并且需要大量援助，我们就没有义务帮助他。相反，我们需要一种客观检验。他认为，这将剥夺"人们追求自己选择的任何抱负的通常机会"。但是，如果陌生人面临的风险比我面临的风险更大，我的责任就会更大，比如在我可以相对容易地从游泳池里救出一个孩子的场景下。我们可能再次追问，风险检验是否是主观的。一座巨大寺庙的建造者是否应该从他的计划中拿出资金来防止有人死于饥馑呢？在此我们可以认为，某种类型的"主观"计划并不能反映出对他人的适当尊重。德沃金实际上更进一步，他指出，无视他人痛苦的特别自私或狂热的计划表现出自尊的缺乏。正是在此，关于相对成本的客观性因素介入了：自私和狂热的人的需求与那些需要帮助的人的成本之间显然存在不平衡。

　　德沃金还指出，决定我们责任的一个关键方面是我们面对他人的程度，这是通过接近度（proximity）来衡量的。我有义务支付船夫50美元来救一个我今天在海滩目之所及处看到的溺水的人，但我没有义务给他50美元，让他去救一个晚些时候溺水的人，因为"救援的道德取决于一个解释性问题，……在回答这个问题时，我们必须考虑到人的自然本能和行为"[⑰]。他指出，道德的"遭遇原则"（principle of confrontation）在决定社群有关灾难的支出方面发挥着作用。通常，更多的精力和金钱被投入到救援中，而不是投入到此类事件的预防上。然而，有时巨大的苦难可能会使遭遇与否变得无关紧要。德沃金的观点是，在我们直接遭遇的情境下提供帮助是一种适当的人类冲动。我们必须给那些将向现在这场灾难提供援助的慈善机构捐款，而不是给那些在援助之前将要积累一个世纪资金的慈善机构捐款。

数量重要吗？

　　第二种冲突情形出现在有许多人需要帮助，但帮助只能提供给其中的某些人时。举例来说，一个落水者抓着一个救生圈，不远处有两个落水者也抓着一个救生圈。每个救生圈与船上的你距离都一样，每个救生圈周围都有鲨鱼包围着。你可以救一个人，也可以救两个人，每一个的相对风险都很小，但你不可能把两个救生圈上的人都救出来。德沃金指出，他不接受一般观点，即你应该仅仅参考数量来做出决定。他指出，从非个人（"福利后果主义"）的角度来看，这是正确的，因为这将改善整体福利。另一方面，如果我们从"基于权利"的角度出发，我们应该给每个人平等的机会,因此最终的决定可以通过抽签来决定(也就是说,考虑到只能靠近一个救生圈,要么两个人要么一个人会得救)。

德沃金认为,这两种路径都不对。首先,后果主义的做法是错误 167
的,其次,没有人有权获得自动救助。一个潜在的受救助者"仅在——依照当时情形——忽视他的需要会表明对他生命的客观重要性不尊重时,他才拥有权利"⑱。此外,他指出,你可以就拯救哪条生命(例如,如果所有落水者都是陌生人,你可以选择拯救那位才华横溢的音乐家)做出道德判断,但在"偏好理由"因为有违"尊重人性"的要求(即某种形式的蔑视,比如种族偏见[例如,落水者是黑人])而被排除时,你不能以此做出判断:

> 你可以提供一个为什么音乐家或战争调停人生存下去特别重要的理由,而不必假设他们的生命在客观上比其他人的生命更重要。⑲

德沃金还指出,可能存在公平论证,例如,救一个年轻人比救两个老年人更好。另一方面,仅仅因为一时兴起(比如说,其目的是表明一个人可以打破常规)而选择救哪个落水者是不对的:

> 无论救的是什么人,救更多人要好过救较少人这条原则,是对正确尊重生命的重要性究竟要求什么的一个合理的解释,即使它并不是一个必然的解释。⑳

在此,"承认的尊重"与"评价的尊重"之间的区分非常有帮助。当然,在德沃金看来,人们的生活可能因为无法对自己的生活承担责任,

也无法让自己的生活变得本真("我们无法摆脱好好生活的责任")而
变得毫无价值。一个染上毒瘾并早逝的人,在他自己和许多人的眼中,
过着毫无价值的生活。尽管如此,我们仍然必须把这个人视为一个拥
有平等的客观价值的人;作为一个人,他们仍然是我们中的一员。[21]

我们与他人之间的竞争

设想两种场景。其一,你和另一个人在亚利桑那州的沙漠里都被
响尾蛇咬了。你们都看到了一小瓶解药,但你先拿到了,而他死掉了。
其二,情形和前面一样,但他先拿到了解药,在他喝下之前,你开枪打死
了他,自己服用了解药。德沃金认为,如果其他条件不变,"非个人的后
果主义"在道德上都容许这两种情形发生(如果他年轻而你年老,情形
可能会有所不同)。尽管如此,大多数人认为不作为和作为之间存在着
直观的区分。例如,不向乐施会(Oxfam)捐款,总比去第三世界国家枪
杀一些人要好得多,尽管产生的效果是同样的。

我们可以将尊严的两项原则与这两种情况进行比较,尽管德沃金
指出,我们应该将"纯粹的竞争伤害"——人们在与他人的公平竞争中
失败,从而受到了伤害——与"故意伤害"区分开来。故意伤害更加严
重。既然责任要求我们做发生在自己身上之事的唯一负责人,这便违
反了我们对自己生活之责任的有效性,因此也违反了其他人对自己生
活之责任的有效性。德沃金认为,正是尊严和身体控制之间的这种联
系,证成了不作为与作为之间的区分。尽管如此,同意——他指出,表
示同意的能力是尊严的标志——可以允许他人进行身体控制:"一名足
球运动员在铲球时踢断另一名足球运动员的腿,或者医生在临终病人
的紧急而深思熟虑的请求下杀死他,都不是对尊严的侵犯。"[22]

德沃金认为,在无意中对他人造成伤害的情况下,处理责任问题的最佳方法就是考虑如何管理伤害的风险。似乎我的责任越不受控制,我就越不需要为事故赔偿他人,但我因此更有可能因伤害我的事故而遭受损失。德沃金认为,这提出了一项疏忽原则,即只有当我们没有对他人采取"合理的"照顾时,我们才应该承担责任。我应该采取哪些照顾呢? 显然,我不必采取一切措施来避免伤害他人。德沃金就勒尼德·汉德法官著名的合理性检验(test of reasonableness)提出了一个更为精致的版本。[23]合理性检验和德沃金更为精致的版本的要旨是,我们只应对可以在对我们的利益造成的损害少于受害者利益损害的情况下就可以预防的事故负责。它设想在各方之间维持平衡(在汉德的观点中,是经济平衡)。德沃金的精致版本如下:

> 一方面,是一个人采取预防措施所带来的机会和资源的损失;另一方面,是因他不采取预防措施而可能对他人造成的机会和资源的损失。当前者比后者少时,他就应该对因他未尽注意义务而给他人造成的损害承担责任。当人人都在原则上认同这一点的时候,每一个人就都拥有了最大程度的控制权。[24]

德沃金接着提出了一个有关我们可能在多大程度上伤害他人的问题。例如,什么原则应该防止我们在未经一个临终病人同意的情况下切除他的肝脏,以挽救一位年轻的病人呢? 这与救两个落水者中的一个有多大区别呢?

德沃金在很大程度上反对的一个流行答案可见于"双重效应理论"(doctrine of double effect)中:它允许"让某人死亡",但在这种情况下,允许这一点并不是杀人这一"目的的手段"。你并非因为想杀了老人而

169

让他死,而是因为你想要他的肝脏。另一个例子是朱迪斯·贾维斯·汤普森(Judith Jarvis Thompson)著名的"电车难题"。[25]据此,将失控的电车转向捆着一个人的轨道上,而非捆着五个人的轨道上,这在道德上是允许的,但你不被允许将一个大个子推到轨道上来阻止电车。

德沃金认为,你应该为将大个子推到轨道上而犹豫不决,而不是为将电车转向捆着一个人的轨道而犹豫不决,这在直觉上似乎很奇怪。在每一情况下,结果"看起来都更好",因为有五个人会幸免于难。他通过运用该原则来调整事前决策而使得该例子难度增加。想象一种"备用器官抽签摘取"(spare parts lottery)的情形。[26]一群人达成一致意见,如果他们中有五个以上的人需要器官移植,并且所需的器官可以从一个人的身体上获得,那么健康的人可以抽签决定其中哪个人会被杀死。每个成员都可以通过这种方式延长预期寿命。虽然这个提议明显具有令人恐惧的一面,但这个选择显然并不糟糕。问题在于,将人们视为默示同意进行抽签,换言之,通过假想同意将备用器官计划视为公平,这是否是错误的。德沃金驳斥了后果主义者的说法,他们认为这样的计划会破坏我们反对杀人的文化禁忌;他将其称为纯粹是"虚张声势"(whistling in the dark speculation)。其他哲学家,包括那些支持"双重效应"理论的人,都主张"以死亡为目的"总是错误的,并用电车难题来支持他们的主张。在回应双重效应时,德沃金指出,如果有人的动机是好的——比如阻止杀人——那么他们是否以死亡为目的似乎毫不相干。仅仅说以死亡为目的是错误的,这只是重申了这一问题而没有提供证成。"双重效应原则"没有给出答案,因为它使得意图具有相关性,但没有说明理由。

德沃金认为,要想说明理由,需要"尊严的第二原则",即创造自己生活的责任。尊严不会因竞争性伤害而受损,因此这解释了双重效应

的情况,因为只有当需要我独自做出决定时,尊严才会受到损害。受害
者的尊严不会仅仅因为一条生命被救,另一条生命因此死亡而受到损
害。例如,你被允许在我的街区开车,从而增加了你引发车祸的风险,
但你不被允许绑架我的孩子,即使只有一个小时,以强迫我向乐施会捐
款。在第一种情况下,你只是在制造合理的伤害风险,但在第二种情况
下,你是故意做出伤害他人的决定。另一个例子是,我们可能会在一场
正义的战争中轰炸一家军工厂,即便我们知道平民会因此伤亡,但我们
不能故意轰炸平民以恐吓他们投降:"以死亡为目的比在明知的情况下
制造死亡更糟糕,因为以死亡为目的是对尊严的犯罪。"[27]所有这一切的
基本要旨是,你不能因为确信一个人死了更好而杀死他。如果你通过
杀死某人来拯救另一个人,那么这是错误的,但在知道某人无论如何都
会死亡的情况下拯救另一个人在道德上则是允许的。区别正在于一个
人行为时的意图。

　　我们的直觉可以接受什么,这存在着限制,德沃金当然很清楚这一
点。直觉是个指南,但论证是解释(包括辩解)我们直觉所需要的。但
是,他考察了一个扩展版的电车难题。在简单版中,搬动道岔会使电车
从捆着五个人的轨道移开,转向捆着一个人的轨道。然而,这一次,如
果后者没有被捆在轨道上,电车会绕一圈从后面撞向捆在轨道上的五
个人。德沃金指出,"哲学系学生"通常认为,搬动道岔是为了将电车从
捆着五个人的轨道移开,还是一门心思想把它转向捆着一个人的轨道,
这是有区别的。尽管德沃金认为这是一个高度人为的例子,但它往往
证实了他的说法,即检验在于我们是否故意以死亡为目的:"但是,在这
些情况下,任何试图消解这一差别的反应都将是明显错误的,因为它在
这一高度人为的情形中失败了。"[28]关于备用器官抽签的例子,他指出,
首先我们不能认为这是合理的,因为假想的契约并不是契约。其次,在

任何情况下,即使你同意这也是不合理的,因为我们的尊严不允许我们就有些事情同意。"这就是为什么我们不能把自己出卖为奴隶——我们可能活得更长,但我们活得没有尊严。"㉙

德沃金还对有时在有问题的情况下我们应该"顺其自然"(let nature take its course)的观点发表了一些看法。他指出,两名落水者的例子和简单电车难题之间的竞争存在差别,因为在前者的情况下,如果救援者什么也不做,也就是说"顺其自然",两名落水者都会死掉,而在后者的情况下,如果救援者什么也不做,那一个捆在轨道上的人不会死掉。"顺其自然"是什么意思呢?救援者假装他不在场吗?他为什么要假装呢?如果我和另一个人都遭遇了海难,而只有一件救生衣,为什么我们要"顺其自然",什么也不做呢?

惯习背后的道德

德沃金认为,我们可以通过诸如承诺这样"可确定日期的、自愿的行为"使得"某些人变得特殊"。我们也可以像大多数人那样,通过诸如家庭纽带,或者作为某个政治团体的成员来建立这种关系。他指出,由此得出的结论是,社会事实——"偶然的惯习"(contingent convention)——可能会影响我们作为父母、子女、同事和公民的责任,也许是以当地颁布的法律的形式。那么,问题在于,惯习——那只是一种事实——如何塑造我们的责任呢?我们如何从一个纯粹事实推导出我们应该做什么呢?因此,他追问:"休谟原则难道不是把整个义务现象都谴责为一种巨大的错误吗?"

一些哲学家提出一般道德原则来解释惯习义务。例如,大卫·刘易斯(David Lewis)认为,使一个人的期待受到保护是一种道德权利,因此一些重要的惯习就是这样解释的。[30]德沃金认为这一说法并不完整，因为我们的所有期待是否都会产生权利这一点尚不清楚。其他人——例如，约翰·罗尔斯在其《正义论》中——主张，政府的惯习可以通过我们尊重公正且有益的制度的义务来解释。德沃金对此的回应是，目前尚不清楚我们是否负有尊重这些制度的义务——例如，当它们是其他国家的制度时。其他人——比如诺齐克（Nozick）在其《无政府、国家和乌托邦》（*Anarchy, State and Utopia*）中——主张，既然我们从惯习安排中获益，我们就必须承担它们的负担，也就是说，我们不应该成为"搭便车的人"（free-rider）。对此，德沃金回应说，这并不能解释许多惯习的角色责任，比如养育子女。无论如何，反搭便车的原则更好地支持了承诺制度，即便如此，仍然存在产生义务的纯粹无偿的承诺（不承担任何负担）。如果诺齐克的搭便车原则旨在适用于承诺的一般制度而非特定的承诺，那么很难看出存在一种增进对我有利的制度的一般要求。街头艺人就是个很好的例子：我们没有义务因其为我们表演而向街头艺人付钱（尽管我们当然可能有其他理由这样做）。相反，因为承诺被做出，我们履行自己承诺的义务才产生了。

那么，根据休谟原则，承诺如何才能产生义务呢？德沃金认为，只有当你认为承诺创造了一个道德义务的独立基础时，这才是一个问题。他指出，承诺——通过鼓励受承诺人期待我们会以某种方式行事却最终未能这么做——确定了不伤害他人的更普遍义务的范围。广而言之，承诺的道德力量源于一种更为普遍的义务，即不得不尊重我们自己和他人的尊严。德沃金认为，承诺会廓清但并不产生义务。因为你承诺而履行你的承诺所产生的义务，这没错，但其方式是通过确定通常已经就位的义务的范围。

对承诺的研究需要考虑到尊严的两项原则——平等和自由——发

挥作用的阶段。对他人撒谎"破坏"了我们关系的基础，我们把对方置于较低的地位，我们违反了人的平等的客观价值的原则。我们也会通过损害对方对自己生活负责的能力来伤害他们，他们因为被拒绝知晓真相而受到伤害。德沃金认为，这也是一种自我伤害，因为它会损害自尊。

　　想象一下，我鼓励你和我一起参加一个会议，然而当我看到演讲者名单时，我改变了主意。我负有参会的义务吗？这里存在两个问题。其一，我伤害了你吗？其二，如果我伤害了你，我负有不伤害你的义务吗？德沃金指出，如果你去了却发现会议对你来说既无聊又无益，那么我伤害了你。不过，如果你去了，却碰巧发现会议很有意思，并且事实上你并不介意我没有参会，情形就更加困难了。德沃金认为，在第二种情形下，我伤害了你，但程度上没有那么严重，并且是以两种方式。其一，我造成了伤害你的风险，这本身就是"一种伤害"；其二，我伤害你的方式类似于撒谎对你的伤害，因为我改变了你可能据此采取行动的信念基础。那么，问题便在于我是否负有道德责任。德沃金认为，回答是肯定的，因为我"挑选了你"，这"必然会具有某种道德后果"。承诺要求你说服我会履行承诺，因为（有人可能会争辩说）只有你已经负有一项承诺义务时我才会被说服，这种说法中也许存在一种循环论证。德沃金否认循环论证的存在，只要你认为承诺并不产生义务，而只是廓清你向他人负有责任的一种便利手段；它消除了不确定性：

　　　　承诺的惯习为我做同样的事提供了一种有效得多的手段。它们提供了一个词汇表，通过这个词汇表，一个人就能直接把他的鼓励提升到一定层次……以使那些在不同情况下可能会反对责任之存在的其他事实，变得几乎毫无意义。[31]

他指出,这根本不是什么"魔法",因为惯习"寄生于基础性的和独立的道德事实之上"。[32]某些程式化的伤害人的方式(例如"胖子")有着同样的逻辑:它们廓清了伤害人的非惯习性方式。此外,有关你将如何负责任地行动的任何程度的鼓励,都无法消除你最终应当负责任地去做的事。例如,"我并不承诺"当然不会成为你的辩解,在判断有瑕疵的时候说"我承诺"也不会产生义务。此外,承诺并不独立于不伤害他人的责任背景。德沃金举了一个例子,他给一个完全随机的人写信,并向对方承诺,他将在几周后从兰兹角(Land's End)步行到约翰奥格罗茨(John O'Groats)。这并不意味着他有任何义务这样做,这种承诺并不是一种"自动产生义务的独立自足的实践"。毋宁说:

> 故意辜负受到鼓励的期待,必然要寻找圆满的借口,这种承诺的要旨就是为这种借口设定极高的门槛。[33]

这意味着,将某事视为承诺的门槛相应地必须很高,因此受承诺人通常有责任证明存在承诺,而歧义通常会被解释为有利于承诺人。换句话说,承诺是一个与我们"有关不伤害的其他更普遍的信念"相结合的问题。

人权观念

德沃金检视的另一个重要领域是人权。很明显,人们提到它们时的意思与通常的道德和政治权利有所不同(尽管明显相关),人权具有大多数权利所没有的紧要性和国际维度。它们是什么,它们的力量如何,这些问题都迫切需要解释,尤其是在今天的世界上。一种解释策略源自"威斯特伐利亚主权观"(Westphalian conception of sovereignty):国家主权被认为体现为一国不得干涉他国内政的原则,而人权则高于国家主权。这是1648年结束了三十年战争的《威斯特伐利亚条约》签署时所决定的原则。

如果我们接受这一原则,那就也有必要决定哪些政治权利足以证成制裁。此外,严厉的制裁必须根据国际法获得授权,并且即便如此,这种制裁也必须被设计得利大于弊。然而,德沃金认为,人权高于主权的观点设置了"过高的门槛":

> 然而,如果国际社会仅仅为了确立妇女的同工同酬,或者建设更多的小学,而把军队开进某个国家,或者为了关闭佛罗里达的毒气室或在那里确立同性婚姻权而入侵佛罗里达,即使它获得了国际法的授权,并且很有可能取得成功,它仍然是错误的。[34]

他认为,只有"野蛮行径"(barbarism)才能证成对威斯特伐利亚原则的推翻,但要确定什么算是野蛮行径,则是出了名的困难。德沃金提出了另一种路径。他认为,最基本的人权是个人得到政府以"作为一个人,其尊严至关重要"的态度对待的权利。因为这是一项极为抽象的原则,所以它有助于跨越大多数有关在任何特定情况下什么构成尊重的分歧。因此,人权和其他政治权利之间的主要区别在于错误和蔑视之间的差异。比如说,一个政府可能会错误地认为死刑对于维持民主国家的国内秩序不可或缺,但根据合理的解释,仍然相信其公民的尊严具有根本重要性。死刑不是对于人权的侵犯,尽管它可能是对于(例如,美国宪法下的)政治或法律权利的侵犯。在某些问题上,例如酷刑或种族灭绝制度,问题不言自明:酷刑和种族灭绝显然表现出对平等尊重的蔑视。对德沃金来说,尊严当然包括平等原则和个人责任原则。因此,尊严的第二原则也至关重要。一个强迫其部分公民信仰某宗教的政府剥夺了这些公民就良心和重要问题做出自己决定的基本权利。他指出,酷刑是"最严重的暴行",它在这两个方面都侵犯了尊严权利。那么,人权是普遍的吗?答案既肯定又否定。首先,人们享有尊严的基本权利必须是一种普遍的主张,但其次,什么算是尊严必须"敏感于""不同的经济条件、政治和文化状况以及历史"。

不出所料,德沃金表示,人权是否受到侵犯不仅仅是政府就其诚信所表达的声明的问题,而是一个解释性问题。人权文件"引发了解释性问题",即"一个国家的记录"是否显示出对尊严的真诚保护。

自由的意义

175

对德沃金来说,自由的意义当然是个解释性问题。我们应该如何理解这个观点呢?基于政府具有强制性的假设,传统上,哲学家们考察了两个主要问题。首先,我应该被谁强制?其次,我应该受到多少强制?这些问题已经被给出了两个答案。第一个问题的答案使用了积极自由(positive liberty)的概念:人们必须被允许在他们自己的强制性政府中发挥作用。换句话说,政府必须是自治政府。第二个问题的答案则使用了消极自由(negative liberty)的概念:人们必须在"相当大的范围内"自由做出决定。德沃金指出,这里可能存在一些困惑:一个群体如何为每个人实现自治呢?一个正当政府怎么能不对一系列个人决定拥有强制权力呢?然而,他认为,尊严的第二原则——个人责任——解释了为什么两者都是自由的形式。个人责任有两个维度:一个人不仅应该自由参与集体决定,而且应该"在他的个人责任要求他自己决定的事情上"不受集体决定的约束。因此,自由也有两个维度:(1)自治政府观念中的积极自由,故此人们必须以"正确的方式"参与;(2)描述那些不受集体决定约束的选择的消极自由,这些选择是个人责任的必要组成部分。此外,基于价值统一性命题,它们只会在对它们的糟糕解释上发生冲突。以赛亚·伯林认为,在民主国家中,两者不可避免地会发生冲突,因为民主只能通过压制个人自由来促进。⑤德沃金认为,伯林的问题在一定程度上——只是一定程度上,因为伯林也不相信价值统一性——源于他的消极自由观念。德沃金指出,伯林认为"完全自由"(total freedom)和"消极自由"是一样的,这种观点不能通过表明自由是什么来辩护,这是一个显明事实的问题。它不是个标准概念,因为争论自由的意义的人们在确定其意义时使用了不同的标准。如果作为完全自由的自由是正确的解释观点,那么民主当然就与自由相冲突。然而,他指出,我们不应该这样解释自由。例如,当政府阻止公民相互残杀时,那并不会损害自由。对罪犯的惩罚并不是对他尊严的冒犯。相反,德沃金认为,政府如果不阻止相互残杀,就无法保护你的尊严。

176　　　　另一方面,如果它声称社会上占绝大多数的派别可以决定你的宗教信仰,这也会贬损你的尊严。自由必须在伦理基础问题上表明立场,例如我们在宗教、个人亲密关系上的个人选择,以及政治和道德理想上的信念等方面;只要不干涉他人的独立权利,人们就有权在这些问题上保持独立。法律也可能以其他方式侵犯伦理独立性,比如政府出于对某些观点具有优越性的信念而做出限制,例如审查制度和强制性国旗敬礼。某些法律在两个方面都违反了伦理独立性,例如对于同性性交或婚姻的禁止既限制了"基础性"选择,也是出于对某些美好生活方式的优越性的信念,或是出于政治审查。但是,德沃金指出,如果问题不是基础性的,或者政府没有做出任何"伦理"证成,那么就不存在什么对于伦理独立性的违反。政府可以依靠道德而非伦理的论证来节约资源、征税、征收交通罚款等等,尽管这些法律可能会对个人产生严重后果。诚然,防止谋杀或盗窃会让人更难过上武士或罗宾汉那样的生活,而税收会让人更难过上收藏文艺复兴时期杰作那样的生活:

> 我们社群中那些动机正当的法律,正是我据以做出伦理选择的整个背景的一部分。我自己做出那些选择的伦理责任,并没有因为这种背景的存在而有所削弱。㊱

德沃金认为,有关家长主义的文献低估了这种区分的重要性。"让人们系上安全带"不会破坏我们的伦理独立性或本真性。如果我们认为追求冒险会让我们的生活变得更好——就像那些持有"安全带有罪"(seatbelt conviction)论调的人们可能认为的那样——这并没有剥夺我们的任何基础性选择。真正的伦理家长主义的情况是类似宗教裁判所的这种情况。他指出,事实上,目前伦理家长主义并不特别流行,限制往往是通过诉诸公平来证成的。例如,如果大多数人都不想要色情制品,那么禁止它就是公平的,因为大多数人有权按照自己认为适当的方式生活。

如果大多数人可以制定规划法,那么为什么要禁止制定保护他们认为适当的特定宗教生活方式的法律呢? 德沃金的回答只是重复了个人责任的重要性:"尊严的第二原则使得伦理具有特殊性。它限制了集体决定的可接受范围。"㊲德沃金使用了游泳的比喻:泳道是划定的,每个游泳者都有空间过自己的生活。一个游泳者可能会越过泳道去帮助其他人,但不能做出伤害行为。道德界定了泳道,而伦理决定了我们怎样才能游得好,因此道德和伦理是合作而非竞争关系。

177

有什么论证可以用来解决有关正当程序和言论自由的自由权利的意见分歧呢？他认为,正当程序的权利源于政府尊重尊严的第一原则的义务,即"将每个人的生命视为具有独特的、客观的和平等的重要性"。两个例子是保护无辜者——因为惩罚无辜者是一种"道德伤害"的特殊形式[38]——以及言论自由权利。通过强化民主来广泛用于保护积极自由的一系列论证包括了对于知情权和参与政府权的保护。德沃金认为这些论证还不够深入。他认为,伦理独立的权利不同于积极自由的权利,由前者还可以产生其他论证。例如,这将是对一个人观看色情制品的权利的保护,因为那对于积极自由并不是必要的。作为一个例子,他考察了对于仇恨言论的禁止,他认为这表明了积极自由和消极自由之间的关系。假设有一位 3K 党领袖,他被阻止说服他人接受他的政治观点,同时他又被剥夺了为其信念"公开作证"的"基础性"权利。他的伦理独立性也受到了侵犯,因为仇恨立法的动机不是害怕暴力或对他人的道德伤害,而是对他"可憎"观点的憎恶。德沃金强调,他的这些观点并不是像密尔(言论自由鼓励真理和知识)和奥利弗·温德尔·霍姆斯(Oliver Wendell Holmes)(言论自由提高了市场效率)那样的支持言论自由的政策论证,而是基于个人的尊严权利。

自由意志与责任

德沃金主张道德判断不是由科学事实所决定的,他进而指出,这些事实因而不能决定我们的道德责任。他对持有下述主张的学者进行了全面抨击。这些学者认为,因为科学真理表明,人类实际上会做什么(不论外观如何)已经被决定了,因此他们缺乏意志自由(无论他们认为自己拥有多少意志自由),进而不能合理地说他们对自己的行为负责。

用专业的哲学术语来说,他的抨击针对的是那些认为自己是"不相容论者"(incompatibilist)的"决定论者"(determinist),那些认为如果我们所有的判断都是由科学事件引起,则我们就这些判断不负担完全责任的人。[39]德沃金认为,不相容主义在智识上并不是一个稳定的立场,因为它要求我们相信我们无法相信的东西。他承认,我们"普遍"认为这一点不能够成为对其有利的论证(我们曾经非常"普遍"地认为世界是平的),为了证明我们拥有自由意志的普遍信念是正确的,我们需要更多的论证。我想知道,德沃金是否需要做出这么多让步,除了他反对价值怀疑论的广泛论证以外。接下来怎么样呢? 我们有关价值客观性和自由意志的普遍看法是不会错的,因为如果没有它们,我们的日常生活将毫无意义。我们的生活需要客观的意义;假设我们一直在做一些事情,这些事情会严重影响他人和我们自己,而我们对此完全无法控制,这将毫无意义。如果我们的价值真的只是品味问题,并且道德责任只是假象,那么我们的日常生活就一无是处了。

　　德沃金举了以下例子来说明我们的生命价值是如何不被科学事实的知识所影响的。想象一下下面的场景。一位天才的神经科学家能够对艺术家的绘画做出如此准确的预测,以至于他能够准确地说出笔触的顺序、确切的颜色使用等等。事实上,在一台强大的计算机和机器人的帮助下,他创作了一幅与这位浑然不觉的艺术家不久后最终完成的杰作完全相同的画作(这位艺术家已经在他的工作室工作了很多年,这是他天才的结晶)。问题是,当我们得知这位艺术家无论如何都将这么做时,这件艺术品的价值是否会以任何方式受到贬损。艺术家的行为背景是他对自己正在做的事情有意识的理解,这种有意识的理解本身就足以抵制任何有关他的作品因为不具有"真正的"创造性而没有价值的说法。尽管我们会为这一科学壮举喝彩,但德沃金表示,这与艺术家作品的价值问题无关。艺术努力是根据什么是重要的来衡量的:艺术家努力以天赋和信念的非凡结合来创作他的画作。

德沃金认为,我们必须着眼于伦理而非道德原则,来界定原因和责任之间的关系;我们应该从自己对自己责任的"通常看法"(ordinary idea)开始。他指出,我们事实上在"思想控制"(mind-control)的情况和"精神缺陷"(mental deficiency)的情况之间做出了区分:前者是人们处于他人的控制之下,后者则是人们受到控制,但由于缺乏某种能力而不应承担责任。德沃金认为,这种"责任体系"具有广泛的吸引力,有必要根据不相容的可能性对其加以解释。如果他所谓物理——科学——事件和原因对我们的道德判断或道德责任没有任何影响的论证站得住脚,那么我们就需要考虑什么样的道德判断决定了我们的责任。他考察了两个备选解释。他指出,因果(causal)原则"将我们的精神生活放到自然界的背景之下"——它声称物理原因直接消除了我们的责任。他进而指出,与此形成强烈对比的是,"能力(capacity)原则是在从个人视角出发的日常生活框架内部定位责任"。[40]

我们很容易看出原因和道德责任之间的关系。比如,如果某人的大脑额叶缺失,我们知道他很可能会丧失行动能力。但是,德沃金认为,我们不应该仅仅因为一个人杀人时额叶缺失就说他可以免负杀人责任。他说,这种说法并不能完全说明他的原因。毋宁说,如果他(在被追究责任之前)有特定能力的道德要求并不存在,那么他是可以免责的;比如说下面这些形式的辩解:他缺乏知道自己在做什么的能力,或者如果他知道的话,他无法判断这是否错误。这是德沃金给出的一个重要而微妙的区分,它介于以下两种责任的道德原则之间:一种是将所有责任问题都指向一个人是否能够"因果地控制"他的行为,一种是其中的决定性因素是他有"道德能力"来控制他的行为。物理原因的存在与否完全解释了我们的个人责任,这种假设并不能与我们有关责任的所有其他信念相统一。相反,用德沃金的话说,这似乎是将我们不承担责任的理由归之于"一种量子奇想"。

在许多情况下,有些事实会影响我们的行为,尽管我们仍然明显受到道德谴责。一个明显的例子是,去做一些事实上不可能实现的事情的失败尝试(比如,我们试图捡走一个钱包,但里面并没有钱)。在这种情况下,指责应当被归于我们并没有问题,但因果控制原则表明我们是无可指责的。此外,我们无法控制我们的许多信念,因为它们被世界实际如何所控制。说如果我们可以相信任何我们喜欢的东西,我们就能更加自由,这毫无意义(这就是走向疯狂的道路)。我们中的一些人只能做我们个性的心理事实所允许的事情;我们有着有时表现得引人注目的自然倾向。从重要的意义上来说,特蕾莎修女(Mother Theresa)"忍不住"要无私奉献,而希特勒则有邪恶的倾向——但这些事实并不能阻止我们去评判这两个人。更进一步来说,在人们有心理问题或者只是不成熟的情况下,我们并不会像对待幼儿那样认为他们不承担责任。那些有心理问题的人和儿童通常和其他人一样有能力采取行动。毋宁说,问题在于要确定能力丧失在多大程度上扭曲了他们的判断。在这种情况下我们可能会认为他们能力缺乏,但这并不必然推导出,他们缺乏能力因而不负责任;我们需要做出道德判断。

能力原则使得我们能够对责任进行这些微调,而无须走向因果原则强加的对这些问题的笼统回应。既然在这两种责任解释之间进行选择是一个解释性问题(也是个价值问题),那么我们就应该选择最有意义的那种。简言之,因果控制原则对我们的实际思维方式并没有什么意义。

本章小结

　　当人们感受到自己的美好生活并有尊严地追求它时,他们就会好好生活:这意味着尊重他人的尊严和他们追求的生活。"好好生活"和"过上好生活"有所不同:我们可能好好生活但没有过上好生活(例如,遭遇灾难或严重不公等)。一些有效的伦理信念对生活中的责任至关重要。方式(style)是不够的,评价很重要。好生活并非微不足道。一个人的生活并非只是因为他认为如此就"达到了所需的重要性"。很难说是什么赋予了生命以重要性和尊严,只有"极少数人"才能实现"伟大而持久的成就"。大多数好生活都只在"更短暂的效应"上是好的,比如技能、养家糊口、让他人的生活变得更好。贫穷会使生活变得糟糕。拥有生活资源有时可能只是使得有价值的生活得以发展的参数,在其他时候,它们可能是极受限制的。那些完全由于社群特定的经济阶段而产生的是参数(例如,在特别贫穷的社群),而那些由于不公正而造成的经济约束则是限制。因此,相对贫困的生活是否不那么好,这取决于是否存在不公正。严重的不公正使得富人很难过上好生活。对于没有天赋的富人来说,不公正对他们的影响无所不在,因为靠别人的钱生活不利于生活的价值。一种有害的文化教导穷人,好生活就是富裕的生活及其带来的权力。"没有什么比这更能说明不加省视的生活的悲剧:在贪婪和迷妄的群魔乱舞中没有赢家。"[41]

　　《刺猬的正义》是对德沃金多年来以一种极其一贯的方式发展起来的观点的延伸处理。这本书有两个标志。首先,这是对他哲学方法的全面阐述,因此就道德的客观性和相关性而言,这对他法律理论方面的著述具有重要意义。这是对价值论证由哪些因素构成(最终依赖于我们个人的判断和信念），以及它们全体的客观性（即，法律中没有什么是主观的）的充分肯定。其次，它吸收了其第一部分的洞见，即所有关于道德和伦理价值的讨论——而不是所谓的"二阶"或"元"道德和伦理——都包括道德化。因此，毫不令人奇怪，它包括了对尊严、权利、平等、自由、伤害、承诺、后果主义和正义等常见道德问题的回答。也许《刺猬的正义》会向许多人解释，为什么他们觉得德沃金的论证似乎具有一种认为自己正确的傲慢。他在表达自己的一阶观点时确实如此，而这些批评者则期待着其他的东西。确实，直截了当的分析表明，这样做既不傲慢，也不怪异。那些因为一种观点表达了持有该观点的人的信念而认为他傲慢的人，他们自己也通过自己的论证表达了一种观点，因此他们也是傲慢的。这听起来也许是一种持防守姿态的观点。我认为并非如此。因为大约 30 年来，流行的知识文化，至少在主流哲学院系以外，一直是一种过度发挥主观性力量的文化。在知识论证中，它的效果是假设判断——关于所有非科学的事情——都只是品味的表达。这是一种未经深思的草率观点，因为我们每个人都能非常明确地区分：番茄酱对我们来说味道很好，这个判断到此为止，但是 9·11 事件是不道德的、邪恶的，这不仅对我们来说为真，而且对每个人来说都为真，不论他们是怎么想的。

第十章　什么样的平等？

德沃金比任何其他当代政治哲学家都更重视自由民主思想中的平等本质这一关键问题，他有力地发展了这一观点，提出了一个引人注目的具有独创性的资源分配理论。他的方法是实用的。他认为我们应该将人们作为平等者来对待，因此他将这个问题视为分配问题。政府应该如何在实际可行的范围内重新安排社会秩序，以使人们被作为平等者来对待呢？换言之，它应该试图让他们在什么方面平等呢？

德沃金关于资源或财富之公平分配的理论是在他 1981 年发表的两篇极难理解但非常重要的论文中提出的。①此后，他完善并扩展了自己的观点。我要特别提到的是他 1987 年发表的一篇令人费解但才华横溢的论文"自由的地位"（"The Place of Liberty"）。②这三篇论文都被收录在《至上的美德》一书中。然而，在某种意义上，他相当直截了当。他问道，假设他所说人们应该被作为平等者来对待的论证是正确的，那么在理想的社群中，人们应该有权获得什么资源呢？显而易见的——在我看来也是无法避免的——答案是，由于我们具有"平等的客观价值"，原则上，该社群中的每个人都有权从该社群可得到的总资源中获得同等的数量。德沃金关注的是平等和自由这两个自由主义理想之间的相互关系。我们应该牢记，这两种理想是如何包含在他对尊严的阐述当中的：（1）每个人都具有平等的客观价值，（2）每个人都有责任发展自己的生活。在要求每个个体——作为一个人——都被平等对待的前提下，我们如何维护个人自由呢？德沃金的结论极具创新性，因为他试图调和平等与自由，而大多数人都习惯于认为，自由主义理论只有在平等和自由截然对立的假设下才有意义。乍一看，他的资源平等理论好像是社会主义平等化和自由放任经济学的混合体。但恰恰相反，德沃金对平等的有力捍卫同时也是对自由的有力捍卫。从《刺猬的正义》出发，我们也可以自信地说，对它们的共同捍卫也是对个人尊严的捍卫。

　　《刺猬的正义》释放出的最强烈的信息之一是，德沃金认为，政治哲学必须努力对抗现实世界中根深蒂固的——"可耻的"——不公正。当然，他的出发点是尊严：只有当强制性政府对个人责任表现出平等关怀和尊重时，它才具有正当性。自由放任不是一种选择。让经济力量完全自由支配不可能正确，因为政府在现实世界中不可能中立；这将是一项只对某些群体有利的政策。政府所做的一切都会以某种方式影响经济，社群不能被合理地认为是有着特殊技能的人们的"竞赛"。以福利、幸福或财富的"总和"为目标也并不令人满意，因为尽管允许分享"事业的目的"在某种意义上表明了平等的对待，但这些支持的是商品而非人是什么。有些人将遭受巨大损失。让人们在福利方面平等也不可能是正确的（如果它果真可能的话），人们对于什么让他们快乐、什么是幸福都存在分歧，并且在获得幸福的机会和能力方面大相径庭。因此，以这种方式使得人们平等将导致对什么是美好生活的集体判断，从而"消除个人责任"。不论人们做出什么选择，他们都将被变得平等。

　　德沃金认为，相反，我们需要满足尊严的两项原则，并选择一个没有福利——换言之，资源——假设的平等衡量标准。因此，我们必须在人身资源（身体和心理素质）和非人身资源（"尽可能抽象地衡量的财富"）之间加以区分。德沃金指出，只有非人身的财富才能在没有福利假设的情况下来衡量：它可以通过经济交易进行分配，也可以通过税

收、政府计划等进行再分配。德沃金认为,社群应该致力于让人们在非人身财富方面彼此平等:

> 一个尊重个人伦理责任的社群在确定其政治安排时,必须尤其注意做好手段的公平分配。它必须把有关目的的选择留给它的公民,让他们各自做主、自行选择。[③]

184　　　首先,我们将详细考察德沃金如何给出资源平等的理由,以及为什么他认为这比"福利"平等更可取。这个问题的答案告诉我们,资源平等与功利主义有什么不同。其次,我们必须更仔细地研究市场基准的原则,特别是德沃金所说的抽象原则(principle of abstraction)。再次,我们必须考察德沃金如何将这一理想理论应用于你我生活的现实世界,尤其是考察他有关"自由赤字"(liberty deficit)的重要观点。最后,也是目前这项研究中最重要的一点,我们必须看看德沃金是如何将资源平等的理想与法律论证联系起来的。

合理遗憾

问题来了。每个人在福利方面都应该平等的观点乍看起来很有吸引力,但仔细考察,却存在无法解决的问题。如果人们要被作为平等者对待,他们应该在什么方面平等呢? 幸福、财富还是快乐? 是在选定的领域取得成功(比如,为他们信仰的宗教建造一座耗资巨大的纪念碑)吗? 是美丽、健康、运气、土地吗? 还是"任何他们想要的"吗? 有些事情对有些人来说无法实现,还有些事情对任何人都无法实现。这就是有些人声称平等是个神话的部分原因。但其中一些事情是可以实现的，比如成功或幸福，实现它们的手段是可能的。政府不能真正赋予人们成功或幸福，但它可以通过财富分配提供手段或"赋予潜力"。阅读文献有助于区分这些观点。盖茨比很富有但并不快乐。无论如何，他相信娶到黛西会让他快乐。按照边沁的说法，快乐与幸福截然不同：许多人过着幸福的生活，但他们的生活中并没有太多乐趣（苦行僧在幸福中与他的神"融为一体"）；反之，有些人可能并不幸福，但生活中充满快乐（比如盖茨比）。

　　"福利"是上列清单中大多数人可以实现并被人们认为是好的东西的统称。它现在成为经济学家和哲学家用来描述各种幸福、快乐或愉悦等状态的一个术语。因此，我们应该使用哪些原则来使人们在福利方面尽可能接近平等，这个问题是有些意义的。一般而言，这意味着政府必须追问，对不同的人来说福利是由什么构成的，然后分配资源，以确保人们在福利方面尽可能平等。

　　德沃金考察了我们研究福利概念时的三种方式。我们可能认为它意味着在某个领域达致成功（实现个人的目标），无论这是与我们自己的还是他人的生活相关。或者我们可能认为它是某种意识状态的实现，比如快乐的感觉，就像早期的功利主义者所认为的那样。或者，我们可能认为福利是这两种可能性中的任何一种，但补充说，对一个人的成功或实现特定意识状态的判断是客观的，比如在某人否认其福利水平时。德沃金对该问题最详细的讨论集中在个人偏好中成功的平等化上。我们如何对人们的生活做出判断呢？德沃金认为我们可以，关键概念是他所说的一个人生活的"明辨性"价值。他认为，仅仅根据个人偏好的满足程度来评判一个人的生活，这是一种肤浅的衡量。他指出，这种生活只会是一个"相对成功"的问题。通过"有着明辨性价值的生活"（critically valuable life）的概念，德沃金摒弃了许多现代功利主义思想和福利经济学,其理由便是它们过于关注相对成功的生活。他指出:"偏好(或需求、欲望)这类话语似乎过于粗陋,无法表达对整体生命价值的特殊、全面的评判。"④相对成功——欲望的实现——正是许多人认为享乐主义错误的关键所在。

然而,我们如何衡量生活的总体成功呢?在让人们参与进来,使他们在总体成功方面平等之前,政府需要坚持这一理念。德沃金提出了几种思路。仅仅问一个人,他们的生命对他们来说有什么价值,这似乎并不总是能产生正确的结果。那个因为没有创作出一首伟大的诗歌而认为生命不值得继续的"悲惨诗人"怎么办呢?他认为他的生命是失败的(但我们并不一定这样认为)。然而,德沃金认为,这种判断对普通情况无效。以杰克和吉尔这两个人为例,他们过着相似的平凡生活,虽然天赋不高但很成功。他们之间的相关区别是,杰克认为自己的生命很有价值,而吉尔认为自己的生活很乏味,他想得到更多。如果总体的、关键的成功是通过他们对价值的相对主观的判断来衡量的,那么政府就必须给吉尔更多的资源,因为在他看来,自己的生活总体上不如杰克成功。德沃金认为,这个结果是反直觉的,因为它缺乏客观性。为了注入客观性,德沃金提出了"合理遗憾"(reasonable regret)的概念。杰克和吉尔应该通过追问自己,是否存在某些他们可以合理拥有以使他们的生活总体上更成功的东西,来判断自己的生活。"人们对生活中未能做什么事情的合理遗憾越多,他们生活的总体成功就越少。"⑤德沃金建议,他们应该尝试将自己的生活与适当情况下他们的理想生活进行比较,或者与没有价值的生活进行比较。尽管如此,杰克和吉尔仍然对他们经总体判断的生活给出了不同的评价,这种反直觉的结果并没有消失。

我们真的能让人们在纯粹主观判断总体成功的标准上平等吗?以杰克的观点为例,他说他很遗憾没有更多资源来参加赛车比赛。难道不应该对他能拥有多少资源来参加赛车进行限制吗？如果他只是简单地诉诸自己的愿望，就能让更多的资源合理地向自己转移，这似乎太反常了。和大多数人一样，杰克和吉尔都遗憾自己拥有的资源更少，而不是更多。我们如何确定什么是"合理的"更多呢？吉尔怎么能计算出他可以合理地拥有与杰克相比更多的东西，以便在生活的总体成功中彼此平等呢？德沃金指出，这只有通过利用一些其中不包括总体成功之判断的资源公平分配方案才能实现："合理遗憾本身不能被纳入对于某些遗憾是否合理做出决定所依据的分配假设当中。"⑥换言之，何谓合理不能通过主观福利主义判断来决定：那将陷入循环论证。

相比于其他常见的反功利主义论证，德沃金的论证极具独创性，他认为人们之间的福利不能主观衡量。⑦如果杰克有关他成功生活所合理需要的东西的主张必须与吉尔的主张相比较，那么他们之间显然需要一个衡量标准。可用的衡量标准是什么呢？根据人们具有平等的道德价值的观点，并没有什么理由给予任何人比其他人更少或更多的财富或资源。资源是实现成功生活所必要的（但并非充分的），专注于资源平等的一个特别具有吸引力的地方在于，它造就了平等和自由之间的完美结合。

杰里·科恩一直对德沃金的资源平等理论持批判态度。科恩并不接受任何把自由市场和财富公平分配的问题放在一起谈的观点（应该指出的是，他在方法上是高度马克思主义的，在背景上更无疑是马克思主义的）。他赞同著名的"平等主义精神"（egalitarian ethos），自然也赞同马克思主义"各尽所能、各取所需"的口号，因此他提出，平等主义的任务就是改善一个人"生活中的满足感"的需求，这意味着提升一个人的"福利潜力"。⑧很难确切理解这指的是什么。尽管科恩认为自己是一个"福利主义者"，但"福利潜力"的概念含糊不清。仅仅"给予一个人福利"本身是不对的,因为我们的道德状态在很大程度上取决于我们如何看待我们的生活,因此,对福利的直接关注是家长主义的。但是,如果说科恩的信念果真并非家长主义的,那么他一定认为一个人能够用来过上自己生活的物质条件至关重要。因此可以推论,福利的可能性根本不是福利,福利需要实际上是资源需要(以及平等所要求的非歧视精神)。或者,科恩也许认为可用的资源并不那么重要,真正重要的是福利精神带来的"关爱"(caring),换句话说,虽然资源是必要的,但重要的是存在一种"关爱"精神,它是通过将正义视为平等关爱他人福利的问题而产生出来的。这种解释的问题在于,如果资源分配极不平等,那么"关爱精神"就没有多大价值。我们必须认清事实。无论你多么关心别人的幸福,如果他们或你没有资源为此做任何事情,这种关爱便形同无物。

但是,人们当然很容易理解科恩对于市场决定公正的厌恶。自由市场确实经常会产生怪诞的不公正,平等主义精神的社群本质很有吸引力。在存在着无限的资源并且人人都尊重平等主义精神的理想世界,这个观点似乎没有太大问题,尤其是如果我们承认,我们可能会对人们所缺乏的东西做出解释性判断,然后或者帮助或者不妨碍他们获得他们想要的东西。但是,那是什么样的世界呢?将该原则应用于现实世界,[⑨]除了说我们应该关爱以外,甚至没有直观的帮助。简单说,满足关爱需要的手段是有限的。科恩并未正视这个显而易见的问题。例如,科恩的阐述如何理解英国国民医疗服务体系(National Health Service,NHS)需要做出的关于使用昂贵设备的日常分配决定呢?药物不能分配给最痛苦的患者(福利最少的患者),因为其费用(就像钻石山一样)将意味着其他患者要面临遭受更多痛苦的风险;例如,他们可能需要等待更长的时间才能进行透析。如果事实如此,这将违反平等。

或者,科恩如何理解我们依法获得司法公正的重要权利呢? 这项权利的定义必须以他人不被拒绝诉诸法院的权利为背景(否则花费在每个案件上的时间将会过长)。极其困难也极成问题的是说明,直接诉诸比较衡量和常见价格机制是如何可避免的,或者为什么是可避免的。[10]

资源平等经济学

杰克和吉尔之间的那种争论——对于什么使他们快乐的比较——往往出现在关于功利主义的价值的讨论中,特别是关于价值不可通约性(incommensurability)问题的讨论中。然而,我们不应将其与有关功利主义优点的争论混为一谈。上文第九章已经明确,德沃金提出了一个独特的功利主义观念,即平等功利主义。根据德沃金的观点,正统或"目的论"功利主义将福利本身视为一种善,因此,尽管他不支持这种形式,但他认为福利最大化是有意义的,[11]然而,"平等论"功利主义是一种强调使人们在福利方面平等的平等观念。

对于德沃金来说,这种"平等论"功利主义提出了更令人感兴趣的问题。他认为其中存在着许多困难之处。其一是,它在偏好最大平均幸福和最大平均痛苦之间相互矛盾。为什么呢? 因为功利主义的部分关注的是福利,而平等主义的部分关注的是使人们平等。因此,在这种福利主义形式中,并没有什么原则来区分每个人都在低福利程度上平等,但总体福利却更多的情形。[12]大多数人会对下述观点犹豫不决:我们应该以降低每个人的生活水平为代价,仅仅为了获得更多的总体福利而增加人口。"目的论"功利主义可以说无论分配如何,福利水平在本质上是至关重要的,从而解决这个问题。尽管如此,对德沃金来说,最重要的反对意见恰恰是,平等论功利主义很容易受到已经对人们在福

188

利方面实现平等的可能性提出的指责的影响,无论这种福利是以成功还是快乐的形式出现。如果没有一个独立的分配标准,如果乃至不知道获得这种福利的手段的可用性,这是不可能实现的。我们必须至少知道存在一些可用的资源。在一个极其贫困的国家,考虑一下福利平等化甚至都是不可能的;总的来说,那里或许都没有足够的食物供应。资源平等是德沃金将人们作为平等者对待的概念在资源分配中的应用。当然,这是一种理想观念,它关注的是阐明我们的政治制度组织起来时应当依据的原则。[13]支配性的理念是,一个人的资源应该以他拥有这些资源的成本来衡量,并且当然,总是基于每个人具有平等道德价值的假设:

> 在资源平等的情况下,人们在决定追求哪一种生活时所依据的信息背景,是他们的选择给他人,从而也给他们自己可以公平使用的资源总量带来的实际成本。[14]

这是经济学中常见的"机会成本",但它明显与公平有关。每个人在资源平等方面被作为平等者得到的对待,都必须根据给他人的资源带来的成本来衡量。因此,对德沃金而言,主张资源平等以某种类型的经济市场为前提,这是极其自然的。德沃金揭示了理想市场的观点中的一些重要问题,这些问题表明了右翼和左翼在有关自由和平等之相对重要性的当代政治争论中存在着分歧。

拍卖

下文所述在某种程度上是技术性的。人们表面上(prima facie)有权获得平等资源的原则已经确立,尽管这一原则在实践中的影响仍有待阐明。德沃金提出了一种资源平等借以实现的假想的拍卖模式。一批前往一个无人居住、经济富裕的小岛上的移民参加了这次拍卖。根据这一模式,并与他们被作为平等者对待的前提相一致,移民来到小岛时,充分了解拍卖的性质和岛上的经济财富,能够做出真正的、个人的、非强制的、"本真的"选择。没有任何移民带着额外的资源来到这个小岛。因此,每个移民都会得到同等数量的某种形式的货币(德沃金建议使用贝壳),每个人都会在岛上竞拍各种商品,包括土地。甚至各种商品或土地的大小都由竞拍来决定。竞拍一直持续到没有人"妒忌"其他人的商品的阶段。德沃金这样界定妒忌检验(envy test):"一旦划分完成,如果有任何移民宁愿得到别人分到的那份资源而不要自己的那份,那么资源的划分就不是平等的。"[15] 这种妒忌检验是一种经济而非心理检验,在经济学思想中被广泛使用。这是检验一种情形,以便了解理性的自我利益最大化者会得到什么结果的简略形式。[16]

　　人们具有平等客观价值的原则会在此发挥作用。它解释了妒忌检验,因为没有人会一直妒忌别人的商品。此外,它还规定了人们作为平等者参加拍卖的假设,因此没有任何人能从资源或知识的优势地位开始。根据德沃金的观点,平等原则也为拍卖的进行创造了条件。想象一下,岛上商品的大小是某人预先划分的结果。比如说,那个人把土地分成足球场大小的地块。拍卖会进行了,作为一个结果,没有人因为他人持有的那份商品而妒忌。结果是,包括在份额当中的地块以足球场大小,而不是任何其他可能的大小为权重。他指出,这就是为什么拍卖中应该确立一项要求,即划分的大小本身应该向拍卖开放。如果拍卖者用岛上的资源换取了大量等份的——用德沃金所举的例子——根瘤蚜虫病爆发前产的葡萄酒或鸽科鸟蛋,那么拍卖也会有类似的权重。

190

妒忌检验得以通过，但拍卖对拍卖者的特定品味存在一种固有的权重。拍卖开始时并没有这些假设；并不存在最初的拍卖品划分或商品交易。

重要的是要看到品味属性和运气存在的相关性。岛上可以得到的商品可能并不适合每个人的品味，什么品味能得到满足可能只是个运气问题。如果岛上只可以得到根瘤蚜虫病爆发前产的葡萄酒和鸽科鸟蛋，那么喜欢这些东西的人就很幸运，不喜欢这些东西的人也不能主张拍卖下的资源划分是不公平的。拍卖关注的是资源的平等化，而不是福利的平等化，因为正如德沃金所说，后者并没有一个衡量标准。

运气也与品味的流行有关。如果只有少数人有着相同的品味，价格对他们来说可能会很低，因为没有多少人会出价跟他们竞争；但另一方面，如果不存在足以导致大规模生产经济的流行需求，那么价格也可能会走高。同样，在资源平等的情形下，这些因素不会影响通过拍卖分配的公平性。有些人的品味可以得到廉价的满足，而另一些人的品味需要奢侈的消费来满足，这不是公平的问题。简言之，我们不能以可得商品和品味多样性的偶然事实为由，质疑分配不平等。

假想的保险市场

妒忌检验很重要。它检验了人们是否被作为平等者对待，因为它不允许任何使得一个人更喜欢另一份而不是自己那一份的分配成为一种平等的资源分配。如果你能竞价——就像其他人一样——来拥有它，你就不会妒忌别人拥有的东西。对于资源平等经济学的发展来说，至关重要的是德沃金在选择运气（option luck）和纯粹运气（brute luck）之间所做的区分。选择运气是我们在打赌或炒股时可能拥有的那种运气，借此我们会故意为某件事冒险。另一方面，纯粹运气只是个风险如何降临的问题,比如如果陨石落在我们身上,我们的运气就太糟糕了。德沃金认为选择运气与资源平等是一致的,事实上,这是他发展个人自由理念的一个基本观点。人们可以自由地承担风险并自负后果。获胜的赌徒深思熟虑地选择了冒险,而这种风险的真正成本是根据那些选择更安全生活的人付出的成本来衡量的。更安全生活的代价是放弃任何可能获得的机会。失败的赌徒至少有能力去冒险,从而获得可能的收益。他因此为有机会打赌而付出了失败的代价。

德沃金得出结论,尽管他认为可能存在限制条件,比如那些基于家长主义理由的(以自己认可的方式限制一个人的选择,从而将其从自身中拯救出来)或者基于政治道德理由的(例如,你不应该拿卖身为奴做赌注),但为什么自担风险应该受到限制并不存在一般理由。他认为我们应该调整妒忌检验,通过假设我们不能妒忌那些承担了风险并得到了回报的人——这些都是我们本可以承担的风险——将选择运气包括在内。⑰然而,德沃金并不认为纯粹的坏运气与资源平等一致。这是因为我们在纯粹运气面前无能为力;这对我们来说并不是一种选择。如果我们被陨石砸中,或是被癌症击倒,或是天生没有四肢,我们都会无能为力。然而,这并非一个无法克服的问题,因为它可以通过保险来解决,保险可以将纯粹运气转化为选择运气。

我们要重视纯粹的坏运气。一个从出生起就患有严重残疾的人既不能工作也不能赚钱。更糟糕的是,他要依赖社群中其他人的资源。如果我们要认真对待人们平等的道德价值,也就是说,我们要认真对待他们的尊严,那么我们就必须把严重残疾的人看作和我们一样有权分享资源。换言之,他们生来就有缺陷,在理想社群中,平等的道德要求补偿,以使这个人在资源上达到与其他人相同的水平。例如,在最简单的情况下,我们可以购买保险来保护我们的财产免受盗窃。我们支付保险费,如果财产被盗,我们将得到补偿。该代价是保险人为了承担风险而准备接受的金额。他在计算时考虑到了盗窃风险、可能的赔付和承保这种风险的市场。保险成本是根据发生盗窃时保险人的资源损失的精确计算来衡量的。这个简单观点是德沃金详细阐述假想的保险市场的关键,目的是证明对纯粹坏运气进行补偿的合理性。大量纯粹运气的问题在于,它发生在任何人接近于能够购买保险,将其转化为选择运气之前。实际上,通常存在着残酷的第二十二条军规(Catch 22)。那些运气非常糟糕,在出生时就患有脊柱裂疾病的人不会被保险,因为并不存在保险风险,即使存在保险风险,他们也太过年轻而负担不起保险费。

　　尽管如此,计算残疾发生的风险相对容易。这只是一个统计问题。因此,在人们不可能投保的情况下,我们可以假设,如果人们知道风险的话他们会买什么保险。德沃金认为,这样一种假想的保险市场为我们计算保险费提供了一个可行的基准。这一基准是可行的,尽管人们在其准备承担的风险和准备支付的费用方面可能有所不同。他指出,人们会对影响一系列不同类型生活的残疾——比如失明、失去四肢等——的保险价值做出大致相同的评估。他认为,没有必要为每个人提供"个性化"保险。根据德沃金的观点,为残疾提供这种补偿的可能性是原则上的。无论如何,他认为不可能找到一种实际困难较少的替代方案。显然,他认为假设的保险补偿形式的最大优点就在于它是有原则的;它在资源平等的前提下衡量制度的成本:

　　　　当然没有理由事先就认为,基于这个猜测来补偿残疾人的做法原则上会比其他选择更糟糕,它的优点是指出了最符合资源平等的理论解决方案的方向。[18]

回到移民问题。因此,通过向移民征收强制保险,他们中那些带着
残疾来到岛上或者来到岛上后成为残疾的人将因他们纯粹的坏运气而
得到补偿。这将使他们与那些没有残疾的移民一样拥有相同的资
源——或者尽可能接近于金钱所能补偿的相同资源。成本当然就是合
计的保险费。基于此,每个移民拥有的资源将是平等的,但比假想的保
险制度建立之前在社群中拥有的资源要少一些,尽管——当然——没
有人会因为纯粹的坏运气而处于不平等的地位。根据最抽象的原则,
即国家的组织方式必须体现对每个人被作为平等者对待的权利的尊
重,这在道德上是正当的。

德沃金认为,为了补偿人们的残疾,并不必要对什么构成"正常的"
能力加以了解。该观念中固有的困难(例如,根据什么标准可以确定残
疾人不是"正常人",因此应该得到补偿呢?)在假想的保险制度中是没
有必要的。在此,市场决定了人们准备投保的是哪种残疾(纯粹坏运气
的实例),因为他们的偏好将与成本挂钩。该市场因此将决定可补偿的
残疾的上限。这是因为一个人的资源应该以他拥有这些资源让他人付
出的成本来衡量。上限将由诸如人们准备承担的风险、他们准备支付
的保险费,以及可用的总资源等因素来决定。让人兴致索然但极其现
实的是,这将成为一个和保险公司每天都在发生的精算几乎完全同类
的问题。

对于那些因为智力和技能缺乏而在劳动力市场上处于相对劣势的
人们来说,类似的论证也是可用的。对此,德沃金也指出,假想的保险
市场可以设定一个保险费,根据他人付出的成本,来衡量一个人因缺乏
就业才能应该得到多少补偿。我们假设移民们知道他们的职场才能如
何,但并不知道支付给他们的可用资源,也不知道他们可能的收入水
平。因此,他们会针对没有得到他们认为自己的才能可以保证的工作

为自己投保。工作越少——很少有人有能力去做(但存在真正有竞争的市场)——得不到那份工作的保险费就越会高得离谱,将几乎等同于可能支付的金额。德沃金指出,从技能的角度看,投保将变得更加明智,因为"具备挣到正常收入分配之50%的能力的人数,要比具备挣到正常收入分配之99%的能力的人数高一倍以上"。[⑲]

　　通过这些方法,我们应该能够计算出以才能为主导的经济达不到理想分配的人均数额。我们能不能制定一个再分配的税收方案,让那些才能低于平均水平的人得到补偿呢?我们将如何对其进行补偿呢?德沃金指出,基于平均就业不足的保险费水平实行统一税率是不公平的,因为富人会和穷人支付同样的费用。他因此得出结论,通过一些改进,保险费可以根据收入进行分级。这甚至在经济上也是有效率的。金钱边际效用的下降(你拥有的金钱增多,你在福利增长方面所取得的就按比例减少)会影响人们准备为没有得到高薪工作而投保支付的金额。由于市场上存在更多的人,保险公司可以获得更多的利润,所以下端可能会存在更便宜的保险费(也会存在更大的竞争)。成本降低也可以通过以下方式实现:首先,让要求购买更昂贵保险的人负担表明他们对自己的才能没有错误或不诚实的认识的责任;其次,通过共同保险,要求人们支付一定比例的他们的才能之产出与他们没有得到那份工作而投保的就业水平之间的差额。

　　牢记德沃金就此在做什么是有用的。他认为,作为一个人,社群中的每个人都具有平等的客观价值。他还认为,每个人都有责任充分过好自己的生活。这两项原则——显然就是我们现在从《刺猬的正义》中看到的尊严的两项原则——必然包含一个经济市场。我们在市场上应该被作为平等者对待,我们应该随心所欲地自由贸易。既然由于并不存在缓和福利之主观评价的标准,使得人们在福利上平等是不公平的,

那么人们就必须在资源上平等。然而,以缺乏技能或身体残疾等缺陷
形式出现的纯粹坏运气意味着,有些人最终将拥有不平等的资源。德
沃金证明了一项再分配方案的合理性,即基于人们为了境况不致恶化
而去投保,以及这种保险的作为假想的保险市场能够收取的保险费的
总和的成本,那些境况更加糟糕的人会得到补偿。实践中,这些保险费
将以累进税的形式来支付。

那么,纯粹的好运气又怎么样呢? 如果平等理念要求人们不会仅
仅因为才能缺乏而收入减少,那么这一原则似乎也要求,你越有才能,
就应该缴纳越多的税。有才能和没有才能一样,都不是你自己的选择。
从某种意义上说(人们经常以这种方式来描述),这是天赋(gift)。我们
注意到,在假想的保险市场中,一个才华横溢的人不需要支付保险费,
因为他的才能足以保障他在不用投保的情况下生存。这表明,假想的
保险税方案无法将水平定得足够高,使得不太有才能的人和非常有才
能的人都能得到保障。这将意味着妒忌检验的失败:人们仍然会妒忌
最有才能的人的赚钱能力。德沃金对此的回答是,妒忌检验不能被期
待用来消除人们天生就有的差异。他比较了两种世界:在第一个世界
上,人们知道自己相对于他人的才能和抱负所处的劣势,并因此而苦
恼;在第二个世界上,人们并不知道自己所处的劣势,但有平等的机会
为劣势投保。德沃金指出,第二个世界是首选,他的假想保险论证旨在
尽可能在现实世界中重现第二个世界的结果:

> 它通过一个简单的命题回答了那些在第一个世界里处境更好
> 的人(也包括许多在第二个世界里有更多的钱供自己支配的人),
> 即基于与他们(考虑到他们的品味和抱负)会有什么处境无关的理
> 由,第二个世界是更接近于资源平等的世界。[20]

　　尽管如此,德沃金并未主张应该消除财富差异。他指出,这样做会曲解真正的机会成本,从而影响到每一个人。首先,我们不能主张一个支持我们所有人都拥有最高收入的社群——总资源无法支持这一结果。我们能够做到的最为接近的就是主张,没有人应该得到这种收入,并且我们每一份较低的收入都相对接近于最高收入。但这会产生如下效果,例如,J. K. 罗琳可能会拒绝写作更多的书,以至于人们阅读《哈利·波特》的选择会受到影响。德沃金认为,这种结果将会是"对选择不敏感的"(choice insensitive),它与假想的保险市场的观点相互矛盾,因为该种观点就是要使人们的选择与税收水平的设置相关。德沃金指出,"移民们为什么选择敏感于人们实际上想要过的生活的拍卖,作为他们实现平等的主要引擎,其原因正在于此"[21]。

　　德沃金认为,对财富差异的厌恶是对我们生活的当今社会的回应,其中财富因其本身而被羡慕。德沃金并非右翼自由主义者。他远比人们认知的更加具有社会主义平等论色彩,尽管——与许多社会主义者不同——他认为根据自己的特定看法去过自己生活的自由才是根本。他认为,一个按照他的路径运行的资源平等的社群,其中会存在财富差异,但那反映的是不同的抱负和品味,这种社群不会产生现在那种扭曲我们现实生活方式的态度和动机。

自由与平等[22]

　　对于德沃金作为资源平等的平等观念来说,至关重要的是,他认为我们必须将一个人与他的特殊境况(残疾或才能)区分开来。这是什么意思呢? 它有助于回到人们应该被作为平等者对待的观点,以及伯纳德·威廉姆斯提出并且我们在第八章讨论过的人们的"共同人性"观点。就他们作为"人"来说，人们都是相似的，所以身体残疾或才能缺乏的人必须被作为"平等者"对待，也就是说，他们在人性上与非残疾和有才能的人平等。

另一方面，人们的抱负和品味各不相同，这些差异直接跨越了才能和残障的各个层面。人们是有创造力的，可以让自己的抱负变得更远大，也可以培养和发展自己的品味。但将人们作为平等者对待只需要通过资源平等的方式赋予他们做这些事情的能力。换句话说，德沃金将品味和抱负归于个人，并将个人的精神和身体力量归于他的环境：

> 资源平等所要求的是对以下两个方面加以区分：一方面是这种理想归于个人的，决定着何为成功生活的信念和态度；另一方面是这种理想归于该个人的环境的，为成功提供手段或形成障碍的身体、精神或个性特征。[23]

换言之，资源平等并不补偿人们的特殊品味和抱负，而是要求补偿才能缺乏和身体残疾。之所以如此，是由于自由。正如我们所看到的，德沃金的方案是将自由定位于平等理念当中，该方案要求将视人们为"共同人性"——有着"平等的客观道德价值"——的部分的那种平等，与一个人能够发展和实现的特质区分开来。使得人们在实现抱负方面平等（总体成功的平等），这将是平等化过程中错误的那部分；正如德沃金所说，这就是福利平等的问题所在。重复一遍：在一个承诺将人们作为平等者对待的政治方案中，资源平等是正确的分配原则，因为"共同人性"要求人们处于与他人平等的地位，以便能够自由地以自己希望的方式生活。[24]

关于信念的说明

　　现在有必要更加具体地谈谈,如果在拍卖中已经存在初始的资源分配,将会发生什么。德沃金修改了妒忌检验,它适用于一个人终其一生拥有的资源份额,而并不适用于一个人在拍卖结束那一刻拥有的资源份额。正如德沃金尽力强调的那样,他的理论并不是一种"起跑线"理论("starting-gate" theory)。起初决定资源平等的一般原则决定了一个人一生的分配权利。这意味着,任何人都不应该被允许仅仅因被好运赐予才能而获得利益。当然,他可能会仅仅因为自己的抱负——他努力做的工作——而获得利益。那很公平。用德沃金的话说,当资源分配变得"敏感于天赋"而非"敏感于抱负"时,它便是错误的。这在财富分配中是个合理的区分吗? 德沃金回答,这很公平,答案可以在妒忌检验中找到。一个人如果仅仅通过自己的天赋而在社群的资源中获得了更大的份额,他会受到社群其他成员的妒忌,因为他仅仅通过(纯粹的)运气就获得了额外的份额;但是没有人会妒忌他通过努力工作或发挥想象力而获得的利益——培养该种抱负并努力工作,这总是对任何人都开放的。

　　在他后来的坦纳讲座[25]中,德沃金回应了下述批评意见,即他的理论要求在个性(比如抱负)和一个人所处的环境之间进行过度的区分。是否存在相关差异呢? 他认为,我们有关自己在生活中应该做什么的信念——我们的抱负——不应该被视为我们过上好生活道路上的"障碍"。关键在于,如果我们有关什么是好生活的看法与纯粹运气的问题——残疾或才能——被归入同一类进而不被重视,那么这将是对自由的不合理限制。我的观点表达了我所认为的我的生活应该怎样的真理。认为我的观点限制了我的选择，那也许是有悖常理的。的确，我的观点在某种程度上限制了我的选择。我不会选择我并不选择去做的事！德沃金指出，这与选择的"形而上学"无关，只是"伦理生活的逻辑"的一种表达。

让我们再考察一下这个论证。为什么天赋不是个性的组成部分呢？没有它我们能够成为自己吗？我们的信念表达了我们对正确生活方式的看法。想象一下，我的信念包括这样一种看法：对我来说，最好的生活就是尽我所能地拉小提琴。说我不会因为这些信念而得到补偿，这意味着什么呢？为了按照我的信念生活，我需要比德沃金式资源平等所允许的更多的资源（这取决于我的天赋如何，能否进入音乐学院，有没有一把瓜奈里小提琴，等等）。因此这里有一个反对意见：在我持有的信念中，我的个性是我生活环境的一部分。如果我要因环境而得到补偿，那我也必须因信念而得到补偿。德沃金对此予以否认。他指出，我们有关什么构成好生活的看法不能被视为障碍（除非我们认为它们是错的。那样的话，它们就不会是我们的看法）。也许，德沃金终究是有说服力的。他说一个人的信念不是运气的问题。但是，德沃金接着指出："我可以决定不去做我认为对我最好的事情，但我不能决定不去相信那是最好的。"这听起来就好像那是个运气问题！在坦纳讲座中，他似乎进一步提出了一个单独的论证，即"信念是我们的一部分，而不是我们处境的一部分"。对此进行反问似乎颇具合理性：为什么天赋不应该成为我们的一部分呢？

在此回到一个引人关注的主张可能是有用的，即残疾和才能是个运气问题。我们的信念不是个纯粹运气问题，但处境是，因此处境必须根据抽象的平等原则来调整，以补偿残疾人并对天赋成果征税。我们对一个人因为运气不好而遭受真正困境的观点没有异议。[26]从抽象的平等原则来看，我们可以很容易达成一致意见，这需要不同于总体可用资源的资源分配。运气起着直观的作用。为什么一个人应该因为纯粹的坏运气而比其他人处境更糟呢？如果我们坚持这种进路的逻辑，我们一定会被这种论证所打动：为什么一个人仅仅因为运气，恰好比其他人更有天赋，就要掌握更多的总体可用资源呢？那肯定违反了抽象的平等原则。我觉得这种论证很有说服力，尽管我是绝对少数。许多人确信，他们比其他人钱少的唯一原因就是他们没有那么努力。我认为这是一个可悲的错误。某人——像沃伦·巴菲特或比尔·盖茨这样的人——因为付出了相应的努力而"赚了"一大笔钱，这种看法并非正常合理的。它将人们的注意力从以下事实转移开来：有些人很幸运，是因为他们的基因构成使他们能够在经济市场上从事更有成效的工作；有些人很幸运，则是因为其他方面的原因——例如，他们占据了自然垄断地位（比如商业银行家）。恐怕确实存在天生才能这种事，我们每个人当然并不会都成为莎士比亚、伊扎克·帕尔曼（Itzhak Perlman）、毕加索或者丘吉尔。我们都是人，所以我们都享有一些天生才能。我们应该为享有而深感欣喜，而不是妒忌和怀疑。

方法论：桥接论证和市场基准

拍卖以讨价还价的自由为前提，其目的是均衡资源。德沃金指出，由此可知，在拍卖或随后的市场交易中，自由本身不容讨价还价。换言之，自由是市场的基础，它本身不可能成为一种可以交易的商品。自由比可以交易的商品具有更为根本的地位。有人认为那几场著名的辩论——其中一些是在美国最高法院进行的——仅仅是关于在自由和平等之间做适当的妥协，就好像自由不过是人们碰巧认为符合他们利益的东西。德沃金指出,这就是这种观点错了的原因所在。毋宁说,在有关平等化的论证站得住脚之前,自由必须到位。在德沃金看来,这符合某些基本自由的意义,同时否认存在普遍、至上的自由权利。然而,这已经过于晦涩难懂了,我们正在向前跳跃。首先,限制是否基于自由(后者是德沃金认为必须添加到市场基准中的)? 鉴于市场的各个方面都必须经受检验,最最重要的理念就是德沃金所谓人们必须被作为平等者对待的基本原则。德沃金称之为桥接论证(bridge argument),它将其根本要求与市场上发生的一切联系起来。换言之,我们必须为市场选择最能实现这一基本原则的基准限制。

有一种限制简单明确:必须限制自由以保护人身安全(安全[security]原则)。德沃金将这一观点的发展留给了未来的讨论,并且他显然认为,对于限制自由以保护人身安全来说,存在着独立于市场的理由(当然,要与将人们作为平等者对待相一致)。也存在市场理由。如果我们被强制或被操控同意合同条款,那它就不是真正的合同。鉴于这一保护自由的原则,德沃金阐明了广泛的抽象原则的存在,它们将自由作为主要预设之一嵌入市场基准当中,并包括了矫正(correction)的观念:

> [这一原则]确立了支持选择自由的有力推定。它坚持认为,只有当人们在法律上可以随心所欲自由行事时,理想的分配才是可能的,除非为了保护人身和财产安全,或者为了矫正市场中的某些缺陷而对他们的自由进行必要限制。[27]

"矫正"原则是将抽象原则应用于现实世界的情况背后的一项实用原则。我们不能假设,在现实世界中,市场总是会实现与将人们作为平

200

等者对待相一致的结果。市场在某些时候需要矫正。例如,当存在额外成本(比如对第三方的污染)时,这一原则允许监管,以在现实世界——其中这些成本(经济学家称之为"外部性")会挫败人们的抱负和方案——中模拟出理想的市场结果。在这些抱负和方案需要协作而非讨价还价的情况下,在那些目的是使事情顺利进行的情形中,例如选择人们应该靠道路哪一侧开车,它也可以被使用。

　　抽象原则的要旨在于,它通过为发现一个人的自由真正让其他人付出了什么代价设定条件,来服务于自由。这就是为什么在德沃金看来,这在很大程度上是平等理念的一部分。如果人们不能从一开始就自由地做出有区别的选择,其他人付出的真正代价就会被掩盖;正如经济学家所言,"真正的机会成本"将会被忽略。例如,想象一下,在拍卖之前,拍卖人将岛上的土地分成足球场大小的地块,或者用岛上所有的商品换取香槟和雪茄。这将表明灵活性的失败,使得大量商品对于移民们的计划和偏好变得极不敏感。他们的自由减少了。德沃金指出,这一抽象原则极其重要地关系到下述问题,即如果大多数人想要一种宗教或性的正统观念,那么是否应该强制执行这种正统观念。他认为,这一原则通常支持自由主义的观点,即国家应该在人们的道德观念之间保持中立,即使存在多数人的偏好。为什么呢? 因为机会成本的概念在人们希望自己过上的各种生活类型(尊严的第二原则)之间是中立的。正如一个人会发现花费一生时间收藏毕加索的作品极其昂贵一样,一个想把自身置于自己的性文化或宗教文化中的人也是如此。当然,在一个存在主流文化的社群中,过一种非正统的生活可能更加昂贵,因为那些希望过这种生活的人相对较少。这是硬币的另一面,因为要确保少数人有一种与他们相适应的社会文化,这并不现实(太过分了),这要求太高了。如果资源平等致力于创造一种正如德沃金所说生活应该"同样容易过"的文化，那么驱动力将是福利平等，但因为并不存在成本的衡量标准，它失败了。

另外两项原则对德沃金来说非常重要。那便是本真性原则和独立性原则(参见第九章)，这两项原则都更准确地阐明了"抽象"原则的要求，即有利于选择自由的推定。任何进入市场的人都必须能够做出真正、"本真的"选择。显然，如果他被谎言或误导性广告欺骗了(未成年人更甚)，他所选择的生活方式将不会是他在完全自由的情况下所选择的生活方式。在他缺乏充分认识的状态下，他的选择不会相对于市场上其他人的选择来适当计算成本。他将遭受自由赤字，因此，市场基准必须包括防止非本真性的保护措施，比如防止诱导性合同和确定承包人最低年龄等方面出现的欺诈和虚假陈述。德沃金朝着言论自由的方向发展这一观点。言论自由与人格的形成和发展有关。只有在思想受到他人检验的文化中，更进一步，在人们有权表达自己的观点并试图说服他人的文化中，"本真"人格发展的适当条件才能达成。实际上，德沃金认为，这是确定真正的机会成本——进而，平等化过程——的一个重要方面。也就是说，只有在人身安全的问题上(例如美国宪法中"明确且现实的危险"的检验)，意见自由发表的权利才应被剥夺。

独立性原则(参见第九章)最好通过桥接论证来理解。再次重复一遍，桥接论证要求调整市场基准的所有原则都必须与人们应被作为平等者对待的基本原则相一致。简言之，独立性原则要求，反映对人们的偏见或藐视的市场是有缺陷的。想象一下，占多数的白人移民对黑人怀有偏见，他们购买了大片土地，其明确目的就是让黑人远离白人区域。德沃金认为，抽象原则中没有任何东西可以阻止这种情况发生；然而，它被人们应被作为平等者对待这一基本原则所禁止。独立性原则可以在两个方面具有相关性。其一，就像抽象原则一样，它必须被纳入市场基准,因为它扭曲了机会成本;显然,如果人们受到歧视,(对他们来说)真正的机会成本便难以发现。换句话说,拍卖人肯定会基于偏见不接受出价。其二,即使市场在无偏见的基准上运行,它也需要在有偏见的出价被贴现之后得到矫正。在现实世界中,独立性原则必须与矫正原则一起来运行。有时,正是为了实现没有偏见影响交易的情况下本应实现的结果,市场将不得不被绕过。重要的是要认识到,德沃金并不认为消除偏见是个对被破坏的交易进行临时修补的问题。它更具根本性:它与尊严权利本身相冲突。

　　不妨再次总结一下德沃金的理论。我们通过使用妒忌检验的市场手段来使人们在资源方面实现平等,其目的是衡量人们希望做的事会让平等的他人付出什么代价。我们以独立于可归因于纯粹运气的那些方面——例如残疾和才能——的方式对人们进行区分,让他们只在信念和抱负方面有所区别。在判断他人将会付出的代价时,我们认为每个这样的人都应该享有人身安全和人格自由发展的条件,并且不受偏见的影响。我们认为,最最重要的原则是,人们应被作为平等者对待,以便在现实世界中,市场可以根据这一原则被加以矫正。最重要的是要认识到,德沃金将平等和自由的道德要求与所谓的自由市场联系在一起。后者是个道德市场(这被诸如极右翼视为资本主义自由企业制度的优点之一),因此它被道德所束缚。如果我们认真对待自由,我们就应该自由地与他人讨价还价,这是人们的共同愿望。如果我们认为我们应该或多或少作为平等者进入市场(因为强取豪夺和讨价还价之间存在很大的差异),我们就必然会认为市场要受到监管的矫正。这保证了当事人之间的抽象性质——从而能够知道真正的成本,并且维护了讨价还价的自由——以及他们作为平等道德存在的独立性。这些原则强化了所有交易,因此,在实际交易和体面社群的更基本原则之间总是存在一个桥接。那些提及"自由市场"优点的政客们并不明白这些优点是什么。大多数情况下，那只不过是暗中强化商业剥削的花言巧语，或者用德沃金的话说，掩盖了真正的机会成本以及对社群的影响。[28]

一种改进理论

当然，迄今为止提出的理论描述的是一个乌托邦。出于这个原因，很多人会说它是没有用的。为什么要谈论一个想象中的世界呢？那只是哲学家的梦想。那么"社会现实的世界"又如何呢？[29]这是一种常见但愚蠢的回应。我们无法理解"现实的"世界（比如说，"真正的"自由市场），除非我们知道如何来衡量它。为了对世界的"残酷现实"有一些了解，我们必须先对不那么残酷的情况有一些了解。如果在"现实"世界中，生活是不公正的，那我们必须知道什么才是公正的决定。德沃金的理论并不比任何市场经济理论更加理想化。我们之所以理解垄断主导的市场的缺陷所在，只是因为我们心中有一个并不存在垄断的理想市场。对于一位就为什么以及如何控制垄断提供建议的经济学家而言，指出他的方案因实际存在垄断而欠考虑，这并不是适当的回答。他知道存在垄断。然而，撇开这一初始情况不谈，主张与某种想象的模式相比较，一种现实世界的制度需要彻底改革，这几乎没有什么帮助。我们还需要一些不那么抽象的东西。德沃金意识到了这个问题。他需要一些手段，将他的批判模式与我们实际生活的世界的改革方案联系起来。他试图通过"衡平赤字"（equity deficit）的概念来实现这一点，这个概念表示的是一个人在理想世界中的处境与他在现实世界中的处境之间的差异。

德沃金认为，现实世界中将出现两种衡平赤字类型。其一，资源赤字(resource deficit),即人们实际拥有的资源少于理想的平等分配下有权得到的资源。其二,将会出现他所谓的自由赤字。它们的出现是因为在现实世界中,抽象的基准原则一定程度上失败了。德沃金指出,下述情形是可能的:一个人的自由状况变得更糟,但资源状况并未变得更糟。比如,禁止销售用于制作讽刺雕像的大理石。该种禁止不能通过抽象原则来证成,因为该原则假设人们可以自由地利用资源做他们想做的事,以便知道真正的机会成本。无论如何,大理石对讽刺雕塑家的价值可能与它对想要制造大理石浴缸的人的价值有所不同。比方说,雕塑家迫切希望发表讽刺性的观点,并且持有与浴缸制造者不同的政治信念。这种价值差异不能用货币来衡量;它也不能用福利来衡量,如果我们像德沃金那样,承认一定程度上因为没有衡量标准,所以在福利方面使人们平等是失败的。因此,根据德沃金的观点,我们必须通过衡量资源赤字和自由赤字这两者的减损来衡量我们的社会改进。我们能对该种减损设计出某种一般检验吗? 功利主义的"资源"形式如何呢?德沃金指出,这行不通。在任何人的自由赤字都没有恶化的情况下,只是增加社会资源,仍然可能会让一些人的处境变得更糟。这在德沃金的方案中是不被允许的,因为它违背了人们应被作为平等者对待的基本原则。㉚

"支配性"检验("dominating" test),即在不增加其他人衡平赤字的情况下减少一些人的衡平赤字,又怎么样呢? 这是一种微妙的检验,要注意它与福利改善的帕累托检验有何不同。在不改善福利的情况下改善平等是有可能的,一个很好的例子就是取消"白人专用"的高尔夫俱乐部。事实上,平等的改善可能意味着福利的减少,比如对于一些富人来说(也许没有高尔夫可打,或者不得不与非白人一起打):

尽管它们限制了自由,但就该自由的价值而言,它们并未让任何人的处境比其在理想情形下更糟。因此,平等方面的支配性改进要比帕累托改进更容易实现,因此也具有更大的实际重要性。[31]

德沃金认为,我们可以更进一步。一些非支配性的改进(换言之,会导致其他人衡平赤字增加的衡平赤字减少)有时也是被允许的。例如,他指出,如果并不存在新的自由赤字,而处境最糟的人的资源赤字得到了改善,那么以某些资源赤字增加为代价可能是合理的。德沃金为可能做出的政治决策制定了经验法则类型(rule-of-thumb-type)的指南。然而,他并不认为一种"通用且全面"的公式是可能的,而是更倾向于对每一项非支配性主张进行新的检查。这与罗尔斯的"差异"原则有一些相似之处,根据该原则,对处境最糟的人群的任何改善都是正义方面的收益,但正如德沃金所说,我们需要"更加谨慎"。德沃金的经验法则完全基于将人们作为平等者对待的基本原则,就此来说,它们显然不同:

205

> 在任何人的赤字损失都没有大于最弱势阶层成员的最大赤字收益时,非支配性收益是合理的。

这一观点的直观表述是,在有些人的收入超过了他们应有水平的现实世界,我们应该对他们征税,并将盈余给予那些其收入低于他们应有水平的人。然而,我们必须注意到德沃金在此补充的极其重要的附文。那便是,在他看来,如果任何改进方案像他所说的那样引入了"新的、重大的"自由限制,那么其绝不会具有合理性。为什么呢? 论证惊人的简单,这只是因为自由赤字和资源赤字是不可通约的。我们不可能根据平等方面的改进,或者根据为赤贫者增加大米的供应,来衡量言论自由的丧失。

　　然而,我们确实生活在现实世界中,我们正在考察的不是理想世界,而只是我们如何以可能的方式走近它。那么,为什么我们不仅仅以使得我们更接近于存在着最大自由的理想世界的名义来限制自由呢?德沃金认为我们不能。任何为了改善平等而被剥夺了一些自由的人都将成为"受害者"。不过,并不是每一次自由的丧失都会是一次受害,因为没有人有权获得比理想分配所允许的更多的自由。然而,在这一水准之下,说人们将会成为受害者似乎是正确的,因为任何遭受自由赤字的人都会丧失自由,从而使得政治决策变得不那么本真。考虑一下我们的讽刺雕塑家,或者想要发表政治演讲的人吧!如果他们被阻止从事他们渴望的活动,他们就无法朝着一个有关资源的决策是在自由的状况下,也就是说根据抽象原则做出的世界努力。按照德沃金根据本真性的基准原则对言论自由所做的证成,决策将不那么本真。正如我们可以预料的那样,它对现实世界的启示很难理解。德沃金考察了三个案例,其中受害者原则会有所帮助。

　　第一个是限制政治候选人的竞选开支。在美国,国会曾经就个人为促进特定政治候选人的利益而可以合法支出的金额设定限制。[32]在巴克利诉瓦莱奥(*Buckley v. Valeo*)一案中,这一法令被最高法院宣布违宪,理由是它违反了第一修正案规定的言论自由。[33]德沃金认为,在理想的平等主义分配下,这样的限制是不正当的。在第六章中,我讨论了他的观点,即能够影响政治看法的自由是真正民主的社群的重要自由。在资源真正平等的理想社会中,没有人能够积累如此多的资源,从而产生不成比例的政治影响。在现实世界中,不公正的收入差异使得一些政治候选人产生了不成比例的影响。在德沃金看来,对政治候选人施加的财务限制是正当的。由于它们没有对自由施加比理想的平等主义分配下所允许的更少的限制，所以这种情况并不是受害者的实例。这些限制更接近于对公正社会的模仿，尽管在公正社会中将不会有任何限制。为什么在那个社会里，一个人不应该把他的金钱和时间投入到政治事业上，而是应该投入到体育、购买第二套房子或者组建一个大家庭上呢？

该论证在这种政治限制的情况下最容易奏效，因为它只涉及财务限制。德沃金还针对另外两个人们关注的领域检验了这一论证：对使用私人医疗自由的限制和对合同自由的限制。如果私人医疗被废除，就像各政党时不时承诺的那样，这将减少富人选择他们的医生和治疗次数的自由。德沃金提出的检验——受害者检验——是，如此减少的自由是否会使这些人的自由低于他们在理想分配下获得的自由。

德沃金认为，这个问题存在很多答案，这一事实本身就说明了受害者检验的实用性。两种可能的理想分配类型在现实世界中可能出现：其一，一个结合了普通人会准备投保的政府保险的综合性私人体系；其二，某种类似于英国的结合了私人医疗可用性的国民医疗服务体系的体系。如果我们假设国民医疗服务体系不会因废除私人医疗而得到改善，那么我们可以单独将国民医疗服务体系与这两种可能的理想分配中的任何一种进行比较。然后我们可以追问，与这些相比，我们是否会获得更好的护理，或者为不危及生命的疾病提供更快捷的服务，或者针对特定医生的更多的选择。如果对于这三个问题中的每一个，答案都是肯定的，那么我们就不得不得出结论，政府取缔私人医疗而只保留目前的国民医疗服务体系的做法是对人们的伤害。德沃金举了一个例子，以说明他认为自己的改进理论可能奏效的方式。这并不是要排除其他的可能性。他指出，政府可能会废除私人医疗，转而支持一种更接

207

近理想状态的国民医疗服务体系模式,或者它可以限制插队(queue-jumping)。

德沃金还考察了对合同自由的限制,例如 19 世纪初＊纽约州针对面包师的工作时间和工作条件施加的限制(例如,面包师被禁止每周工作超过 60 个小时)。在著名的洛克纳(*Lochner*)一案中,最高法院宣布这些法律限制违宪。[34]他的回答是,乍一看,合同自由不应该受到限制似乎是正确的,因为这会伤害雇工——他们有着不签订合同的自由。另一方面,德沃金并不认为这一判决是正确的。在他看来,该判决没有对问题进行通盘考虑,这些问题是诸如保护措施(例如,健康和安全)的问题,或是雇员是否面临着真正本真的选择(他们是否拥有平等的议价能力,还是说在现实中别无选择)等具有根本重要性的问题。德沃金还认为,洛克纳案的判决对纽约立法背后的政策不够尊重。他认为,最高法院不应该假定,立法机关将无法补偿那些因其立法而失业的人们。

本章小结

"什么样的平等?"这个问题是通过资源平等来回答的。然而,我们看到,由于运气对人们处境的不幸影响,这一观点的实际应用变得复杂起来。例如,这一要求导致某些处境的类型在计算资源平等时变得无关紧要。德沃金仍然需要解释,为什么人们应被作为自由且平等的人对待。换言之,他需要对自由主义的基本原则进行深入的阐述,我现在转向这个话题。

＊　疑应为 20 世纪。——译者

第十一章 自由主义的基础

我们已经详细考察了德沃金有关资源平等的政治方案的重要理想。这是以他的基本——人文主义——原则,即人们应该被作为平等者对待为指导的。但我们也看到,在人们的公共责任和私人责任之间需要进行充分的区分。这种区分是德沃金在许多不同的语境中提出的,是他在理想世界中对功利主义,甚至对平等主义所做的否弃中所固有的,也是参与性政治影响力平等——与影响平等相对——的论证中所固有的。德沃金在其坦纳讲座中进一步发展了区分观点,对自由主义的契约论者阐述进行了直接而简单的抨击。首先,我们有必要了解最近有关自由主义证成之辩论的实质是什么;其次,我们有必要理解契约论者路径的性质和意义。

什么是自由主义?

自由主义不仅仅是一套有关个人自由权利,或者将人们作为平等者对待,或者不受妨碍地行使个人道德的互不联系的信念。它当然指向这些事情,并且很容易被概括为主要关涉良性宽容(benign tolerance)。自由主义也渴望比这更严格,并形成一种关于信念的可证成学说,这种学说要具有融贯性,并因此有力量对抗反自由主义的论证和态度。自由主义有一个独特的问题,我认为这个问题源自其宽容的

209 核心要求。这就要求真正的自由主义者必须在其不赞成的同时接受其他人所做的许多事情。这种自相矛盾的论调是人们在道德上难以接受它的主要原因之一(当然,还有其他原因,例如自利)。这种自相矛盾的论调是该理念所固有的:"我不赞同你所做的事,但我强烈支持你这样做的权利",或者"我们有权做错误的事"。在智识上证成自由主义并不容易,当在紧急的实际场合需要证成时,它们尤其难以被接受。它让自由主义者陷入了一种看似双重思想(doublethink)的境地,即一方面感受到个人自由的重要性,另一方面又赞赏并允许滥用自由。政治生活中充满了这样的问题。当某些活动由于偏见的可能影响而应该被宽容时,政府往往倾向于直接诉诸广泛支持("公共舆论")来禁止此类活动。正因为如此,宽容的政治理由几乎总是在其智识上最强的时候处于最弱的地位。当宽容在政治上也占据上风时,它很有可能会得到并不令人满意的功利主义论证的支持:"如果政府养成这样做的习惯,那将是一件糟糕的事。"

因此,自由主义的问题在于它看起来很虚伪。它试图在道德上为国家允许不道德行为辩护。在考察德沃金提出的解决方案之前,简要回顾一下寻求问题答案的方式,这是有帮助的。对于自由主义而言,一个令人沮丧而又广泛存在的证成理由是,它在逻辑上源于道德推理客观性的可感知的不可能性(我在"导论"中提到了这种观点的普遍性和危害性)。该论证如下:"我们的道德观点只是我们个人的观点。我们因此都有权发表自己的意见,但无权将其强加给其他人。它进一步表明,国家必须宽容每个人的观点。"但是,这种证成是错误的,因为它取决于道德客观性的不可能性。简言之,既主张道德问题没有对错,又主张宽容在道德上是正确的,这没有任何意义。还有另一种观点,尽管它是由一系列或多或少非正式的态度构成,而不是由一个智识命题构成。这是一种模糊的观点,即自由主义意味着你应该避免批评他人在行使其自由时所做的事。这种观点的弱版本会导致我们对他人行为做出的评判令人乏味("你看不出有什么错误,因为他们有权去做他们正在做的事"),而且这种情况非常常见。一种更强的版本——肯定存在于20世纪60年代的许多人中——是,你不仅必须宽容他人的所作所为,你还必须认可它们。你必须把它看成真正的善。这种"嬉皮士"自由主义将宽容带向了极致,超越了对自由行使的简单认可,而是延伸到了该自由所产生的行为。这种态度存在明显的问题,其中最主要的就是它天真乐观:它期望过多。它也和其较弱版本一样令人乏味。与密尔有关的一种相当明显的自由主义倾向希望保持对他人和我们自己的个人道德批评,而嬉皮士自由主义则不允许这样做。然而,嬉皮士自由主义确实规避了有关道德观点主观性的粗陋假设,其亲切友好和具有吸引力的一面要求我们应该对他人的行动保持积极和公开的兴趣。尽管如此,其更强版本表明,自由主义不必脱离对人们应该过的正确生活类型的考量。对自由主义的常见批评包括指责它是"反至善主义的",这意味着它允许人们——作为一个权利问题——过上一种道德上"不至善"的生活,而不受任何控制或批评。它因此被认为是一种道德上贫乏的理论。

　　对自由主义提出这一批评指责的一个群体是"社群主义者"。他们认为,自由主义的宽容理由过于依赖"个人及其权利相对于社会的优先性"。[①]他们指出,个人并非可以被判断为独立于将他们与社群其他人联系在一起的道德纽带的"原子论"存在。社群对人们的道德生活有着足够的核心关注,它要求一种具有反自由主义性质的社群义务。简言之,从逻辑上讲,个人的良好道德生活不能与社群的善相分离。[②]这些论证过于琐碎和分散,无法在此详细讨论。然而,有一件最最重要的事情尚不清楚,那就是自由主义是否依赖于社群价值并不重要或个人只能被视为"原子"单位的观点。③同样尚不清楚的是,一个社群的重要目标及其存在的道德理由是否与人们拥有权利的基本理念并不一致。在《自由的道德》(*The Morality of Freedom*)一书中,约瑟夫·拉兹针对这些指责为自由主义提供了一种简洁明确的辩护。④他认为自由主义既不是原子论的,也并不无视社群价值。尽管否认自由权利在自由主义中的首要地位,但他极为重视个人自由的理念。他指出,自由要求"自主地生活",这就反过来要求社群负有提供"充足的"选择范围的义务。如果只有极其有限的选择范围("生活的选择"),那么生活就不能说是有着足够的自由("自主权")。他举了一个例子,一个人被关在深坑里,被提供了足够的食物维持生存。这个人可以在深坑里自由地做除了逃跑外任何他喜欢的事,但这并非一种自由的生活。因此,拉兹指出,自由主义必须考虑到人们生活中的价值。什么是一个人生活中的价值呢? 他认为,它的特点是致力于各种形式的生活,比如对规划和职业(在这个词的最广义上)的追求。在这方面,社群在通过其公共机构提供可以提供的适当选择的手段方面发挥着重要作用。因此,社群必须对各种至善的生活方式予以认真而根本的关怀。尽管如此,它还必须与人们在接受这些选择时决定做的事情保持一定距离,否则的话就会干扰他们的自由。

　　拉兹的观点是一种全面的道德观点,因为它支持一种可适用于所有人的生活的生活方式;它宣称,最好的生活方式就是在行使自由的过程中追求个人理想、目标和职业。然而,在这种观点所暗含的宽容限度方面,存在着一些困难。如果存在彼此互不相容的生活方式,而自由地实现这两种生活方式是不可能的,那要怎么办呢? 拉兹看到了这种反对意见,并举了一个完美修女的生活的例子,指出它与完美母亲的生活并不相容:任何人都不可能同时成为修女和母亲。尽管如此,拉兹认为,从一种单一的、全面的伦理观点来看,每种生活形式都是兼容的,母亲和修女的生活都可以被判断为完美的生活,前提是我们要明白,每一种生活都是在一系列合理的初始选择中做出决定的结果。因此,在下述意义上,两种生活都是兼容的,即在一个支持允许过上这种生活的自由原则的政治结构中,每一种都能成为完美的生活方式。

　　拉兹的自由主义似乎并不允许许多自由主义者认为是自由主义之根本的更为极端的生活方式,那便是大多数人可能完全不赞成,但仍须给予宽容的生活方式。尽管如此,拉兹还是保持了一致,他只是通过主张社群不需要宽容"令人反感"的生活,排除了某些不兼容的生活方式。这使得他的理论需要更多的东西,如果它要解释我们许多人对自由主义的强烈直觉的话;简言之,我们应该宽容与我们自己的道德信念相抵触或"不连续"(discontinuous)的行为。我们为什么应该这样做呢?

对不连续理论的拒绝

212

　　主观主义的基础,以及嬉皮士和拉兹的双重综合基础,都并不令人满意。还有什么其他的可能性吗? 其中一种重要的可能性,也是现代自由主义理论所讨论的,就是契约主义。据此,个人处理自己事务的权利来源于通过契约达成的政府安排。对于该种解释来说,重要的是,契约存在独立理由,因此权利的理由和契约的理由是两种不同的证成类型。德沃金将契约主义理论描述为一种不连续理论,这意味着一个人的私人道德信念(德沃金称之为第一人称伦理或幸福)和道德本身(第三人称伦理)之间的联系出现了断裂。这种观点认为,人们签订契约有着私人理由,但是一旦契约订立,道德本身就决定了契约的运作。换言之,如果我们像德沃金那样认为,契约主义理论依赖于某种类似于普通的法律上契约的概念,那么我们的道德权利和义务便来自契约,而非来自我们有关总体上应该发生什么的私人道德信念。拉兹并不依赖于契约的概念;他的自由主义形式直接促进了伦理生活,因此伦理和道德是连续的。

德沃金认为,约翰·罗尔斯的理论,即自由主义的基础必须在不同的综合伦理观点之间的"重叠共识"(overlapping consensus)中去寻求,⑤是"最为复杂的"不连续理论。罗尔斯的观点是,自由主义原则只能建立在一个共同的假设之上,即在一个存在截然不同的伦理观的社群中,它们是协作所必需的(也就是说,它们要求达成一致)。令人惊讶的是,罗尔斯明确指出,在他看来,自由主义不只是一个出于自利的权宜之计的问题(他明确否认它们只是临时妥协[modus vivendi])。相反,他认为它们与每个人的道德观点"联系"在一起,但很明显,是以一种与它们并不连续的方式。尽管如此,很容易想象,一份契约既受到道德的支持,也受到自利或自我保护(正如霍布斯所认为的那样)的支持。在自利和道德之间,协作显然并不是中立的,因此罗尔斯的阐释似乎不太令人信服。另一方面,它显然与个人道德无关,因此德沃金的解释(以及罗尔斯对自己立场的解释)无法被排除在外。然而,重叠共识观点具有不连续性,因为人们的权利和义务源自每个人不同的个人道德信念。这意味着罗尔斯的自由主义必须得到独立于私人伦理的支持。

不论是在坦纳讲座,还是在《刺猬的正义》中,德沃金的理论都将个人伦理和政治伦理联系在一起;它是坚定的非契约主义。这种观点在《刺猬的正义》中更加明确和精练,但你可以看到其在早前就已被明确提出(坦纳讲座是在1990年)。他的观点是,我们的个人道德信念应该提供自由主义的基本原则。该观点的独创性是引人关注的,因为大多数人认为情况正好相反,我们的伦理生活是由我们的道德生活决定的。特别是,他承认,我们的个人道德信念将与自由主义原则所坚持的存在根本不同。例如,自由主义要求社群对其成员采取中立和公正的立场,而每个人在其私人伦理信念中都倾向于并致力于不同的观点和行动(例如,不偏袒自己的妻子和孩子在伦理上是错误的)。这种差别揭示了我所讨论过的混乱的自由主义的较弱和较强版本。例如,我们可以看看以假定的道德判断主观性为基础对自由主义所做的混乱论证。它试图从道德论证的性质中得出中立原则,这掩盖了每一方私人道德信念中所包含的有关相互尊重的命题。你的观点与我的观点平等,应该得到尊重,因为我们都无法对彼此证明自己的观点。这是一种连续型战略。它与假设自由主义来自自利并不相同(它远没有那么微妙)。

然而,强嬉皮士自由主义显然是一种连续理论,据此所有行动都是好的。这种理论认为,你应该把每个人的个人伦理作为你个人伦理的一部分。这并没有真正的意义,尽管存在着试图实践它的好心人;如果不是自相矛盾的话,它也是极其乏味的。尽管如此,它鼓励我们宽容到极致,让每个人的个人伦理与我们自己的个人伦理保持连续。

不连续理论与绝对力量

德沃金抨击了罗尔斯对正义的契约主义描述。他认为,它因其怀疑论立场所以是错误的。罗尔斯将其《正义论》描述为一部"康德式建构主义"的著作。德沃金认为,这意味着在他看来,他从一种"智识工具"出发来"建构"我们的道德判断,以应对实际问题。罗尔斯这种建构的例子是康德的绝对命令(categorical imperative),一种帮助我们制定普遍道德规则的智识工具。罗尔斯"原初状态"的工具有所不同。这有助

214

于他提出两项原则,其一是优先考虑特定的个人自由,其二是著名的"最大化"原则(据此,仅当不平等能够改善境况更糟者的地位时,它们才能在总体政治结构中被证明具有合理性)。德沃金追问,我们为什么应该接受这些原则?他在其早期著作《认真对待权利》中提出了平等主义的理由,但罗尔斯明确拒绝该种解释。

德沃金指出,罗尔斯将他的观点改变为"重叠共识"观点,这与德沃金连续的、解释性的观点相一致。他认为,重叠共识并不否认全面观点的真理性,只是罗尔斯的建构主义包括了政治正义不必依赖于道德真理的观点。然而,德沃金礼貌地质疑了这种"边缘化"是否可行,他指出罗尔斯在其后来的著作中越来越依赖历史和政治传统。显然,有鉴于休谟原则,德沃金认为社会学方法无法产生罗尔斯想要的东西,这表明罗尔斯实际上是在进行"解释性探索",希望找到为"自由主义传统提供最佳的解释和证成"的"观念和理想"。因此,德沃金声称,罗尔斯的方案并非一个"道德中立"的方案,因为他必然会选择某些优于其他解释的解释。当然,为了支持这种解释,罗尔斯在《正义论》中已经明确排除了功利主义。德沃金将罗尔斯后期的政治哲学描述为一个有关道德的怀疑论的实例,用德沃金的话说,那实际上是一种可以接受的怀疑论类型,即内部形式(用他自己的话说,德沃金认为,罗尔斯相信他从事的是一种外部怀疑论形式)。

德沃金一直都对罗尔斯很客气。罗尔斯相信他是在对正义提出一种怀疑论阐述,但我对此很难接受。毋宁说,罗尔斯就是在错误的地方寻找道德。当他发表著名的重叠共识演讲(1985年哈特纪念讲座)时,听众中的许多人——我当时也在那里——很快就明白了,他的观点犯了一种简单而明显的休谟式理由错误:你无法从经验上为真的政治事实中推导出道德的一般原则。他们是能够应对新想法和新发展的听众,而非能够应对彻头彻尾错误的听众。

德沃金将他自己自由主义的连续性理论称为"政治平等"。[6]他指出,为了成功确立这种类型的自由主义,他必须证明它有富有远见的吸引力(visionary appeal):它能够以共识形式吸引支持的可能性,以及它能被充分证成提供了他所谓的"绝对力量"(categorical force)的可能性。所有这些问题都源于自由主义的核心困难,即它似乎既允许也反对一些生活方式。如果连续性自由主义源于人们对什么应该构成正确的生活方式有着不同的道德信念,那么不论是它所鼓励的社群愿景,还是达成共识的可能性,就都存在重大问题。政治平等的前景看起来很黯淡,因为能够吸引一个人的道德信念的东西不会吸引另一个人。[7]由于它假设了不同的伦理观点,所以很难看出它能产生什么富有远见的力量。它的吸引力不应该在于任何人特定的个人伦理视角。那应该在于什么呢? 最佳答案是某种"相互尊重与协作"的观念(比如罗尔斯的那种),但我们已经看到,该种观念存在问题,它可能存在于一种利己主义的非道德的、霍布斯式的基础之上。因此,如果愿景无法令人信服,那么达成共识的可能性便微乎其微,德沃金承认,认为政治自由主义能够达成共识是不现实的。

如果能够为这种自由主义形式找到绝对力量,这些问题就不会那么重要了,因为从那时起,富有远见的吸引力和共识至少具有可能性。在此还是存在困难。我们如何找到道德上的正当理由呢? 人们的观点是片面的,涉及对截然不同的生活方式的承诺,因此在每个人的信念中找到具有吸引力的独立道德力量,这似乎只有很小的可能性。不连续性策略构设了不同的伦理视角,以至于绝对力量只能从契约中产生。就此,我们可以回到日常商业合同的范式,其中权利和义务都来自合同,而非当事人的个人视角。简言之,没有人会接受一个不属于他个人伦理视角的命题,并认为那对他具有约束力。

　　德沃金直截了当。从来没有什么类似日常的法律合同的社会契约。由于在合同订立之前,日常合同中并不存在什么权利和义务,因此不可能使用独立契约的概念作为自由主义所要求的权利和义务的来源。这是一种反对自由主义之不连续性契约论证成的明显论证。他得出的结论是,不连续理论因此缺乏绝对力量。不连续理论是否有望吸引人们对其达成共识呢? 可以说,也许正如罗尔斯意图的那样,不论是富有远见的吸引力还是绝对力量,都源自下述承诺或预测:围绕确保"相互尊重与协作"的社群中的政治结构,未来可能会达成共识。不过,德沃金对此表示怀疑。他追问,为什么你会不厌其烦地发声拥护一个你认为完全不正确的共识呢? 你也会陷入一种怪异的境地。你可能会发现自己在为一个你并不相信的共识而辩护,因为你认为它可能只比你完全支持的共识稍微成功那么一点。在某种程度上,你给你现在支持的政治结构赋予了一种完全不同的绝对力量。德沃金认为,这将是一种无法令人信服的绝对力量的分配,因为它过于随意了。在德沃金看来,不连续理论之所以站不住脚,只是因为它没有充分回应富有远见的吸引力、共识和绝对力量这三个特征。另一方面,连续性策略能够更好地应对绝对力量问题,进而更好地应对富有远见的吸引力问题。这两者的成功都取决于从个人道德视角看待自由主义。支持一个源于你自己的道德信念的政治结构很容易,我们没有必要使用某种类似法律意义上的合同的工具。

　　人们对此会提出的一个反对意见是我们在第七章看到的有关客观性的那种反对意见。一个从必然的主观性和个人伦理视角得出的政治理论,怎么会和客观地位相关呢? 人们的道德观念差异如此之大,我们很难希望连续型策略能够奏效(比如,在一个实际上存在约瑟夫·拉兹所谓的"强多元主义"的社群中）。这种反对意见到底是什么意思呢？我们可以探讨一下一种（可能的）解释。认为缺乏对道德命题正确性的论证或证明表明政治结构并不存在这种客观地位，这并不是一种异议。一种更复杂的解释可能是，论证是不可能的，因为个人道德观念的差异性和多样性具有一种甚至都不共享论证模式的性质。这是一种更复杂的观点，因为它允许存在具有争议性的为真的道德命题。当人们谈到道德立场之间不可调和的冲突（用德沃金的话说，是原则的"矛盾"而非"竞争"）时，他们的意思是，在这个更复杂的意义上，冲突发生在有着不同论证模式的不同社群之间。鉴于他针对批判法律学者之"内部"怀疑论的观点，以及他就客观性给出的评论，[⑧]我怀疑德沃金是否会接受这种反对意见，这种立场不能被接受为默认立场。仅仅指出人们不赞同这一事实并不足以证明没有正确答案的立场。毋宁说，这只是一种有关道德论证社会学的无趣（因为显而易见）陈述。然而，我们如何才能有这些偏袒和承诺的想法（它们显然是我们道德信念的一部分），但仍然只要求在政治层面上保持不偏不倚、没有特殊信念或者保持超然态度，却仍然是一个问题。自由主义的这一基本特征将契约论者推向了社会契约之工具的观点，为了维持它，与我们个人道德生活不具有连续性的契约观念似乎成为一个好主意。

　　德沃金认为，我们可以通过两种方式来考虑解决这个问题。使用政治哲学中常见的概念，我们可以说，在国家事务中，"权利"优先于"善"，因此这将允许道德而非伦理来规制政治——正如德沃金所言，这个领域"利害关系更甚"。然而，在他看来，这是行不通的。为什么道德在政治领域应该至高无上呢？为什么它在个人领域不应该至高无上呢？无论如何，我们的个人幸福观念与政治领域的道德要求和许可并不是明确区分开来的。例如，公平是两个领域共同的道德观念，但在个人层面上,它允许偏袒朋友和家人。事实上,权利/善的优先性对于个人层面和政治层面的道德原则之间存在的桥接并不敏感。

对正义的解释

德沃金指出,将这两种视角结合在一起的另一种方法是采用解释性进路。以罗尔斯的正义之政治观念为例,它被认为从重叠共识中获得了绝对力量及其一致承诺。我们可以看到,在某种意义上,这一观念的原则被他认为是"隐藏"在社群当中的。一种解释性判断通过对社群成员实际接受的正义原则做最佳理解来推知这些原则。这一策略旨在从大量不同、重叠的正义理论中提供一个单一的正义理论,因此,似乎颇具吸引力。然而,德沃金并不认为它会奏效,因为他认为这不太可能满足"符合"维度。想象一下,在美国,人们对什么是正确的政治原则在很大程度上达成了共识,但在某些问题上,对该共识存在着两种可能的且同样合理的解释。例如,一种是该共识最好从公平的角度来理解,另一种是该共识最好像功利主义那样来理解。我们如何决定哪一种是正确的解释呢? 显然,答案并不在于共识,因为我们必须就该共识意味着什么做出独立判断。这种独立判断必须在一种正义理论中给出,而这种正义理论要比主张原则在于共识当中的理论更加抽象。德沃金指出,该种进一步的正义理论必须提供绝对力量:

> 在某种程度上,我们必须依赖有关正义问题(我们认为)何者为真的确信,以决定对于我们自己传统——讲述我们故事的方式——的哪种解释为最佳。⑨

有时,这种论证似乎是早期功利主义在实证道德和批判道德之间所做区分——它进而依赖于休谟原则——的修饰版本。人们碰巧所相信的,不论有多少人,也不论有多少不同意见,都不能成为公正的最终标准。这是一种很好的论证(虽然我表述得更加显白),但据我的经验,对于那些无法忍受有关正义为真的命题的人们来说,这是无法理解的。德沃金在《刺猬的正义》之前写下了这些,这有点令人费解。他所说的话表明,解释正义与解释其他社会实践有所不同,在一个实际存在的社群中,就什么构成了一个公正的政治结构做出判断时,我们不可能诉诸正义的理想。早些时候,在《法律帝国》中,指出正义是道德理想中"最为明显的政治性"之后,他表示:

> 正义的解释本身不能诉诸正义,这有助于说明许多正义理论的复杂性和抱负。仅此一次,正义作为一种根本而又普遍的政治实践之要旨被排除在外;人们会很自然地转向最初的非政治观念之证成,比如人性或自我理论(theory of the self),而不是转向其他看起来并不比正义本身更重要或更根本的政治观念。[10]

现在,《刺猬的正义》清楚地表明了他的意图。我认为所有的评价性判断都是解释性的,尽管他从来没有这样说过。但他的价值统一性理论(第九章)清楚地表明,道德的概念是解释性的,我们持续不断地重新解释我们的道德传统,它们因此而得到扩展、改变、细化等。我们必须得出结论,正义是解释性的,而《法律帝国》中的这段话意味着,当我们评价价值时,我们必须而且只能通过将它们嵌套在我们持有的其他价值中来评价它们。在他所举的例子中,这些都是关于人性和自我认同的价值判断。

我们需要回到通过妒忌检验来衡量资源平等的观点。你会记得,德沃金的观点是,人们在非人身资源方面应该平等,因为在现实世界中人们拥有不同的人身资源和不同的运气,自由平等需要对由此产生的资源不平等进行补偿。他认为,应该有一种模仿假想的保险市场的再分配税,其目的是计算社群所有其他成员的真实成本。此外,在如此平等化的非人身资源的范围内,每个人都应该是自由的,将人们作为平等者对待意味着对自由的侵犯也是对平等的侵犯:简言之,资源平等将因自由缺位而失败。用他的话说,一项抽象原则(最大化自由)通过一项桥接原则(我们总是可以通过跨越桥接回到这个基本原则)来维持资源平等。自然,就保护这一方案而言,对自由的限制将得到证成,因为它建立在自由之上,平等要求我们的自由不得伤害他人;这种限制将会包括诸如保护每个人的人身安全。但是,在总体自由原则(勿害他人)并未得到认可的情况下,侵犯其他类型的自由行使是不合理的,例如,社群为了防止某些类型的自愿性行为而进行的干预。

明辨的幸福与有价值的生活

根据德沃金的观点,关于一个人的生活,重要的不是他想要什么(他称之为意欲的幸福[volitional well-being]),而是他所谓明辨的幸福(critical well-being),这指的是对你我想要什么的更复杂的描述。明辨的幸福在某种意义上是指你应该要什么,它与你实际上想要什么相对立,后者即意欲的幸福。纯粹的欲望满足(例如,快乐)是种过于基本和非结构化的想法,无法对生活中我们认为的美好事物给出恰当的描述。我们想要生活中美好的东西,然而,我们并不会真正严肃地认为,生活中美好和有价值的东西是通过纯粹的意欲愿望获得的。你我的生活并不会只是因为我们的愿望——比如,能够举起更重的东西,或者吃到更好的食物——得到满足而变得更好,也不会仅仅因为我们躺在牙医的椅子上受苦而变得更糟。并不是说这些事情无关紧要,而是说这些需要的满足和不满足并不能构成好的和糟糕的生活。然而,有些愿望确实非常重要,它们与你认为对自己生活至关重要的事情有关,比如实现某种生活方式。作为一个例子,德沃金提到了与家人建立更好关系的愿望。

　　我不确定这种区分是否等同于我们认为在自己生活中不那么重要或更加重要的东西之间的区分。他一直主张,他对意欲的幸福和明辨的幸福之间的区分并不涉及他在主观愿望和客观愿望之间所做的区分。鉴于他对这种区分所感到的总体忧虑(我认为这是正确的),这并不令人奇怪。但使用这些术语可以很好地表达下述区分:一方面是我主观上想要的但又不太重要的东西,也许就是意欲的幸福;另一方面是更为重要的东西,即明辨的幸福。我们也可以在客观意义上使用这一区分。一个人可能会错误地判断做什么最符合他的利益。换言之,关于什么在他生活中是重要的,他可能会犯错,这不是从他个人伦理的视角,而是从一种独立的客观视角来说的。德沃金在"福利平等"一文中否定了福利的客观成功理论,因为客观主义理论和主观主义理论一样,都假定了一种资源衡量标准。[11]就德沃金而言,我怀疑,对于意欲和明辨之间的区分,主观方法更为重要,因为它最能体现自由主义对于个人自由的强调。否则的话,就是对于人们应该要什么,以及他们应该认为什么是其生活中的关键,赞同一种家长主义的态度。乍一看这是对个人伦理判断之心理的判断,实际上它是对什么是伦理需要的判断:人们关于什么在他们生活中至关重要的判断,对于什么构成他们的美好生活极其重要。这些判断必须是他们个人的判断。

　　德沃金首先进行了一些区分。他首先区分了由生活产生的东西来衡量的生活之"产出"(product)价值,和由生活如何进行来衡量的生活之"表现"(performance)价值。用他的例子来说,具有良好产出价值的生活就像莫扎特的那种生活,因为他创作了伟大的音乐作品,或者就像亚历山大·弗莱明(Alexander Fleming)的那种生活,因为他发现了青霉素。另一方面,如德沃金所说,一种具有良好表现价值的生活就是一个人以适当方式应对自己处境的那种生活。作曲家的生活可能既具有表现价值,又具有产出价值。我们判断他作为一种表现的生活,是从他的生活方式中获得价值——德沃金在《刺猬的正义》中称其为状语价值——而不必评判他创作了什么,然后再就他所创作的作品具有价值做出独立的判断。

　　德沃金认为,对一个人的生活具有关键价值的东西只有在生活的表现价值方面才有意义。他指出,否则的话,对我们大多数人来说,如果与莫扎特或弗莱明相比,我们的生活将微不足道。如果我们根据生活表现来判断生活,因为我们的生活是由我们的特殊能力"参数化"的,我们的表现便与这些能力联系在一起,而我们生活的产出就只具有次要性。尽管与我的产出相比,某个天赋异禀的人创作的作品更有价值,但我在生活中的表现可能会更好。这很有道理(这种观点的意义是,关键不在于你是赢了还是输了,而在于你如何玩游戏)。他举了弗莱明的清洁工的例子,这个人并未服从弗莱明的指示,没有扔掉他后来发现青霉素的发霉培养皿。弗莱明的清洁工的生活具有产出价值,但这与他是否过着极其美好的生活没有任何关系。简言之,即使结果是好的,他仍然失职了。德沃金在这里使用了一个与他推导就天赋征税时使用的类似的论证:这个观点的吸引力在于,我们不想因为某人做了他极其容易做到的事而去赞扬他。在自由主义所理解的社会中,应得赏罚(desert)应该处于次要地位(如果有其地位的话),这种态度是自由主义态度的共同特征。

德沃金还指出,对于明辨的幸福来说,重要的是每个人都赞同或认可自己的所作所为,因为过一种好的但你自己不赞同的生活是难以理解的。对他来说,这种认可的特征不只必须是你好生活的"添加剂",而且也必须是其组成部分。德沃金指出,添加剂观点更符合产出价值模式。因此,一个重视自己所创造的东西的人在其生活中要比不重视自己所创造的东西的人更有价值。在我看来,在有关什么(作为一个人生活的产出)是关键成功的判断中,其中一个至高无上,这种观点非常奇怪。德沃金没有讨论这个问题,因为他更喜欢表现模式。考虑一下,莫扎特的生活因为他在某种程度上认可其作品,要比他仅仅为了钱而创作作品更好。假设因为莫扎特认为自己的交响乐比四重奏更好,所以前者就比后者更好,这是没有意义的。我们有时可以说作曲家、艺术家等等对他们认为好的东西的判断是错误的,举出这种例子并不困难。

更多的区分

为了对拒绝产出价值提供更多的论证,德沃金还在好生活的超验性(transcendent)描述和指数化(indexed)描述之间进行了区分。超验性描述以一种超越一个人的特定环境的方式来判断一个人的生活,做出这种判断的一种方式是采用人们在其生活中体验到了多少快乐这一理念。如果两个人在获得快乐的能力上是平等的,并且他们有平等的手段来实现快乐,那么寿命更长的人在其生活中会有更多快乐。显然,超验性描述符合一个人生活的产出价值,而不是表现价值。另一方面,对一个人生活的指数化描述是根据该人的特定环境对其生活何者为好的判断。这种观点对德沃金来说具有核心地位,因为他将一个人所取

222

得的成就与围绕他的行为的参数联系在一起。他指出,我未能在我所处的环境中取得成就,这并不是对我的幸福的限制,而是一种参数。如果我们生活中有价值的东西就是我们超验地取得的成就,那我们就会总是认为环境限制了我们。如果我们认为我们的成就从根本上与我们的个人环境相挂钩或联系,那么我们的价值判断就会截然不同。因此,他指出:

> 似乎无法抗拒的是,作为一种表现,好好生活意味着以一种对自己的文化和其他环境做出回应且适合于该文化和环境的方式生活。在12世纪的波西米亚,具有骑士和宫廷美德的生活可能就是一种好生活,但在今天的布鲁克林情况可能就截然不同了。[12]

德沃金的指向变得清晰起来。他摒弃了超验性判断,因为他喜欢具有明辨的表现性的生活。人们的成就要与他们所处环境的参数相挂钩,这些参数包括判断一个人的生活是否明辨地具有价值所涉及的所有因素。例如,它们将包括一个人的个性及其意欲的利益。它们还将包括他的明辨的利益,因为这些将为他如何进行其生活提供背景。参数还将包括预期寿命。例如,一个人在对他来说是唯一一次的生命中的所作所为的价值,将通过某种寿命预期来参数化,比如,当代人平均寿命的上限。德沃金认为,只有在这种假设下,我们才能"明辨地"说,一个人英年早逝是一种不幸。这表达了一种判断,即那个人错过了我们原本期待的那种生活。我们一生中可用的资源也肯定是一个参数。德沃金指出,如果它们不是的话,我们将不得不接受这样一种荒谬的想法,即只有拥有无限资源的永生才是明辨意义上的好生活。

　　根据超验性或产出的观点,我们会反直觉地得出结论,如果莫扎特

在 14 岁时去世,既然他已经创作出了许多伟大的作品,那么他的早逝
并没有带来什么价值损失。这种反直觉并不是因为我们本希望莫扎特
能够创造出按照产出或超验标准来衡量的更多的价值。在年龄频谱的
另一端,我们觉得,对一些人来说,他们本可以做得更多,来让他们的生
活(明辨地)变得更好。尽管如此,我相信我们有一种强烈的直觉,即产
出价值和超验价值在判断人们生活中的价值时都很重要。诚然,莫扎
特明辨的好生活应该从他自己有关什么对他来说很重要——有人认为
是他的音乐——以及他自己对他拥有的去做想做之事的时间的理解等
观点来判断。另一方面,对于什么算是价值的产出意义而言,存在着一
些空间。毫无疑问,莫扎特的目标是在产出模式上创造艺术,后者事实
上也被证明是优秀的。我们可以认为,莫扎特关于有价值的生活的信
念构成了最终判断的一个重要参数,但我们很难忽视这样一个事实,即
这也包括他根据产出模式对自己生活的重大判断。

正义与有价值的生活

我们现在可以结束讨论了。德沃金足够合理地将资源作为明辨的
好生活的一个参数。但是,以一个人实际拥有的资源来衡量,很难说他
的生活是明辨的好的,因为仅仅基于一个人的资源太少就说他的生活
不好,这只是一种见解。这一点对德沃金而言最为重要。衡量一个人
之明辨的好生活的资源是正义认为他应该拥有的那些,最好的生活是
他能够用最佳的分配正义理论所给予他的资源所过的那种生活。这是
一个重要命题,它将德沃金的平等理论及其好生活理论联系在一起。
对于那些认为平等是个空洞且流于形式的概念的人们,[13] 他可以回答
说,尊重要求人们拥有足够的空间去过上明辨的好生活。正义通过限

制一个人过上明辨的好生活所需的资源数量,与我们的个人伦理连续地联系在一起。它通过将他人作为平等者尊重来实现这种联系,因为衡量资源的标准便是它对他人的真正成本。德沃金在这里主张,在这一观点中,要诉诸柏拉图所谓正义总是符合一个人的利益的观点,也就是说,如果我们拥有最佳的正义理论赋予我们并由我们支配的物质和其他资源,那么明辨的理想生活就是我们能够过上的最好生活。[⑭]

　　总之,我是否过上了明辨的好生活,这一问题与我在正义中有权得到什么相挂钩。因此,例如,如果我必须依靠不公正的资源数量才能取得成功,那么我就不能对我没有在政治生活中取得成功感到合理的遗憾。相反,如果我在只拥有穷人的那份资源的情况下过得依然不错,我也可以有合理的遗憾。[⑮]正义通过围绕私人空间设置主要参数来影响我的私人空间,而我的生活方式也受到分配给我的自由的正义的影响。既然我无法逃避正义对我自己伦理生活的影响,正义和我的个人伦理也就无法分离。结果是,正义被视为我伦理生活中不可分割的一部分,与我的(正确的)信念不可分离地联系在一起。这意味着,对我个人伦理生活的适当关注,必然使我对社群中自由的公平分配产生适当的关注。在德沃金看来,个人伦理与政治结构之间的连续性由此确立。

　　我们现在需要审视伦理生活的各个方面,政府通常认为它们有权对此行使相当大的控制权力。这些方面往往通过宗教敬畏联系在一起,它们是什么构成了阻止人们生命开始(coming into being)、鼓励人们生命结束(go out of being)、代表所有人就什么构成最深层伦理问题——比如,我们是谁、我们的目的是什么、我们如何与宇宙联系在一起,等等——的答案做出决定等的对与错的问题。这些是堕胎和安乐死的问题,以及有关社群在多大程度上有权强制执行正统宗教教义的问题。

第十二章　宗教与生命的开始和结束

　　人们有时认为,德沃金把他的整个道德观念建立在权利理念的基础上。这在某种重要意义上是正确的,因为正如我们所见,他认为每个人都享有尊严、平等和自由的权利。这就是为什么我认为平等是他的道德理论中最基本的价值:一个人的尊严永远不可被权衡,除非另一个人同等重要的尊严要求这么做;因此,从这个意义上说,尊严的权利是根本性的。然而,这并不意味着德沃金否认其他表达伦理和道德价值的方式。因为我们自己的个人尊严取决于我们所做出的判断,这些判断与他人的权利无关,而是与我们看待自己的方式、我们与他人的联系,以及我们与宇宙(没有其他更好的说法了)的联系有关。德沃金的著述中有两个部分将这种非权利的维度展现了出来:他在《刺猬的正义》中关于宗教地位和宗教经验的简洁而又重要的论述,以及他在《生命的自主权》(*Life's Dominion*)中对堕胎和安乐死的较早的、更为广泛的探讨。这两个部分都涉及他所说的"内在"价值,有时也称为"世俗神圣性"。简言之,这些价值与那些对其保护被适当地表述为权利的价值属于不同的范畴。它们非常重要。

"整体认识论"与宗教

　　德沃金指出,我们的思想必须是关于某事的,所以我们的思想自然取决于该事是什么。因此,我们相信的每件事的理由都会成倍增加,因为它们也必须得到我们相信的理由的支持。这永远不会结束。因此,德沃金指出,"完全抽象的知识条件是不存在的"①。我们的信念由经验事实的存在引起,这在科学上具有合理性,因为这些事实有助于证明事实为真:它们是事实的证据。然而,就价值而言,德沃金认为,有关我们信念的理由的观点毫无意义:它是论证,但不是来自证据的论证。值得注意的是,证据和论证之间的这种区分在所有现代法律体系中都得到了无可争议的接受,在这些法律体系中,存在与关于适用于那些事实的法律是什么的论证不同的确定事实如何被证明的原则。价值统一性要求我们的信念体系形成一种"整体认识论",我们在其中假设有关光学或生物学的命题为真,即使我们要使用科学方法来证实它们为真。这种认识论——德沃金称之为阿基米德式的,因为这位希腊哲学家曾说,如果他能站在世界之外,他就可以做所有事情——的问题在于,它假定有一种抽象的方式可以理解所有知识,但将自身排除在该种知识之外。相反,德沃金指出:"抽象的认识论与具体的信念必须相互符合,彼此支持,而且任何一方都不能否定另一方。"②因此,我们不能仅仅因为"相信某事会很好"而相信某事,因为——正如我们在第九章所见到的——我们的信念必须与我们其他信念的完整认识论描述结合在一起。

因此,宗教信念往往对价值统一性命题提出挑战,因为许多人持有与他们"值得尊重的信念"的一般原则背道而驰的坚定信念。例如,人们相信神迹。根据定义,它们之所以是神迹,是因为人们声称所发生的事情超出了正统的理性预期。这种信念可以从两个方面加以解释:其一,宗教哲学家可能试图证明科学方法可以解释宗教主张,例如通过智能设计(intelligent design,即存在一些超级智能和超级强大的智能体

"设计"了神迹的发生）这样的理论；其二,宗教哲学家可能会走向相反的方向,修改他们的"一般认识论",这样它就可以符合人们不愿放弃的对神迹的宗教信念,其理由也许是他们有一种特殊的"高度敬畏"感。德沃金对于类似智能设计这样的理论的看法是,它们是难以说服人的科学。[3]与许多对智能设计理论的批评不同,德沃金认为我们可以接受它是一种可能的科学理论。它似乎是正确的,因为它是一种旨在从融贯和合理建构的角度来解释整个经验知识领域的理论。但它是一种完全令人难以置信的理论。

德沃金指出,我们应该在三种经常用来支持智能设计理论的主张之间加以区分：(1)科学家们还没有完全确定达尔文式过程在起作用；(2)有充分的科学证据表明,世界的某些特征并不符合达尔文式的解释；(3)这些证据表明,一位智能的设计者创造了产生人类的发展过程。德沃金认为主张(1)为真。尽管科学家们总体上接受了达尔文式解释,但关于达尔文式解释在特定情况下的应用仍存在一些争议。然而,他认为主张(2)为假；并不能说因为关于任何特定理论（就像任何历史或数学理论）的应用存在争议,它就因此是有缺陷的。还需要更多的论证,但还没有人提出。他还指出,即使主张(2)为真,主张(3)仍然为假,因为科学取决于证据,仅仅缺乏科学解释本身无法成为证据。无论如何,"智能设计理论"背后那只无形之手(unwritten hand)就是神的存在。如果吸烟导致肺癌这一说法有争议,那么这一事实并不会成为正是神导致了肺癌,或者全球变暖都是由一位随心所欲升高和降低气温的神所造成的证据。他指出,"很少有在社会议题上保守的美国人会投票支持学校董事会,允许教师通过援引超自然智能来解释他们想要解释的一切东西"。

重要的是要看到,德沃金在此并没有打击宗教信念。相反,他热衷

于维持理性和信仰之间的区分:

　　对于那些诉诸超自然智能来证实特定宗教传统的主张的人们来说,科学无法提供任何理由。只有信仰才能发挥作用,而且信仰差异巨大。因此,一旦诉诸超自然智能被认为与科学解释具有竞争性,那么对理性的损害就无法被限制或被控制。④

　　例如,他问道:为什么我们应该假设,同时存在的智能体与"亚伯拉罕的上帝"是相同的呢? 它也并不只是一种令人难以置信的科学。我们在日常生活中思考事物时的感官知觉必须与科学方法的理论相结合,后者让我们寻找证据来支持我们的看法并放弃那些被证据证伪的解释。但是,我们没有办法通过"敬畏感"将我们的信仰与任何解释它的东西结合起来。此外,如果宗教信仰依赖于我们的感官知觉,那么我们怎么可能解释宗教信仰的巨大多样性呢? 人们有着各种各样并不相容的宗教信仰。

228　　德沃金认为,任何"整体认识论"都应该防范"两种暴政":其一是觉得一个人可以站在问题之外(阿基米德主义),对特定知识领域的力量保持不敏感,并因此完全否认宗教信仰的力量;其二是假设我们可以有离散的信念,在我们通常形成合理信念的方式之外,还有一个特殊的临时例外。因此,仅仅相信这种临时方式来创造一些与我们通过自己如何言行的证据而相信的所有其他事情完全矛盾的东西是不够的。他强调,如果我们深深地相信某事,我们就必须相信它,尽管他补充说,我们应该这样做,只是因为我们也相信对它并不存在"决定性的反驳"。

宗教气质

用 E. M. 福斯特(E. M. Forster)的话说,对大多数人来讲,好好生活需要适当地与其环境——例如,根据他们身处其中的历史或传统,他们的文化或处所——相"联结"(connecting)。对许多人来说,存在一种像是"宗教气质"的东西,寻求着与"宇宙"(即人类身处其中的整个世界)的某种联系。⑤德沃金认为,即使不信教的人也会在不同的层面上回答我们的生活如何与"宇宙"相适应的问题,例如,通过我们进化的叙事,或者更宏大地说,作为宇宙本身进化的"更大叙事"的一部分。他们甚至可以通过证明并不存在任何联结,我们的生活具有独立于宇宙的价值,来回应联结问题的挑战。德沃金首先追问,人们为什么应该在这些思维方式中"发现价值",其次追问,人们应该如何回应这种感知到的价值。他对第一个问题的回答是,我们想要过非任性的生活(他说这是正确的),因为这增加了我们生活的"状语"价值。如果其价值在于如何好好生活,那么它就不是一种任性的生活。对第二个问题的回答是,人们可以好好生活,以回应"宇宙中并不存在任何要旨或目的"的观点:

> 为什么价值必须依赖于物理学呢? 从这个角度来看,正是伦理价值确实依赖于永恒,它可能被宇宙学所摧毁这种假设,看起来是荒谬的。它只是一连串违背休谟原则的无尽诱惑中的又一个而已。⑥

我们应该记得,休谟原则认为,我们无法从事实问题推导出价值问题。如果德沃金支持该原则的论证是正确的(见第九章),那么无论我们对科学了解多少,无论宇宙的创造看起来多么随机,无论一切物理的运动多么无序,我们的道德生活都是完全不受影响的。

神与人权

信仰的权利是一项基本人权,即美国宪法第一修正案中所谓的良心权利,也反映在《世界人权宣言》第18条中("人人有思想、良心和宗教自由的权利")。这意味着我们享有宗教信仰的权利,无论我们的宗教信仰如何,甚至即使我们没有任何宗教信仰。如果我们认为宗教证成了人权,那么我们因此就很难理解如何能够证成宗教宽容这一基本人权。如果我们宽容某人的信仰和行为,这便意味着我们即使不赞同它,但仍然承认它符合我们相信该人享有的某种权利。因此,我们自己的宗教肯定无法找到该种权利;据此可以推断,其他任何宗教也肯定无法找到。简言之,任何神圣的权威都无法提供根据,因为正如德沃金所言,人权是"独立的,逻辑上先于"对神圣权威的承认。

德沃金指出,这种关于人权的论证与承认存在一位创造了宇宙的神的观点是完全一致的。宗教有两个部分,一个是宇宙学("是")的部分("上帝创造了世界"),另一个是评价性("应当")的部分("上帝要求你遵守十诫"),尽管许多人认为这是一种不正当的区分。如果我们无法从事实中推导价值,那么你可以相信神的存在,神向你发出命令,但这并不是说你有道德理由去服从神的命令。你需要一个附加的前提,就像服从世俗统治者需要附加前提一样。这里的困难表现在一场古老的神学争论中。神之所以善,是因为他们遵守了道德法则吗?还是说这些法则之所以是道德的,是因为神创造了它们呢?这常常被认为是一种进退两难的困境。如果神遵守道德法则,那么他们是善的但并非全能的。另一方面,如果神是全能的,并且创造了道德,那么说他们是善的就没有任何意义——这只是从他们能够创造道德规则这一事实推导出来的。德沃金认为,这并非一种真正的困境,因为没有人能在不违背休谟原则的前提下创造道德。这并不意味着任何神都无法拥有道德权威;这只是意味着,神通过作为神而拥有道德权威,这并非当然的。

神是全能的,他们强大到可以通过创造艾滋病或者奖励自杀式炸弹袭击者来惩罚人们,这些事实并不具有相关性;威胁和贿赂不会产生义务。神创造了我们并不意味着他可以强加给我们义务,就像雕塑家不能对自己创作的雕塑强加义务。德沃金指出,最接近的情形可能就是父母"创造"孩子,尽管这仍然是一种奇怪的说法,我们可能想说,孩子对其父母的义务是由其父母创造的。[⑦]但是,义务不能以这种方式被创造。孩子所负的道德义务独立于社会实践,后者不仅将这些义务施加给亲生父母,而且施加给养父母,在某些文化中甚至施加给整个社群。此外,德沃金指出,仅靠信仰并不能赋予神以道德权威(这种论证有时被称为信仰的认识力[epistemic power of faith])。理由是,神的道德权威不能被确定为一个纯粹事实。我们无法期望道德权威产生于对神的独特性质的识别,即使神可以仅仅通过信仰来识别:

> 如果我们主张神对所有人都有道德权威,那么我们就必须假设一种对所有人平等的神圣关怀和尊重。[⑧]

德沃金指出,他在这里的论证并不是要诋毁宗教,毋宁说,他的目的是将人权问题置于"不同的层面"。

神对我们的态度

　　在我们对人们的两种尊重类型之间加以区分是有用的。一种是基本的、不可变的,或者我们可以说不容讨价还价的:一旦我们承认另一个人是人,我们就必须给予他们同样平等的尊重;也就是说,一个人与其他人具有平等的客观价值。另一种判断性或评价性方面是可变的,这意味着我们可以根据我们对其性格和行为的判断,在不同程度上尊重他们:一个人作为人可能是平等的,并因此有权受到尊重,但他过着毫无价值的生活,因此得不到应有的尊重。德沃金问道,什么样的神会不在乎让不那么有价值的人来崇拜他呢? 想象一下,一个宗教以其成员具有特殊重要性为由,为屠杀辩护。有人会认为,任何一个重视人的尊严的可信的神都会尊重人,将其作为对人的承认的问题,而不是因为他们是实现了有价值的生活的特殊的人。如果神尊重人的尊严,那么神也必须尊重人的个人责任。此外,如果神只要求人们去完成一套外在的动作以表示对他的信仰,那他就不会尊重尊严。无论如何,神都会意识到内在的怀疑。一个人在履行使其生活有所成就的个人责任时,就必须承诺于该种宗教。因此,神不能强迫我们信仰宗教,因为只有当我们适当地信仰宗教,即有尊严地信仰宗教时,我们才能自由地选择宗教。

　　当然,人们只有在不干涉他人独立拥有的同样权利的情况下,才有权在宗教选择等问题上获得独立。德沃金补充说,酷刑是对尊严"最为严重的暴行",因为它包含了对人的彻底征服。它既否定了一个人被视为与所有其他人具有平等客观价值的权利,也否定了其作为自己生活之负责任的创造者的权利。因此,宗教裁判所——因为人们被视为异端而对他们施以酷刑——不仅是对人的尊严的灾难性冒犯,而且就这两个方面来看,也是宗教严重的自相矛盾。

堕胎

与反向歧视一样,德沃金关于广义情形下堕胎之道德正确性和安乐死之道德正确性的论证,面向的是宽泛的道德受众,而不仅仅针对美国宪法。我将依次探讨他的论证,尽管你应该明白,他对这两个问题的论证都源于同样的道德原则。最为基本的,是他在对人之生命有意终结的衍生反对(derivative objection)和超然反对(detached objection)之间所做的区分。衍生反对源于胎儿享有应该受到保护的权益的观点。超然反对并不依赖于这种观点,而是从超然的角度宣称,人的生命,无论是胎儿的还是不可逆昏迷者的,都具有根本的内在价值:这不是一个任何人都享有需要保护的权利的问题,而是存在一些应该得到维持的重要价值的问题。不同之处在于以下这种情形,即人们宣称因为这是正确的,所以应该(或者不应该)对某人做某事,即使成为那种作为或不作为的对象并不符合该人的利益。一个很好的例子是美国著名的南希·克鲁赞案(Nancy Cruzan),其中法院宣布从病人身上取下喂食管是错误的。法院明确表示死亡符合患者的利益,但法院接着指出,出于对生命神圣性的尊重,她应该活着。

德沃金指出,正是人享有权利和利益。尽管反堕胎者主张生命始于受孕,但德沃金认为,无论他们怎么说,很少有人真正相信胎儿是个人,以及杀死早期胎儿构成谋杀,因为如果早期胎儿是个人,那显然就是谋杀。当然,人们认为那是错误的,这并非谋杀。至少在刑法中,罪行一直写作堕胎而非谋杀。统计数据支持这一观点,因为相当多的人认为堕胎是错误的,但并不完全等同于谋杀。至少可以提供一些解释,来说明为什么人们对这两种杀害的直觉不同。

说某种存在享有权利和利益的依据是什么呢？他认为，仅仅处于成为一个人的过程中本身是不足以获得权利和利益的。假设某种存在享有自身的利益（与发生在它身上的事情很重要有所不同），这是没有意义的，除非它有或一直有以某种精神和物质生活的形式存在的某种意识状态。因此，他得出结论，根据这一假设，胎儿至少在大脑皮层形成之前并不享有利益（大脑皮层的缺失意味着没有意识），因此对其生存没有利益。这一论证的一个重要推论是，一个生物现在享有利益——比如科学怪人（Frankenstein's monster）被弗兰肯斯坦博士赋予生命时——并不意味着它以前就享有利益。德沃金举了一个吸烟孕妇的例子。她吸烟是错误的，因为那会损害即将生育的人的利益。然而，如果她堕胎，就不会有任何人的利益受到影响。

那么，我们如何处理生命何时开始的问题呢？这是一个描述生物学事实的问题吗，比如植入子宫时，或者更早的受孕时？德沃金认为，答案是否定的，这在很大程度上是个道德问题，因为就胎儿是否是人的问题来说，不论是受孕时还是孕期某个较晚的时间点，"都过于含糊不清而没有用处"。这些类型的问题应该被放在一边，因为我们要考察他们是否享有应该受到权利保护的利益，或者不论是否享有利益，胎儿的生命是否具有神圣性等问题，而不必考察生命何时开始，或胎儿是否是人的问题。

我们如何解释"具有内在价值的生命"的概念呢？他指出，当我们说失去生命"内在地令人惋惜"时，我们发现了神圣性的概念。这意味着它本身就是错误的，在某种程度上独立于它是否有助于一些后续事态的发展（比如金钱，它显然并不具有内在价值），也独立于它是否具有主观价值（单一麦芽威士忌是有价值的，这种价值并非工具性的，但也不是独立的）。这并不是一种难以理解的观点；例如，基于这些非工具性的、主观的理由，我们认为伦勃朗的肖像画令人赞叹。我们接受它们，是因为它们具有独立的善。人的生命可能具有工具性的、主观的和独立的善（"他为我做饭，我喜欢和他在一起，他很诚实"）。当然，我们对什么算是神圣的看法有所不同，但这并不重要，因为那只反映了我们对这一概念的不同观念。我们的分歧反映了我们对什么表现出对神圣的蔑视或尊重的看法，这只是主张我们在重视神圣性方面意见一致的另一种方式。这些分歧以各种方式出现。我们感知到神圣性的程度，比如我们根据次要画作和主要画作对艺术作品进行分类，此外，我们对我们认为神圣的事物有一定程度的选择性，比如我们认为艾滋病病毒或脑膜炎细菌这两种生命形式都不具有神圣的品质。德沃金认为，对于生命本身具有神圣性这种观点，存在两种看法。一种是，生命是神圣的，因为它是大自然中的独特创造。这种看法出现在哈姆雷特的那句名言中："人是一件多么了不起的杰作！"还有一种看法认为，人的生命是被有意创造的，从这个意义上说，我们认为我们是自身的创造。这两种看法对应于希腊人在 zoe（指的是一个人的生物学生命）和该人的bios（指的是那个人所过的生活）之间所做的区分。德沃金指出："刻意摧毁一个人类生命所让我们感到的恐惧，正反映出这些投入的每个面向，对我们来说都让人感到无法言喻的内在重要性。"⑨

　　当我们判断生命的内在价值时，我们如何做出比较判断呢？我们用什么作为尊重的衡量标准呢？例如，为什么较晚堕胎似乎比较早堕胎更令人遗憾，为什么年轻人的死亡比老年人的死亡更糟糕呢？我们可以理智地提出这些问题，这表明尊重的衡量标准并不取决于权利或利益的观念。很明显，如果我们认为胎儿享有权利和利益，那么无论年龄大小，他们仍然享有这些权利和利益。因此，同样的论证也完全适用于老年人（他们和年轻人一样有生存的权利）。此外，无论如何，"浪费生命"指的是什么呢？德沃金认为,生命的长度和质量都不是正确的观点。生命的长短对堕胎不起作用,因为早堕胎比晚堕胎要更好,而出生后年龄越大,死亡就变得越不那么悲惨。生命质量的论证也不起作用,因为生命并没有通过质量的逐步提高而在质上变得更好,以至于你可以说,这种早逝是悲惨的,因为未来本可以过上有质量的生活,德沃金指出,这"忽略了生命的浪费通常会因过去已经发生的一切而变得更巨大、更悲剧的关键事实"[⑩]。德沃金认为,从挫折(frustration)的角度来看生命的浪费要比纯粹损失的角度好得多。衡量投入受挫的标准将取决于生命阶段,同时考虑到自然寿命。这种解释要比纯粹的生命损失丰富得多,因为它考虑到了生命中的抱负、期待、计划、项目、关系和情感投入,并根据这些而非可能发生的事情来衡量悲剧。

　　在德沃金看来,两个关键问题是:(1)权利和利益何时获得？(2)生命何时体现内在价值？为了深入探讨这些问题,德沃金依次审视了保守派和自由派的论证。他说存在两种类型的保守派观点:第一种观点主张,堕胎是错误的,国家有权禁止堕胎;第二种观点主张,堕胎是错误的,但堕胎的决定完全是私人的。这两种立场都有常见的例外情况。其中一种众所周知,即为了挽救母亲的生命。德沃金指出,这是没有道理的,因为没有理由假设母亲的生命比胎儿的生命更重要,而且有时提出的母亲是出于自卫的说法也是行不通的,因为胎儿是无辜的,而且不管怎样,最常实施堕胎行为的是医生而非母亲。另一种众所周知的例外是强奸。这更令人困惑。为什么胎儿作为完全无辜的一方,会因为被认为是强奸的结果而遭到杀害呢？德沃金接着转向自由派的论证。自由主义者大多并不认为堕胎只是一种"外科手术",因此也赞同保守派所谓故意杀害胎儿是错误的观点。他指出,典型的自由派立场是:(1)堕胎的决定是个重大的决定;(2)尽管如此,出于某些理由(但不是为了确定性别或者使得一次欧洲之旅更容易)，这是合理的；(3)母亲和家庭的利益是堕胎理由中可以接受的部分；(4)至少在早期阶段，国家不应干涉。

我们能否在任何层面上调和保守派对堕胎的保留意见呢？德沃金认为，保守派和自由派一致认为，决定堕胎问题的既不是权利，也不是利益，因为否则的话，他们允许堕胎的任何辩护都没有意义。那么，关于堕胎，究竟是什么让这两个阵营都错了呢？德沃金的答案是，这取决于我们对生命神圣性的尊重(一种对其神圣和内在品质的感受)，这意味着正确的堕胎观念是超然的。如果他是对的，那么他已经找到了保守派和自由派可以团结一致的基础，并且成功地摧毁了保守派和自由派只是在道德绝对上进行交换的观念。

德沃金认为堕胎在本质上是错误的，因为那是独特人类生命之投入的挫折。如果保守派和自由派都赞同这一点，那么重要的就是要弄清楚为什么他们仍然存在分歧。他给出的答案是，保守派更重视人类生命的神圣性质，即自然创造的投入；而在另一方面，自由派更重视人类投入。每一方都接受自然和人为投入的神圣性，差异之处在于不同的重点，而非不可争辩的绝对性。我们可以从以下事实中看出这一点：几乎所有的保守派都承认堕胎有时是可允许的，因为大多数保守派都允许母亲生命受到威胁时出现的例外。这只能意味着，几乎所有保守派都承认，有时母亲的利益超过了生命的内在品质。强奸也是一种常见的例外，这可以被解释为：首先，因强奸而开始的生命是一种"冒犯"，而非一种适当的投入，这表明了一种有关生命的内在价值的观点，与胎儿的利益或权利有所不同；其次，强奸是对女性对自己生命投入的亵渎，这一观点也与神圣性相一致。当未来孩子和/或母亲或家庭的生活质量受到威胁时，自由派允许堕胎。对他们来说，未来孩子的生活质量不可能是对一个人生命价值的判断,因为这将意味着与自由主义原则相背离的对缺乏质量的生活的蔑视。也就是说,自由派不会以较为低劣的生命不值得活为理由来允许堕胎。相反,更直接的理由是,一旦孩子出生,孩子的生命有质量就很重要。就母亲和家庭的生活而言,对母亲和家庭的关怀基于的是对人类生命内在价值的认可。

德沃金认为,伦理独立需要宗教自由。过去的情况是,容忍宗教自由是实现国内和平的最佳途径,因此宗教自由是出于工具理由而非原则理由。如果我们接受这种证成,那它就没有什么特别之处:同样的原则也支持"其他的基本伦理选择",例如生育、婚姻和性取向。这在堕胎的情况下很重要。首要原则是"人的生命具有内在重要性",但是如果早期胎儿"只不过是一朵花",没有自己的利益,那我们帮助早期胎儿的义务就大为不同了,因为它并不享有保护任何利益的权利。还有一个伦理问题:堕胎可能是对人的尊严的不尊重(正如德沃金所说,伟大的画作不应该被毁坏,尽管它们并没有利益)。因此,道德问题必须集体决定,例如,是否禁止谋杀。如果这并非谋杀,那么该问题就是一个伦理问题,政府不能为女性做出决定:"必须让女性按照她们的尊严要求,为自己的伦理信念承担责任。"⑪

关于堕胎的宪法争论

德沃金花费了很多精力来探讨自 1973 年罗伊诉韦德案以来美国出现的关于堕胎的宪法争论,该案承认母亲在怀孕早期和中期堕胎的权利是隐私权的一部分。⑫他指出,法官们以不同的方式来看待这一权利。例如,布莱克门(Blackmun)大法官认为,这是一项强权利,需要"压倒性的理由"才能被推翻,而伦奎斯特(Rehnquist)大法官认为这是一项弱权利,只要给出合理的理由,国家就可以推翻之。德沃金认为,"较弱"进路是错误的,因为正如格里斯沃尔德诉康涅狄格州案(*Griswold v. Connecticut*)所证明的那样,存在一项避孕的强权利,在不做父亲的权利和不生育的权利之间并没有原则上的区别。[13]

　　然而,是否存在压倒性的理由来限制妇女的堕胎权利这一问题仍然存在。德沃金指出,当生命危在旦夕时,也许答案是肯定的。胎儿是个宪法上的人吗?如果是的话,那么就有最压倒性的理由来禁止即使是非常早期的堕胎,因为这将是故意杀害胎儿的谋杀。"人"是宪法的一部分,因为第十四修正案规定,"任何一州均不得拒绝给予任何人以平等法律保护"。如果胎儿是宪法上的人,那么各州将负有保护胎儿的义务。因此,任何声称各州享有选择禁止堕胎的权利的人,都已经承认胎儿并非宪法上的人。这是一个强有力的观点,尽管宪法当然总是对可能表明这种解释是错误的解释保持开放态度。德沃金还考察了各州是否可以让胎儿成为宪法上的人,也许其理由是允许堕胎会助长一种"杀戮文化"(killing culture)。他怀疑对胎儿的保护是否属于国家宪法安排(对此各州无法推翻)的范围之内,无论如何,没有证据表明"杀戮文化"——有人可能说美国已经存在这种文化——与有关堕胎的自由法律之间存在联系。在对堕胎有着更自由规定的欧洲国家,并不存在什么"杀戮文化"。

　　尽管如此,有两个问题仍然存在。胎儿不是一个人,由此就可以推导出妇女控制自己生育角色的权利得到了保护吗?各州是否有令人信服的超然理由来禁止堕胎呢?罗伊诉韦德案的反对者声称,宪法并未提及该项权利,并且无论如何,这都不是宪法制定者的意图所在。正如我们所见,德沃金以"原则宪法"(constitution of principle)的观念来反对这种宪法观点,他指出:

我们狭隘而具体化的宪法观念甚至不是当代美国的一个选项,假装采用它并不能真正制约法官将自己的信念强加给法律的权力,而只是仿佛有了这种制约的危险幻觉。[14]

基于更为丰富的宪法观念,德沃金考察了两种相互竞争的传统:个人自由和政府"保护所有公民生活于其中的公共道德空间"的责任。[15]他认为,第二种观点在旨在让公民负责任和使他们顺从大多数人的要求这两种对立观念之间存在着含糊不清。它们之所以是对立的,是因为责任要求人们按照自己的信念行事,而顺从可能意味着迫使人们违背自己的信念。如果并不存在源自胎儿人格的禁止堕胎的理由,那么国家只能在维护胎儿的神圣性方面拥有超然的利益。因此,禁止堕胎的理由只能是母亲的这种行为属于不负责任。这个问题取决于一个极具争议的问题,即什么算是生命的神圣性,进而大多数人的信念(以道德上负责任的公民为目标)不应凌驾于母亲的信念之上。换言之,国家不能同时追求责任和顺从。

当然,各州应该致力于让公民负责任地对待有关生死的决定,但是德沃金指出,法院不能允许某个州将实际上强制性的规则伪装成纯粹鼓励负责任的规则。在确认了罗伊诉韦德案的凯西案(Casey)中,最高法院认为,各州可以鼓励妇女在决定是否堕胎时要负责任,前提是这些要求不会给她带来"不应有的负担"。它采取的观点是,要求妇女将堕胎计划告知其丈夫会给她带来这样的负担,但要求等待 24 小时——作为一种"冷静期"——进行个人审慎考虑则是允许的。[16]这种类型的限制需要仔细考察,因为鼓励负责任和强制之间的界限极其模糊。一旦界限被跨越,影响尤其难以承担,因为它将影响到一个具体的人而非"作为整体的妇女",因此它与强制人们不要破坏艺术、历史建筑等具有神圣性的东西,或者不要狩猎濒危物种等明显不同。此外,显而易见的是,堕胎的决定与我们的道德人格和我们自己的生活方式息息相关。这当然就是我们"生育自主权"背后的原则。德沃金认为凯西案令人质疑。他认为,对于枪支持有权来说,24 小时的等待期是合理的,但对于堕胎则没有必要;有更好的方法来鼓励负责任,例如向贫穷的母亲提供经济援助,这样经济上的必要性就不会再成为理由。某些妇女可能会因为等待期而被阻止。也许她们将不得不进行两次而非一次昂贵的旅行,或者她们将不得不忍受抗议的挑战。

德沃金尝试了另一种论证。他认为,对于保护妇女"生育自主"的权利的观点来说,在保护宗教自由的第一修正案中存在一个"文本起源"(textual home)。他指出,这是对生育自主的可能辩护,因为那意味着不需要信仰上帝就可以获得第一修正案的保护。在西格案(Seeger)中,一个根据一般道德原则反对一切战争但并不信仰上帝的人,有权根据一项法令免服兵役,而该法令将申请豁免的理由限制在宗教理由内。[17]因此,德沃金认为,第一修正案所要求的是,国家没有权力规定人们应当如何看待人类生命的终极意义和价值。

> 我实在无法设想存在对信仰之内容(一套信仰据此才能被视为具有宗教意味)的一种合理解释,竟然能排除掉那些和人类生命为何或如何拥有客观而内在的重要性有关的种种信念,除了支持宗教必须预设某个神的存在这个现已被丢弃的概念外。[18]

人们的某些信念对他们来说具有很强的主观重要性;有些人坚信征税是一种不合理的强加。毫不奇怪的是,德沃金并不承认内在价值检验是对一个人具有"主观重要性"的,他认为检验必然是一种客观的

239 内容检验。因此他指出,人们不能因为(比如)这些税收不是为了支持宗教事务,而认为征税损害了人们对自由市场内在神圣价值的信念,进而拒绝纳税。在存在重叠的地方,比如和平主义者反对的用于战争的税收的例子中,他略微内敛地表示,鉴于对自由的限制是"有限的"且统一税收的重要性是巨大的,一种"适当的平衡"证明了税收的合理性。

安乐死

　　德沃金将同样的原则应用于安乐死的证成。但请注意其中的差异。安乐死适用于享有权利和利益的活着的人,生命的内在价值原则显然是相关的,在一个人不可逆转地昏迷的情况下更为重要。存在三种可能的情形:某人既有意识又有能力,并希望死亡(也许想要得到帮助);某人失去意识,也许是不可逆转的;某人有意识但不能做任何事,比如她患有晚期阿尔茨海默症。德沃金依次考察了一个人的自主权、他们的最大利益和他们生命的神圣性等观点。

　　我们如何评估死亡或者活着是否符合一个人的利益呢? 年轻人自杀似乎总是特别错误的(悲剧),而我们通常马上就会说他们错了。对于老年人,这种错误的感觉并不那么强烈。另一方面,当没有什么可活的时候,我们为什么要在乎死亡呢? 在年轻人和老年人之间加以区分的一个理由是投入观点:年轻人的投入仍在继续,投入的结果还没有出现,而老年人的投入大部分都已经花费掉了。比较一下"她还年轻,展现出如此多的希望"与"她过了美好而漫长的一生",它们以截然不同的方式来表达悲伤。德沃金考察了"有尊严地死去"的含义,认为这"表明生命的适当结束,以及让死亡也信守我们自己想要的生活方式是多么重要"[19]。他指出(回想一下上一章的论证),我们纯粹的经验性利益

（比如看场足球赛、努力工作或者吃顿大餐）与明辨性利益（尽管我们不一定自觉地意识到它们，但它们构成了我们信念的基础）之间存在区别。他指出，我们有着过上好生活，亦即过上具有整全性和尊严的生活的抽象抱负，正因为如此，我们才会害怕或者后悔自己的生活没有取得多大成就。既然在生活是我们自己创造的意义上，生命是我们自己的，并且该原则极其重要，那么死亡的决定必然属于生命所在的那个人：

240

> 他的生命以这样而不是那样的方式结束是否符合一个人的最大利益，取决于他身上的许多其他特殊之处（像是他一生的样貌和性格，以及他对自己整全性和明辨性利益的感觉），以至于根本没有一致而又普遍的决定可以使用在每个人身上。[20]

　　尊重某人的死亡选择意味着什么呢？考虑到一个人的情绪变化或情绪稳定程度，我们很难确定一个人想要什么。例如，你如何确定一个人在没有胁迫、抑郁、冲动等的情况下，何时会对自己想要的东西做出真正真实、心平气和的描述呢？德沃金认为，将一个人作为一个整体来判断更清晰、更好。他的建议是：基于这个人说了什么以及你对他的性格、个性等的了解，问问你自己这个人真正想要什么。自信地做出判断很困难，有时甚至并不可能，但重要而且关键的原则是，要诉诸个人的自主权。你并不是用一个人想要的东西来代替符合他利益的东西，尽管在实践中，这种想法很难与利益区分开来。对个人选择的尊重，诉诸"这样一种观点，即对一个人来说，最好过一种由一个主题构成的生活，即使是在其结尾"[21]。尊重自主权的难题在有意识但无能力的人（比如患有痴呆症）的情况下最为突出，尽管许多难题可以通过"生前遗嘱"得到缓解。

　　德沃金在自主权的证据性观点和整全性观点之间进行了区分。证据性观点提出了一个主要问题,即每个人是否知道什么最符合他们的最大利益,因此它不能延伸到痴呆症患者,也不能为意志力薄弱的问题提供令人满意的答案;例如,一个意志力薄弱的决定是一项自主决定吗? 然而,自主权的"整全性"观点——他也称之为"先在自主权"(precedent autonomy)——包含了一种结构化、融贯的生命的理念。该种理念依赖于下述观点,即一个人有能力时其意志就是自主的,并且支持代表无能力者做出决定。看看这种对自主权的尊重如何适用于一些耶和华见证人(Jehovah's Witness)信徒是有用的,这类人声称如果他在一次严重事故后住院,无论如何都不应该输血,但果真出事后他可能会

非常痛苦地请求输血。德沃金认为,如果此人在提出请求时有能力,那么现在的能力应该支配决定,但如果他目前没有能力,那么他之前的请求应该得到尊重。为什么呢? 拥有照顾患者的"受托"权利的人必须以患者的"最大利益"为出发点。那些必须是最大的明辨性利益,而这支持尊重患者的先在自主权。㉒

　　德沃金进一步考察了某个活着的人的生命神圣性的观念。如果一个人真的不想活下去,而且活下去也不符合他的利益,比如当一个人在绝症中面临巨大痛苦时,该怎么办呢? 抵制安乐死的一个理由——比如,像天主教徒那样——是,不管一个人有无权利或利益,安乐死都是错误的。这种理由在安乐死和堕胎议题上表现出一致性,基于的是生命神圣性的理念。另一种保守的观点将安乐死的错误性与堕胎的错误性联系在一起,认为安乐死"欺骗了自然"。然而,这种观点显然存在困难。当一个人被人为地而非自然地维持生存时,安乐死不可能欺骗自然。然而,更重要的是人们对生命的神圣性意味着什么有着不同的看法。如果有人认为生命在人为延长的不可逆转的昏迷状态中失去了其

神圣性,那么他的想法是否无关紧要,这一点并不清楚。他已经以生命神圣性的观点为基础形成了自己的明辨性利益。德沃金指出,我们无法理智地争辩说,出于对人的生命不可侵犯性的尊重,他必须牺牲自己的利益。这必定是个个人决定的问题。人们对他们本应该有的死亡类型有着明辨性利益,违背他们的意愿让他们活着将会对他们造成伤害。换言之,这意味着杀人并不总是对生命神圣性的冒犯:

> 真正尊重尊严的人拥护个人自由,而非高压强迫,拥护法律的统治以及某种特定的态度——这种态度鼓励每个人为自己做出与其生死有关的种种决定。自由是自尊最为基本、绝对的要求:除非我们坚持由自己而非他人来主导生命的进行,否则我们的生命就说不上是拥有内在而客观的重要性。[23]

本章小结

我认为德沃金将人的尊严的价值及其平等和自由的双重原则视为基本的人类价值,其他一切都随之而来。尽管尊严必须受到权利的保护,但它也具有内在价值,因为人的生命能够并且已经维持了有价值的生活。道德源于尊严伦理。唯有当我们负责任地行使我们的权利,以平等的客观价值对待他人并使自己的生活变得有价值时,我们才能生活在一个公正且有吸引力的社群当中。我们将从根本上将我们的政治和法律理解为强化人的尊严的方式。我们的政治和法律论证将会变成决策的细节问题,而这些决策涉及尊严在特定情况下要求和允许什么的远不那么抽象的层面。

242

注　释

导论

① 参见"Objectivity and Truth: You'd Better Believe It," *Philosophy and Public Affairs* Spring 1996 vol. 25 no. 2 pp.87 – 139。

② 参见"The Supreme Court Phalanx: An Exchange," *New York Review of Books*, Dec. 6, 2007 以及德沃金的回应。这种"得意的轻笑"所显示的自满和自信，加上该评论的陈词滥调，都是如此常见。法官不民主仅仅是因为他们非经民选产生吗？选民也是未经选举产生的，但他们对民主至关重要。参见第六章。

③ 因此，当这位学者进而指出"老实说，我从来没有读过他发表的这种文章"时，这实在令人困惑。德沃金在回应中举了著名的最高法院对洛克纳案的判决，他在《法律帝国》中批评了这一判决，因为它在面包工人超长的工作时间问题上援引了错误的原则，即不受限制的合同自由（参见 *Law's Empire*, p.374）。我只想补充一句：德沃金有大量关于案例的文章，其中很多都发表在《纽约书评》上！

④ 参见 *Law, Pragmatism and Democracy*（Cambridge: Harvard UP 2005）。

⑤ 参见 *A Constitution of Many Minds: Why the Founding Document Doesn't Mean What It Meant Before*. Sunstein, C.（Princeton: Princeton UP 2009）。

⑥ 参见 Shiffrin, S. "Methodology in Free Speech Theory," in 97 *Virginia Law Review*（1995）1557。

⑦ 参见 Perry, S., "Responsibility for Outcomes, Risk, and the Law of Torts," in *Philosophy and the Law of Torts* ed. Postema, G.（Cambridge: Cambridge UP 2001）72。

⑧ 参见 Waldron, J. "The Core of the Case against Judicial Review," *Yale Law Journal* 115（2006）: 1346；他的 *Law and Disagreement*（Oxford: Oxford UP 1999）第九、十二和十三章；以及我在第六章的评论。

⑨ 参见 the New Zealand Mining Act 1886, ss. 125, 232 – 34。也可参见第六章,我在此提到了德沃金的救生艇的例子,另见沃尔德伦的 *Law and Disagreement*(Oxford:Oxford UP 1999),特别是第 203—204 页和第 213 页。

⑩ 参见我在第一章和第十章的评论,另参见 Cohen, J. "Expensive Taste Rides Again," in Burley, J. *Dworkin and his Critics* (Oxford:Blackwell, 2004) p.1。

⑪ 参见第一章。

⑫ 我很高兴当时我认为法律理论应该"启发"(instruct)而非描述(describe)。

⑬ 人们偶尔会试图解读德沃金特有的咧嘴笑。他面部肌肉很小,似乎不能用吸管喝水。斯蒂芬·波特(Stephen Potter)的《生存技巧》(*Lifemanship*, London:Hart-Davis, 1950)中伟大的救生员 P. 威尔克斯(P. Wilkes)有着类似的不对称面部表情,但这是他每天早上用嘴打开水龙头而故意造成的。他的目的是创造一张"好看的"脸(参见第 60—61 页,尤其是图 10)。就德沃金来说,这没有什么令人发瘆的,只是面部神经麻痹而已!

第一章 罗纳德·德沃金的素描

① BBC Books (1978)。

② "Judicial Discretion," *Journal of Philosophy* (1963), pp.624 – 38.

③ 参见 "Does Law Have a Function? A Comment on the Two-Level Theory of Decision," *Yale Law Journal* 74 (1965), pp.640 – 51。这篇论文之前曾以 "Wasserstrom:The Judicial Decision" (*Ethics* 75[1964], p.47) 为标题发表过;"Philosophy, Morality and Law— Observations Prompted by Professor Fuller's Novel Claim," *University of Pennsylvania Law Review* 113 (1965), pp.668 – 90; 以及 "The Elusive Morality of Law," *Vanderbilt Law Review* 10 (1965), pp.631 – 39。(最后一篇是 "Philosophy, Morality and Law" 一文的缩略版。)

④ *Philosophical Review* 64 (1955), pp.3 – 32. 也载 *Theories of Ethics*, Foot, P. (ed.), (Oxford, 1967), p.144。

⑤ "The Model of Rules," *University of Chicago Law Review* 35 (1967), pp.14 – 46. 这篇论文以 "Is Law a System of Rules?" 为题被收录于 *Essays in Legal Philosophy*, Summers, R. (ed.), (Blackwell, 1968), p.25, 以 "The Model of Rules I" 为题作为第二章收录于 *Taking Rights Seriously* (Duckworth, 1977), p. 14, 还出现在 *The Philosophy of Law*, Dworkin, R. (ed.), (Oxford, 1977),

246

p.38。

⑥ 其中包含很多有趣的比喻。例如,法律原则"被侵蚀"(eroded)而非像规则那样"被摧毁"(torpedoed),就好像"被侵蚀的"侵蚀了"被摧毁的";该文还将司法自由裁量权比作甜甜圈。

⑦ 参见 MacCormick, N., *Hart* (Jurists in Profile Series, Edward Arnold, 1981), p. 19;参见第二版 Stanford Law and Politics 2008。

⑧ Penguin.

⑨ *Oxford Essays in Jurisprudence*, Guest, A. G. (ed.), (Oxford UP, 1961).

⑩ 参见 *The Common Law Tradition*, Llewellyn, K. (Boston, Toronto, Little, Brown, 1960)。

⑪ 参见 *Columbia Law Review* 19 (1929), p.113; and 29 (1929), p.285。也参见 "Legal Rules: Their Function in the Process of Decision," *University of Pennsylvania Law Review* 79 (1931), p.833。另外参见他的 *Administrative Justice and the Supremacy of Law*,哈特在《法律的概念》中承认该书为对不同法律控制形式之间的性质和关系"最具启发性的一般性讨论"。

⑫ 参见其 *The Legal Process* (1958)。

⑬ 参见 *Harvard Law Review* 71 (1958),第 598 页开始是哈特的论文,第 630 页开始是富勒的回应。

⑭ 许多人认为他解决了所谓知识的"因果"理论所提出的问题。参见 *Collected Papers*, Evans, G. (Oxford: OUP, 1985)。

⑮ 在"No Right Answer?" in *Law, Morality and Society: Essays in Honour of H.L.A. Hart*, Hacker, P. & Raz, J. (eds.), (Oxford: OUP, 1977) 一文中,德沃金对 1975 年加雷斯·埃文斯他们在牛津大学共同举办的客观性研讨会上的贡献表示了感谢。

⑯ *The Independent*, Tuesday, June 22, 1993.

⑰ 参见,例如 Gardner, J. in Hershowitz, S. ed., *Exploring Law's Empire* (Oxford: OUP 2006), p.207。

⑱ 杰里·科恩与德沃金的学术关系很有趣。在我看来,科恩显然既没有理解德沃金所说的解释主义意味着什么,也没有理解资源平等是什么意思。这是理解的缺乏,但这怎么可能呢? 我觉得德沃金认为科恩的方法无处不在(他曾经说过,"50 年代的语言哲学")。但听到他们的谈话是件好事:它迫使人们深入

了解。关于国家是否应该补贴昂贵品味的旷日持久的争论——科恩而非德沃金持续参与——完全不在德沃金的视野之内。看起来颇为奇怪的是,某位公认的具有平等主义马克思主义倾向的人热衷于补贴上流社会的傻瓜(或者这就是一场"哲学游戏"?),更加奇怪的是,司法并未给补贴设置上限。但科恩像加雷斯·埃文斯一样直率,显然为德沃金的知识计划做出了贡献;我注意到,科恩 2003 年的优秀论文"事实与原则"("Facts and Principles")与价值统一性命题如此巧妙地相吻合。那篇论文完成后,在 2002 年的一次学术研讨会上,德沃金表示他"赞同其中所有的观点"。参见 *Philosophy & Public Affairs* 31: 3 Summer 2003 1。

⑲ 1998 年德沃金加入伦敦大学学院后不久,贝琪就去世了。这令人伤心欲绝。她病得很重,几乎在第一次治疗的时候就已进入癌症晚期。她不能再像他们通常那样在新年初从纽约去往伦敦的家。尽管如此,德沃金还是主持了三次研讨会,前一天从纽约起飞,第二天早早返回(有一次是在会后的晚宴之后)。他对自己无法参加答辩的论文写了长篇而详尽的回复,我们争相传阅。他非常沮丧,我想他是在努力工作中寻找慰藉。但没有人真正理解他是怎么做到的。

⑳ 主要关于堕胎和安乐死等问题,以及 20 世纪 80 年代末牛津大学的其他话题。这被称为"星球大战"——名人文化(celebrity culture)的牛津版本。

㉑ 参见 Lord Bingham in *The Susskind Interviews: Law Experts in Changing Times*, ed. Susskind, R. (London: Sweet & Maxwell 2005)。

㉒ "Political Judges and the Rule of Law," *Maccabaean Lecture in Jurisprudence*, *Proceedings of the British Academy* 64 (1978). Reprinted in *A Matter of Principle*, ch. 1, p.9.

㉓ 人们常说德沃金"擅长修辞",但缺乏"实质"。其中的代表是布莱克本(Blackburn)发表在 *Times Higher Ed. Supp.* January 27, 2011 上的针对《刺猬的正义》的书评。

㉔ 这里有一个引人关注的例子。想象一下,有人从各个角度描述一个特定的酷刑场景,但唯独不说这是不合理的。这种情况完全有可能。有人可能试图区分不同时期使用的不同酷刑方法。但想象一下,通过把一本关于酷刑的手册递给某人来教会他什么是酷刑。参见 *Natural Law and Natural Rights*, Finnis, J. (Oxford UP, 1980),他认为,正是证成问题将德沃金的理论与哈特和拉兹等

"实证主义"理论区分开来。正因为如此,德沃金对他们理论的抨击"失败了"。他的理论是一种"规范性法律理论,为法官就其司法职责提供指导;而他们的理论是一种描述性理论,提供给历史学家,使他们能够撰写一部有辨别力的法律制度史",p.21。

㉕ *Law's Empire* (Cambridge:Harvard UP, 1986), p.413.

㉖ *Oxford Journal of Legal Studies*, vol. 24, no. 1 (2004) 1, 36－37. 作为第六章收录于 *Justice in Robes* (Cambridge:Harvard UP, 2004)。

㉗ "他们讲授的课程仅限于'法律哲学'或分析法学,其中他们分析和比较当代不同版本的实证主义;他们参加那些专注于这些主题的会议;他们在他们自己钟爱的杂志上不厌琐碎地相互评论彼此的正统性与异端性。"参见 *Justice in Robes*, ch. 7, pp.212－13。

㉘ *Loc.cit.*, p.213.

㉙ 参见 *Essays in Jurisprudence and Philosophy*, H.L.A. Hart (Oxford:OUP, 1983), pp.139－40:"如果我可以大胆预言,我认为将会引起主要批评的正是他的坚持,亦即,即使无法证明两种冲突解决方案——两者都同样受到现行法律的充分支持——中哪一种是正确的,仍然肯定存在一个正确答案等待发现。"

㉚ 参见 *A Matter of Principle*, Dworkin, R. (Cambridge:Harvard UP, 1985), p. 411, n. 15。

㉛ 参见 *Legal Right and Social Democracy*, MacCormick, N. (Oxford:OUP, 1982), ch. 7。德沃金对该文的回应收录于 *Ronald Dworkin and Contemporary Jurisprudence*, Cohen, M. (ed.), (London:Duckworth, 1984), pp.278－81,这有助于重申他的建构性理论化的观点。

㉜ 参见第十章。

㉝ 参见他《政府片论》的"导言",他根据"效用"来"安排"法律制度。德沃金在《刺猬的正义》中指出,边沁是个"隐秘的解释主义者",第486页注6。

㉞ 参见第十、十一章。

㉟ 参见柏拉图在《理想国》第十四章对正义的界定,正义是个人的一种美德,是导致正确行为的灵魂内部秩序。与柏拉图正义观的联系是德沃金在关于自由主义的基础的坦纳讲座上提出的,但这是一种间接的联系,与德沃金所谓一个人过着"明辨性"生活的观点有关。参见第十一章。

㊱ 参见第八章。

㊲ 也参见 Sen, A. "Dworkin on Ethics and Freewill: Comments and Questions," *Boston U.L.R.* 90（2010）2, p.657。

第二章　作为显明事实的法律

① *Leviathan*, Hobbes, T.（1651）, MacPherson, C.（ed.）,（Penguin 2002）.

② 但凯尔森认为,他的基础规范将为人们提供融贯的行动理由,从而使他们的生活更加轻松。参见其 *Essays in Legal Philosophy*, Weinberger, O.（ed.）,（Dordrecht: Reidel, 1973）第十、十三章。

③ *The Concept of Law*, 2nd ed., Hart, H. L. A.（Oxford: Oxford UP, 1994）, Preface.

④ Ibid., p.210.

⑤ 参见边沁的 *An Introduction to the Principles of Morals and Legislation*, Hart, H. & 　　　249
Burns, J.（eds.）,（London: Athlone Press, 1970）, pp.293 - 94。

⑥ 参见 Austin's *The Province of Jurisprudence Determined*, Hart, H.L.A.（ed.）,（1954）, Lecture V, p.184。

⑦ 参见其 *General Theory of Law and State*, Wedberg, A.（ed.）,（1945）:"在社会科学尤其是在法律科学中,仍然没有任何影响力来抵制当权者和渴望权力者在符合他们愿望的理论,即在政治意识形态中所具有的压倒性利益……不受任何政治意识形态影响的客观的法与国家科学的理想,在社会平衡时期有更好的机会获得认可。"（at p. xvii）

⑧ 参见 *Taking Rights Seriously*（London: Duckworth, 1977）, p.162。修订版本新增了"Reply to Critics",于 1978 年发表。

⑨ *Loc.cit.* "［法律推理的］建构性模式……要求以正义的名义做出的判决,绝不能超越官员在正义理论中阐明这些判决的能力……它要求我们按照原则而不是信念行事……它的前提,即表述一致性,以及按照在改变之前可以公开并遵循的程序做出判决,对任何正义观念都至关重要。"我认为,这是他整全性观念的重要组成部分。参见,例如 *Law's Empire*, at p.413,总结了他对法律的论证性质的观点。很明显,法律论证必须从一套公共原则中得出:"法律帝国是由态度决定的……这是一种解释性的、自我反思的态度,从最广泛的意义上讲是针对政治的。这是一种异议者的态度,它使得每个公民都有责任想象自己的社会对原则的公共承诺是什么。"

⑩ 这种形式的自由主义我们可以称之为"政治自由主义"。从根本上说,它是与诸如中国 1646 年《大清律例》第 386 条(直到 1912 年该条文都有法律效力)这样的法律相背离的,其中规定,"凡不应得为而为之者,笞四十"。

⑪ 涉及的人太多,无法一一列举。

⑫ 尼尔·麦考密克指出,他认为对此我是对的,但这就是德沃金的术语(用他的话来说)"有争议"的原因所在。它忽视了法官对承认规则必须具有的"内部观点",以及这种观点在疑难案件中建构复杂的法律论证时必须发挥的作用。德沃金在此应该给出辩护意见。哈特方案的关键是法律与道德的分离,他通过断言官员接受法律识别标准的存在来实现这一目的。这一定是他的核心关注之一,即该接受的存在是一种事实问题,最终会在法官的"习惯做法"中被发现。我认为,哈特一直在坚持他的说法。例如,他在 1966 年首次发表的"法律义务与责任"("Legal Duty and Obligation")一文中重申了其实证主义性质,但该文在 1982 年进行了实质性修改,其中一节讨论了德沃金和拉兹的法律阐述,参见氏著 *Essays on Bentham*, Oxford: Oxford UP, 1982, p.127:"我只是认为,当法官或其他人对法律义务做出承诺性陈述时,他们不一定要相信或假装相信他们所指的是某种道德义务。"而在《法理学与哲学论文集》(*Essays in Jurisprudence and Philosophy*, Oxford: Oxford UP, 1983)的"导言"中,他确认了他对规范性法律陈述的"超然"性质的看法,指出:"这种超然的陈述构成了第三种陈述,可以添加到我所区分的两种陈述(内部和外部陈述)当中。为了明确说明这一切,我应该强调,除了区分单纯的行为规律和受规则支配的行为之外,我们还需要区分规则的接受和其他人对他们接受的承认"(p.14)。如果麦考密克的观点是,此处的"事实"是复杂的或有争议的,而不是"显明的",那么他的批评就不是对德沃金"显明事实"观点提出的,而是对德沃金所谓惯习主义是对实证主义的"最佳理解"的观点提出的。鉴于我们要以复杂的方式解释法官的实际上"超然的"陈述,麦考密克必须提供实证主义的意义。

⑬ 参见"Kelsen Visited," Hart, H.L.A., *Essays in Jurisprudence and Philosophy* (Oxford UP, 1983), p.286;也可参见该书的"序言",第 14—15 页。我们能否既有实证主义,又能以所有复杂的、乍一看似乎更容易用道德论证来解释的方式看待法律论证呢? 麦考密克认为可以,但这正是我看到法律实证主义的优点逐渐消失的地方。我们并没有"这是法律停止的地方"的明确性和"确定性"(见哈特对承认规则的证成)。在我第一次阅读麦考密克的《法律推理与

法律理论》(Oxford：Oxford UP，1978)时，我认为这和我在牛津大学听到的德沃金的争论并没有太大不同。由于他美国宪法的背景，德沃金自然认为法律论证的复杂性是对实证主义的批判。德沃金认为，道德论证的复杂性是法律论证的一部分。麦考密克的论证来自相反的、更困难的方向，从实证主义观点出发讨论复杂性。再说一遍，在我看来，这段旅程是从实证主义的核心美德倒退：不是有关法律与道德区分问题的明确性，而是指明法律要求什么的明确性。这便是我解读哈特在《法律的概念》第 210—211 页的评论的方式。

⑭ 参见 *The Concept of Law*，2nd ed.，Hart，H.L.A.，pp.185－86。题为"法律与道德"的第九章完善了支持其界定的论证，这是他在最初发表于《哈佛法律评论》第 71 期(1958 年)，现在作为第二章收录于哈特《法理学与哲学论文集》(Oxford：Oxford UP，1983)的"实证主义与法律和道德的分离"一文中提出的许多论证的集大成者。如果扩展到疑难案件，那么哈特对于法律实证主义过于复杂性的承认是有益的。我认为最好的解释是，正是因为过于复杂，他才更愿意将疑难案件中的法官视为法律的制定者而不是发现者。

⑮ *The Concept of Law*，2nd ed.，Hart，H.L.A.（Oxford：Oxford UP，1994），p.110.

⑯ Ibid.，p.292. 在许多重要案件中，法律往往没有明确的规定，也没有规定任何后果。在我看来，在这种德沃金和其他人强烈质疑的案件中，法官有一种不可避免但又受到限制的立法职能，他们通过促进现有法律可以视为例证的道德价值或原则中的一种或另一种来履行这一职能。

⑰ 参见 1984 年《警察与刑事证据法》(Police and Criminal Evidence Act)第 78 条。与不公平的监禁判决一样，排除不公平证据的决定只能以法官没有合理考虑何为公平为理由提起上诉，这是法律的唯一要求。

⑱ *Law's Empire*，p.429 n.3 and n.6. 也参见德沃金在 *Ronald Dworkin and Contemporary Jurisprudence*，Cohen，M.（London：Duckworth，1984），pp.254－60 中对莱昂斯(Lyons)的回应。此后，德沃金的评论基本上重复了他早些时候的观点，一般参见《身披法袍的正义》，尤其是其第六、七章的详细论证；《刺猬的正义》第十九章提供了最抽象的阐述。为什么在此他们"制定法律"呢？法律并不确定，以至于需要求助某些不同的功能，这一事实有什么意义呢？在我看来，只有可能是哈特将显明规则(显明事实)作为了他实证主义的核心思想。这完全符合他提供的解释基础，对此我已经详细讨论过。

⑲ 参见第四章以及《法律帝国》第一章。

⑳ 参见《刺猬的正义》第十九章。德沃金设想了一种家庭状况,父亲必须对两个孩子之间违背诺言行为的正确性进行裁断。他指出可能出现两个截然不同的问题:(1)对家庭道德的信念维持要求什么;(2)家庭道德应该要求什么。他认为,"至关重要"的是要看到这两个问题都是道德问题。也可参见《法律帝国》第十一章。

㉑ 参见 "Positivism and the Separation of Law and Morals," in *Essays in Jurisprudence and Philosophy*, (Oxford:Oxford UP, 1983), ch. 2。

㉒ 奥斯丁指出:"我无法理解,任何一个考虑过这个问题的人怎么会认为,如果法官没有立法,社会仍然可能继续下去。"参见 Lecture 7, *The Province of Jurisprudence Determined*, Hart, H. (ed.), (London:Weidenfeld and Nicolson, 1954), p.191。尽管有这些言论,但奥斯丁明确表示,法官所立之法只有根据主权者的命令才是法律。因此,法官只有弱自由裁量权来执行主权者在知晓事实的情况下会下达的命令。

㉓ 参见 *The General Theory of Law and State*, Kelsen, H., pp.146–53。这在凯尔森派学者中存在争议。参见 *Essays on Kelsen*, Tur, R. & Twining, W. (eds.), (Oxford:Oxford UP, 1986)。

㉔ 德沃金在其主编的《法哲学》(*The Philosophy of Law*, Oxford:Oxford UP, 1977)"导论"第7页指出,实证主义的司法自由裁量权理论是他们法律命题理论的"结果"。

㉕ 我无法把哈特在"后记"中所说的话当真;它旨在回应德沃金的批判,但这与他在《法律的概念》中所说的并不一致。在我看来,它被发表是一件遗憾的事,而被收录在《法律的概念》中同时出版则是一个悲剧。它写得并不好。我相信,如果哈特干脆接受了他的理论是一种解释实证主义的话,那会更简单、更好。

㉖ "Judicial Discretion," *Journal of Philosophy* 60 (1963), pp.624–38.

㉗ 参见 *Taking Rights Seriously*, pp.31–3。

㉘ Ibid., p.32.

㉙ 比较边沁的方法,那更明显地受到其功利主义的激发。参见 *Bentham and the Common Law Tradition*, Postema, G. (Oxford:Oxford UP, 1986),尤其是题为"功利实证主义"的第九章。

㉚ 参见边沁《政府片论》"序言",他指出,功利原则应当指导法律材料的安排方

式。在《政府片论》第一章最后一段(第 48 段)中,边沁指出:"现在,这个仍然　　252
在我们身上反复出现的另一个原则,除了功利原则外,又能够是别的什么呢?
该原则为我们提供了这种理由,而该理由仅仅依赖于任何更高的理由,但它本
身是任何实践要旨的唯一和充分的理由。"

㉛ *The Province of Jurisprudence Determined*, Hart, H.L.A. (ed.) , lecture 5, p.184.

㉜ 参见 *The Concept of Law*, 2nd ed.。

㉝ 参见,例如 section 4 of Hart's "Positivism and the Separation of Law and Morals,"
Harvard Law Review 71 (1958) , p.593。制定法解释规则并没有通常认识的那
样有帮助。所谓的文义规则会被某个律师援引来对抗另一律师使用的"除弊"
规则或"黄金"规则。尽管鲁珀特·克罗斯尝试制定一条对不同规则进行协调
的规则,但法院并未正式承认这种规则。在《制定法的解释》(*Statutory
Interpretation* 2nd ed., Bell & Engle[eds.] , [London:Butterworth, 1987])中,他
主张三种规则的融合。他指出,文义规则被过于按字面对待了;它的适用就好
像存在一个"真实的"、无语境的含义。为了引入语境,除弊规则必须被"混
入"文义规则。此外,当如此解释的文义规则导致某种荒谬或不一致时,制定
法的词语可以根据黄金规则进行修正,以避免荒谬或不一致发生,但仅限
于此。

㉞ *Riggs v. Palmer* 115 NE (1889) 188.

㉟ 这里的一个例外是,除非有"特定理由",否则法院必须对任何被判醉酒驾驶的
人,做出取消其至少一年驾驶资格的判决。Road Traffic Act 1972 s. 93.

㊱ 参见 *Lim v. Camden Health Authority*[1979] 2 All ER 910, at p.914。

㊲ *Donoghue v. Stevenson*[1932] AC 562, at p.580. 也许我们可以试试,"在法律
上,谁应该被认为是我的邻人呢?",这听起来就不古怪了。

㊳ [1975] A.C. 653, at pp.700 – 701 (Lord Kilbrandon) , and pp.695 – 96 (Lord
Simon).

第三章　法律论证的复杂性

① 德沃金指出,实证主义和解释主义都是关于教义性法律的,即关于某个地区中
某个主题的法律;法律的其他概念是社会学的(例如,法律起源于原始社会)和
愿望性的(aspirational) (例如,对法治的颂扬)。

② 参见哈特为《法律的概念》第 2 版所写"后记"。

③ 凯尔森的理论可能被视为提出了一个问题,因为——依赖"是"与"应当"之间的区分——它宣称法律的规范性(其指导行为的特征)取决于法律在"应然"世界中的存在。世界上存在的法律并不具有"因果性",而是具有"推定性"。但他的理论仍然使法律的确定取决于一项主导检验,即基础规范,这可以被描述为有效性的明确前提。法律理论中基础规范的意义在于,它标志着我们朝着理解标准接受作为法律论证的重要部分的相关性迈出了一步。其晦涩之处仅在于凯尔森并未说明接受这些标准的理由。就所有情况下都能够通过参照明确的主导规则来识别法律的定性根源(root-of-title)来说,这并没有什么晦涩难懂之处。

253 ④ 所谓"有说服力"先例的立场——其他国家和地区法官的判决被考虑在内——最符合我所提出的原则所可能被承认规则纳入的方式。它们是"有说服力的"而不是"有约束力的"。

⑤ 这种反对德沃金否定承认规则理论的策略是萨托里乌斯(Sartorius)曾使用过的。参见其 "Social Policy and Judicial Legislation," *American Philosophical Quarterly* 8 (1971), p.151。

⑥ 参见 *Law's Empire*, pp.127-28。德沃金对朱尔斯·科尔曼"包容性"实证主义命题的批判："Thirty Years On," in *Justice in Robes*。参见 Coleman, J. *The Practice of Principle: In Defence of a Pragmatist Approach to Legal Theory*. (Oxford: Oxford UP 2001)。

⑦ 就此,哈特的"公平机会"理论是个重要的类比。参见他的 *Punishment and Responsibility*, (Oxford: Oxford UP, 1968)。

⑧ *Law's Empire*, p.118. 是否应该通过要求法官尽可能少地表达自己的信念,并尽可能尊重立法机关来服务于该理想呢? 德沃金表示,法官仍然可能是错误的,并且即使他关于当前立法机关在想什么的猜测是正确的,该决定也不会被提前宣布。

⑨ 参见 *D & C Builders v. Rees* [1966] 2 QB 617。

⑩ 参见 Postema, G., "Coordination and Convention at the Foundations of Law," *Journal of Legal Studies* 11 (1982) p.165; Green, L., "Law, Co-ordination and the Common Good," *Oxford Journal of Legal Studies* 3 (1983) p.299。

⑪ 参见 Griffith, J., *The Politics of the Judiciary*, 5th ed. (London: Fontana, 1997)。

⑫ 中立性、不带先入为主的判断、保持公平,都是描述司法角色的更好方式;但它

们都需要价值判断,这当然意味着有争议。对于中立性观念引起的问题所进行的出色讨论,参见蒙泰菲奥里在 *Neutrality and Impartiality*,Montefiore,A.（ed.）,（Cambridge UP,1975）,p.1 的文章,以及 *The Morality of Freedom*,Raz,J.（Oxford：Oxford UP,1986）,ch. 5。

⑬ 1839 年英国《都市警察法》第 54 条规定,"如果任何人在都市警察区的任何街道或公共场所,或在英格兰和威尔士其他地方的任何街道上制造或修理任何拖车、手推车或马车,使居民或乘客感到困扰,则一经循简易程序定罪,可处以罚款,除非发生事故需要现场修理"。

⑭ Warren,S. & Brandeis,L.,"The Right to Privacy," *Harvard Law Review* 4（1890）,p.193.

⑮ At p.214.

⑯ 171 NY 538（1902）.

⑰ Ibid.,p.544.

⑱ *Loc.cit.*

⑲ 他还采用了人们常见的论证,即该权利将导致"大量的诉讼"。

⑳ 22 Ga. 190（1904）.

㉑ 参见 Bork,R.,"Neutral Principles and Some First Amendment Problems," *Indiana Law Journal* 47（1971）,p.1,at p.17。也参见德沃金的回应"The Bork Nomination," *New York Review of Books*,（1987）,也载 *Cardozo Law Review* 9（1987）,p. 101。以及"The Bork Nomination：An Exchange";"The Bork Nomination";"From Bork to Kennedy"; all in *New York Review of Books*（1987）。博克声称已经改变了他的观点,因此我描述了 1987 年参议院听证会上里根总统提名他进入最高法院的相关情况。 254

㉒ *Life's Dominion: An Argument About Abortion, Euthanasia & Individual Freedom*,Dworkin,R.（London：Knopf,1993）,p.136.

㉓ 参见 "Definition and Theory in Jurisprudence," in *Essays in Jurisprudence and Philosophy*,Hart,H.L.A.（Oxford：Oxford UP,1983）,p.25。

㉔ 参见 Shapiro,S. *Legality*.（Cambridge,Mass：Harvard UP,2011）.312。

㉕ Ibid.,307.

㉖ 参见 *Justice for Hedgehogs*,Part II。

㉗ 参见格林在 2003 年为 *Stanford Encyclopaedia of Philosophy* 所写的词条。

㉘ Gardner, J. "Law's Aims in Law's Empire," in *Exploring Law's Empire: The Jurisprudence of Ronald Dworkin*. Hershowitz, S. (Oxford: Oxford UP. 2006). 207.

㉙ 参见 MacCormick, N., *Law and Values: Reflection on Method* (Oxford: Oxford UP 2008). 305。

㉚ 参见 Schauer, F., "Institutions and the Concept of Law: A Reply to Ronald Dworkin (with some help from Neil MacCormick)," ch. 3 of *Law as Institutional Normative Order: Essays in Honour of Sir Neil MacCormick*, Del Mar, M. ed., (Ashgate, 2009)。

㉛ 拉兹也犯了同样的错误,即将法律体系的社会学意义与法律推理的阐述结合在一起。法律人争论的不是法律的"本质"是什么,而是法律要求什么。它基于支持法律实证主义的立场而回避了该问题,指出法律的"概念"包括法律人所争论的,而忽略了他们的争论所关涉的那种问题的要旨。参见 Raz, J. "Can There Be a Theory of Law?" in *The Blackwell Guide to the Philosophy of Law and Legal Theory* (Malden, Mass.: Blackwell, 2005), 324。拉兹在该文中指出:"我将使用'法律'一词——正如它被经常使用的那样——有时指称一个法律体系,有时指称一条法律规则,或者法律在某个特定问题上如何的陈述。如果对讨论的目的无关紧要,有时我会含糊地使用这个词来指称其中一个。"(326)哈特或多或少也是这样做的。他的社会学概念"初级规则和次级规则的结合"识别了法律体系的核心情况,但将被认为是识别和裁断特定体系"有效"规则的"裁判和承认的次级规则"包含在内。专注于法律的社会学识别,这导致在法律人识别法律时所存在的争议类型没有得到应有的重视。只是说"他们有争议",或者更糟糕的是,将法律论证局限于共识所产生的问题,这将回避"一项法律理论"是关于什么的问题。

第四章　法律的解释

① *Justice for Hedgehogs*, p.131.

② 参见引自《身披法袍的正义》和《刺猬的正义》的片段(见本章稍后部分)。

③ Ibid., p.73.

④ *Lynch v. D.P.P.* [1975] A.C. 653, pp.695 – 96.

⑤ Ibid., pp.700 – 701.

⑥ *Law's Empire*, p.421, n.12. 在《刺猬的正义》中,德沃金再次表示,揭发性别歧

视的女权主义批判往往指向忽视它们的那些批判者责任感缺乏。他将这种责　255
任感缺乏称为"没有尽到一种重要而传统的评论责任",参见 p.143。

⑦ 参见 *Justice for Hedgehogs*, p.23。

⑧ 参见 *The Concept of Law*, 2nd ed., pp.56 - 8, and pp.82 - 91。

⑨ Ibid., ch. 5.

⑩ "Working on the Chain Gang: Interpretation in Law and Literature," Fish, S. *Texas Law Review* 60 (1982), p.373; "Wrong Again," *Texas Law Review* 62 (1983), p.299.

⑪ 参见 *Natural Law and Natural Rights*, Finnis, J. (Oxford: Oxford UP, 1980), ch. 1。

⑫ 参见 *Justice in Robes* (2006)。

⑬ *The Concept of Law*, 2nd ed., pp.94 - 9.

⑭ *Law's Empire*, p.52.

⑮ Ibid., p.53. 另参见 *Justice for Hedgehogs*, p.130:"我们在解释中寻求价值(要旨),并有责任'促进这种价值'。"

⑯ Ibid., p.93.

⑰ *Proceedings of the Aristotelian Society* 56 (1965), p.167.

⑱ Ibid., p.167 and pp.171 - 72.

⑲ *Loc.cit.*, and p.180.

⑳ 例如,他认为,关于秃头的分歧是"虚假的"或"口头的",因为我们"在标准情况下使用相同的标准"。因此,我们可以拥有"模糊的标准概念"。

㉑ 想象一下,如果哈特著作的标题改为《法律的观念》,或者美国风格的《法律理论》,那会怎么样?

㉒ 参见下文第六章。

㉓ [1932] AC 562. 有关本案详细的法理学讨论,参见 *Legal Reasoning and Legal Theory*, MacCormick, N. (Oxford: Oxford UP, 1978)。

㉔ 参见 Dworkin, *Law's Empire*, pp.108 - 9。也参见 Raz, J., "Authority, Law and Morality," *The Monist* 68 (1985), p.295。

㉕ *Law's Empire*, p.179.

㉖ Ibid., p.404.

㉗ *Law's Empire*, p.184.

㉘ 参见第七、八章。

㉙ *Law's Empire*, p.134.

㉚ 参见 MacCormick, N., "The Role of Coherence in Legal Justification," in Peszenick (ed.), *Theory of Legal Science*。

㉛ 参见 *Essays in Jurisprudence and Philosophy*, Hart, H.L.A. (Oxford: Oxford UP, 1983), ch. 15。

㉜ *Law's Empire*, p.407.

第五章　法律论证的评价融贯性

① 我认为答案显而易见!

② 哈特将"无标准性"观点归因于边沁对"自然权利"的厌恶(参见 Hart, *Essays on Bentham*);这向我表明,德沃金将实证主义解释为提供了一种法律的"标准"阐述的做法,至少与边沁对实证主义的解释相一致,并且我敢说,这也支持了哈特自己的理解。

256 ③ *Taking Rights Seriously*, p.105.

④ 参见 Shapiro, S., *Legality* (Cambridge, Mass: Harvard U.P. 2011). 326。

⑤ Ibid., 33.

⑥ 即使是在距离第一版已经过去 18 年的现在,参见我的"How to Criticize Ronald Dworkin's Theory of Law," *Analysis*, vol. 69 no. 2 April 2009 1。

⑦ 参见 Fish, S., "Working on the Chain Gang: Interpretation in Law and Literature," *Texas Law Review* 60 (1982), p.551 和"Wrong Again," *Texas Law Review* 62 (1983), p.299(这些都收录于他的 *Doing What Comes Naturally* [Oxford: Oxford UP 1989])。德沃金的回应参见 *A Matter of Principle*, part 2。

⑧ 参见 *Justice for Hedgehogs*, pp.147–49。德沃金考虑了下述主张,即在"大量非常不同的属性包"中赋予意义的翻译(正如奎因所说)并不能具有"合理的一一对应"。德沃金认为奎因的说法是一种怀疑论主张。相反,德沃金认为,翻译可以被理解为对不同言语行为的解释。他指出,戴维森著名的"宽容原则"——对言说者的背景做出合理假设——表明了翻译的要旨。如果有两种"明显不同的"翻译呢? 他追问为什么不能说一个为真一个为假(或者"正确"和"不正确"),并且他强调了不要将我们不能确定的心理事实与不确定性——也就是说,只是并不存在正确答案的结论——相混淆的重要性。

⑨ *Law's Empire*, p.235.

⑩ 参见 *Judging Judges*, Lee, S. (London：Faber, 1988), p.30。

⑪ 这里有一个这种败坏的例子,摘自英国法律服务研究所(U.K. Legal Services Institute)于 2010 年撰写的一篇文章:"法律在重要方面不同于其他学科。新的科学经常在大学里诞生。然而,新的法律是由立法机关制定的……科学、工程和医学方面的新见解和解释通常来自大学研究。然而,就法律来说,新的解释是高等法院的特权……这些局限性对塑造大学法律系所开展的研究类型起到了一定的作用。""The Education and Training of Solicitors：Time for Change," November 2010. Para. 2.33 "Research," p.26.

⑫ 参见 *The Authority of Law*, Raz, J. (Oxford：Oxford UP, 1979), p.205, n. 19。

⑬ 参见 *Legal Reasoning and Legal Theory*, MacCormick, N. (Oxford：Oxford UP, 1978),特别是第七章。

⑭ *The Authority of Law*, p.204.

⑮ *Law's Empire*, p.438, n. 30; *Justice for Hedgehogs*, pp.327－31.

⑯ *Taking Rights Seriously*, p.90.

⑰ Ibid., p.22.

⑱ *Justice for Hedgehogs*, p.329.

⑲ Ibid., p.91.

⑳ Ibid., p.22.

㉑ 参见 Ibid., p.329。

㉒ *Spartan Steel v. Martin & Co.* [1973] 1 QB 27 at p.36.

㉓ Ibid., pp.37－8.

㉔ *Taking Rights Seriously*, p. xv.

㉕ 参见 *R.(Garde) v. Strickland* [1921] 2 IR 317。

㉖ 这通常被称为功利主义的"副作用"论证。参见 *Causing Death and Saving Lives*, Glover, J. (Penguin, 1977), pp.40－1。

㉗ 也参见德沃金的"What Is Equality? Part I：Equality of Welfare," *Philosophy and Public Affairs* 10 (1981), pp.185－246,特别是结尾部分。进一步的重要讨论参见 *Taking Rights Seriously*, pp.94－100 and 272－8;以及 *A Matter of Principle*, pp.359－72。

㉘ *Taking Rights Seriously*, p.275.

㉙ Ibid., p.96.

㉚ 参见 *A Matter of Principle*, p.359。

㉛ 哈特的论文题为"功利与权利之间"("Between Utility and Rights"),其中对诺齐克和德沃金政治哲学中的各种立场进行了精彩而清晰的总结。参见哈特的 *Essays in Jurisprudence and Philosophy*, (Oxford: Oxford UP, 1983), p.198, and esp. pp. 208 - 21。这篇论文也收录于 *Ronald Dworkin and Contemporary Jurisprudence*, Cohen, M. (ed.), (London: Duckworth, 1984), p.214。德沃金对这篇论文的回应也收录于同书第 282 页。也见 *A Matter of Principle*, pp.353 - 72。

㉜ *A Matter of Principle*, p.370.

㉝ *Justice for Hedgehogs*, p.329.

㉞ *Loc.cit.*

㉟ *Taking Rights Seriously*, p.13.

㊱ [1961] 1 QB 394, p.400.

㊲ [1975] AC 653, pp.695 - 6.

㊳ *Myers v. D.P.P* [1964] 2 All ER 881 per Lord Hodson at p.893:"我认为,没有任何理由来支持扩张该规则……如你所愿,用保障措施来对冲扩张,这肯定是一项旨在引入证据法改革的司法立法,如果需要的话,只有立法机关才能妥善处理。"历史上的事实是,议会在这一判决后不久,针对对其结果的批判,颁布了 1965 年《刑事证据法》(Criminal Evidence Act),该法案允许将迈尔斯案 (*Myers*) 所引用的那类商业纪录中的陈述纳入证据。

㊴ [1983] AC 410, p.431.

㊵ *Shaw v. D.P.P.* [1962] AC 200.

㊶ *National Provincial Bank, Ltd. v. Ainsworth* [1965] AC 1175, p.1239. 这种情形已经被制定法"纠正"。

㊷ [1947] 1 K.B. 130.

㊸ [1979] 2 All E.R. 910.

㊹ Ibid., 913 - 4.

㊺ 参见 *Law's Empire*, pp.238 - 50。

㊻ 参见 *Marshall v. Lionel Enterprises Inc.* [1972] at 177; *Chadwick v. British Transport* [1967] 1 WLR 912。

㊼ 参见,例如 *Alcock v. Chief Constable* ［1991］3 WLR 1057。

㊽ 事实上,实证主义者会以白纸黑字的方式说:"法律规定,你必须在事故现场才能获得损害赔偿。"如果他在法学院任教,他会要求试卷上给出这种答案,然后对此给出高分;对于这样一位教师来说,法律将是对硬法的记忆测试,并且他的试卷不需要展示处理争议的能力。

㊾ *Law's Empire*, p.243.

㊿ 参见 *Taking Rights Seriously*, pp.98－100。

㉛ *Law's Empire*, p.413.

258

㉜ 在本书的第 1 版和第 2 版中,我说理由在于英国对理论存在"更大的怀疑"。在过去的 14 年里,情况发生了变化。现在并不是说存在对理论的怀疑,事实上理论已经呈指数增长,但我认为其中大部分是不自信甚至虚夸的。大部分只是口头上说说而已:现在很常见的是,用标题来修饰相当平庸的法律研究,宣称其工作是在法律的某种"理论层面"上进行的。

㉝ 参见我在"导论"中的评论以及 *Justice for Hedgehogs*, p.486, n.6。

第六章　整全性与社群

① 参见 *Tesco Supermarkets Ltd v. Natrass* ［1972］AC 170。通过这种方式,人的犯意可以被归于公司。

② 这些美德是忠诚、诚实、服从、刚硬、正派、贫穷和勇敢。但正如约阿西姆·费斯特(Joachim Fest)在他的希特勒传记(Penguin, 1982)中所指出的,"所有这些美德都脱离了任何全面的参照框架"(p.377)。用德沃金的话说,它们的应用需要以其他价值来证成。"正派"在党卫军的思想中没有多大意义。

③ 参见"Law Respecting Reich Citizenship," *Reich Law Gazette*（September 15, 1935), p.146。

④ 参见 *The Holocaust: The Jewish Tragedy*, Gilbert, M. (Fontana, 1986), p.50, 他提到了汉斯·帕沃格尔(Hans Pavogel)的博士论文,其中指出一个人在社群中的价值"是由他或她的种族个性来衡量的。只有具有种族价值的人才有权在社群中生存。必须消灭种族低劣或有害的个人"。

⑤ 参见 *Essays on Bentham*, Hart, H.L.A. (Oxford: Oxford UP, 1982), p.151。

⑥ 参见 *Ronald Dworkin and Contemporary Jurisprudence*, Cohen, M. (ed.),

（London：Duckworth，1984），p.259。德沃金在对同一卷中 D.里昂斯（Lyons，D.）的一篇题为"法律理论的道德方面"（"Moral Aspects of Legal Theory，"p. 49）的论文的回应中对哈特进行了反驳。

⑦ Ibid.，p.259.

⑧ 参见瓦克斯和杜加德关于南非法官立场的辩论。Wacks，R.，"Judges and Injustice，"*South African Law Journal* 101（1984），p.266；Dugard，J.，"Should Judges Resign? —A Reply to Professor Wacks，"*South African Law Journal* 101（1984），p.286.这些论文以及其他一些论文都被题为"Should Judges Work in an Unjust Legal System? —A Debate Based on South Africa"，收录于 *Bulletin of the Australian Society of Legal Philosophy* 12（1988）中。法律人可能对种族隔离类型的法律体系采取的一种有趣做法出现于 *Wicked Legal Systems*，Dyzenhaus，D.（Oxford：Oxford UP，1993）。

⑨ 参见 *Justice for Hedgehogs*，pp.410–12。

⑩ *Justice for Hedgehogs*，p.323.

⑪ *California Law Review* 77（1991），pp.479–504；reprinted in *Sovereign Virtue*，pp.211–36.

⑫ 也参见下面这一章节，"The Morality Behind Conventions，"pp.171–73 in Chapter 9。

259 ⑬ 参见，例如哈特的文章"Are There Any Natural Rights?"in *Political Philosophy*，Quinton，A.（ed.），（Oxford：Oxford UP，1967），p.53,他用这些术语证成了政治义务。

⑭ *Law's Empire*，p.196.

⑮ *Justice for Hedgehogs*，p.321.

⑯ 他指出,这还意味着,对于人们的联合义务和正义问题之间的冲突,例如,当"粗陋的民族主义"的要求与政治义务相违背时,正义必须解决这一争议:"对我们自己的政治实践的最佳解释否定了这一特点。……无论何时何地,好战民族主义与正义标准之间的任何冲突都必须以有利于后者的方式解决。"（*Law's Empire*，p.206)在《刺猬的正义》中,德沃金描述了没有特殊结构以保护尊严的部落式联合,称其为"强大的邪恶根源"。

⑰ 他指出,原则模式"使得公民的责任变得特殊:每个公民都尊重其特定社群的长期政治安排中的公平和正义原则,后者可能不同于其他社群中的原则,无论

他从乌托邦式的角度是否认为这些是最好的原则"。*Law's Empire*, p.213.

⑱ *Sovereign Virtue*, p.215.

⑲ 例如,在拉兹《自由的道德》(Oxford：Oxford UP, 1986)第八、十四和十五章中就有这样一种观点,即社群通过为一个人提供"足够的"选择,从而在提升其生活质量,特别是他的自主权方面发挥着重要作用。

⑳ 参见 *Liberalism and the Limits of Justice*, Sandel, M. (Cambridge：Harvard UP, 1982)。

㉑ 参见乔纳森·萨姆欣(Jonathan Sumption)在 2011 年 3 月 21 日《旁观者》(*The Spectator*)上对《刺猬的正义》所做的评论。这是一种常见的评论,并且通常缺乏支持(萨姆欣的评论就是个典型的例子)。为什么会这样,这是一个有趣的问题。

㉒ 德沃金还考察了另一个"需要"类型的论证。那便是塞尔兹尼克(Selznick)在 "The Idea of Communitarian Morality," *California Law Review* 75 (1987), p.445 中声称,我们需要共同的社群信念的"背景",通过赋予它"客观性"来"锚定"道德。德沃金将如何处理这种主张,这很明显。它不可能诉诸客观性的心理"感觉",因为古怪的观点是由那些对自己的客观性深信不疑的人们持有的。因此,它必须是这样的主张,即道德客观性是由道德惯习主义构成的。但是,正如德沃金所言,"自相矛盾"的是,人们并未达成一致的一点就是,道德的客观性是由共同观点构成的:"道德判断不能通过共识来判断真假,道德判断具有跨越文化边界的力量,简言之,道德判断不是文化或社群的产物,而是对它们的判断。"参见德沃金在《原则问题》题为"正义不是什么?"的第十章对沃尔泽(Walzer)的《势力范围》(*Spheres of Influence*)的评论。

㉓ Dworkin, R., "Liberal Community," *California Law Review* 77 (1991), pp. 479, 492.

㉔ 所以德沃金说,整合拒绝密尔,因为它拒绝个性概念。

㉕ *Supra*, "Liberal Community" at p.496.

㉖ *Justice for Hedgehogs*, p.348.

㉗ *Justice for Hedgehogs* 349–50;他接着说,这种方法与伯林和威廉姆斯的"历史"方法"显著不同",解释方法依赖于历史,但不能由历史所驱动:"解释涉及历史,但历史并不决定解释。"

㉘ 德沃金将部分责任归咎于当时的撒切尔政府,因为它无意中破坏了他所说的

民主国家的"自由文化"。保守党政府自称保守,但它正在破坏英国法律遗产
中的绝大部分。撒切尔的人不是暴君,但他们对自由有一种更加世俗和腐败
的麻木感。(*A Bill of Rights for Britain: Why British Liberty Needs Protecting*
London: Chatto & Windus, 1990, pp.9 – 10.)

㉙ *Democracy and Distrust: A Theory of Judicial Review*, Ely, J. (Cambridge: Harvard
UP, 1980).

㉚ "Equality, Democracy, and Constitution: We the People in Court," *Alberta Law
Review* 28 (1990), pp.324 – 46.

㉛ 参见 *Law's Empire*, p.189:"我们的许多政治态度,都源于我们的集体责任本
能,都认为我们在某种意义上是州长做出的政治决定的作者,或者至少我们有
理由这样看待自己。康德和卢梭将其自由观念建立在这种自我立法的理想之
上。然而,这一理念需要整全性,因为公民不能将自己视为原则上不一致的法
律集合的作者,也不能将该集合视为任何卢梭式的公意所支持的。"

㉜ "Political Equality," in *Sovereign Virtue*, pp.184 – 210.

㉝ Ibid., n. 23 at p.333.

㉞ 参见 558 U.S. 08 – 205 (2010)和 Dworkin, "The 'Devastating' Decision," *New
York Review of Books*, February 25, 2010。

㉟ 参见前文"Liberal Community"。

㊱ 参见 "Equality, Democracy, and Constitution: We the People in Court," 28
Alberta L.Rev. 324 1989 – 90, p.337。

㊲ 参见 *A Theory of Law*, Soper, P. (Cambridge: Harvard UP, 1984)。我在发表于
《法律季刊评论》上的对该书的评论中探讨了他的观点(*Law Quarterly Review*
[1986], pp.332 – 35)。

㊳ *Supra*, "Equality, Democracy, and Constitution: We the People in Court," p.341.

㊴ *Supra*, "Equality, Democracy, and Constitution: We the People in Court," p.341.

㊵ 也可参见 *A Matter of Principle*, ch.3。

㊶ *Supra*, n. 23.

㊷ 参见 Waldron, J. "The Core of the Case Against Judicial Review," *Yale Law
Journal* 115 (2006): 1346, 以及他的 *Law and Disagreement* (Oxford: Oxford UP
1999) chs. 9, 12 and 13。

㊸ *Justice for Hedgehogs*, p.391.

㊹ 参见 Waldron, J. "A Right-Based Critique of Constitutional Rights," *Oxford Journal of Legal Studies* vol. 13（1993）18, 33n.44。

第七章　法律和道德中的客观性

① "The Enforcement of Morals."收录于德夫林勋爵主要围绕同一主题的论文集 *The Enforcement of Morals*,（Oxford：Oxford UP, 1965）中。尽管后来的论文有所改动,但这些并没有影响德沃金的批判。 261

② 在后来的论文中,德夫林放弃了"克拉珀姆公共马车上的人"的衡量,转而选择陪审团。其区别是实用的。第一种是"理论上的",第二种是"实际上的",但两者都指向相同的检验,即惯习道德。在《道德的强制执行》（*The Enforcement of Morals*）"序言"第 viii 页,他申明,尽管存在对他的短语"不可容忍、愤怒和厌恶"的批判,六年后他仍然不愿意对其进行限定。

③ 他允许因其作为某个主要前提而不给出理由的情况,即它作为一种特殊类型的理由,被认为是公理或不言自明的。参见 *Taking Rights Seriously*, P.252："换言之,一个特定立场是不证自明的主张确实提供了一种特殊类型的理由。"

④ *Taking Rights Seriously*, p.255.

⑤ 参见第九章中德沃金关于惯习与和承诺有关的道德之间关系的评论;也可参见第三章中他对作为一种法律理论的惯习主义的批判。

⑥ 参见"Social Rules and Legal Theory," *Yale Law Journal* 81（1972）, pp.855-90,再版收录于《认真对待权利》第 46 页及以下。在第 47 页,他指出："实证主义以其（关于存在一个基本、公认的法律检验标准）理论,将该概念领域的一部分错误地应用于整体。"

⑦ 40 *U. Chi. L. Rev.* 500（1973）,再版以"正义与权利"（Justice and Rights）为题作为第六章收录于《认真对待权利》第 150 页及以下。

⑧ 请注意,这一理论在解释我们生活中道德观念的变化和转变方面有多么强有力。我认识一些后现代主义者,他们厌恶直觉在这种方法论中的作用,因为它没有抓住"现实"（le reel）。他们有一种就是如此强烈的直觉!

⑨ *Justice for Hedgehogs*, pp.263-64.

⑩ 现在参见《刺猬的正义》,其中德沃金在文学解释中提出了"内部怀疑论"论证,例如,在诗歌（他引用了莱维斯对《驶向拜占庭》的解读）或电影（他引用了迈克尔·哈尼克的电影《躲避》和《白丝带》,其中正确的答案可能是对于

谁是凶手并不存在正确答案)中,并不存在正确答案———一种模棱两可;
p.146。

⑪ 参见"Indeterminacy and Law," in Guest, S. (ed.), *Positivism Today* (Ashgate
1996), p.1。虽然德沃金通常不使用音乐为例,但很明显,"没有正确答案"也
适用于音乐歧义。蓝调的力量正来自歧义。这种技巧在于用小音阶演奏大和
弦(众所周知的"12 小阶和弦推进",它本身就是和谐的,甚至是军乐式的)。
这声音暗示着悲观和乐观。一个熟练的蓝调演奏者通过在这两种感觉之间交
替来保持紧张。增加比例的四分之一和七分之一是实现效果的一种常见方
式。蓝调歌词是一样的。有时它们是严肃的(小调)———"我真的很忧郁,我
快要死了"———然后它们大笑(大调):"是的,我弄得很糟……我从床上摔下
来了。"这就是为什么好的蓝调总是设法进行嘲笑———并解释为什么它有一种
嘲弄、威胁的感觉:"魔鬼的音乐。"我理解那些认为所有价值都是主观的人会
认为这太愚蠢了,但他们不能不赞同。

262

⑫ *Justice for Hedgehogs*, p.154.

⑬ 这也是凯尔森法律理论著作的一个重要特点,因为他认为法律只有从关于其
规范力量的一般预设的角度来看才有意义。凯尔森的基础规范显然旨在从个
人的"法律的"观点,或者专业的、不承担义务的"法律科学家"的观点出发,为
一个人整套的行动之法律理由提供逻辑上的融贯性。参见 *The Authority of
Law*, Raz, J. (Oxford:Oxford UP, 1979), ch. 7,提供了精彩的讨论。就内部
观点来说,凯尔森更接近于德沃金而非哈特,尽管德沃金当然不赞同凯尔森关
于道德中立但"承诺"观点的任何想法。

⑭ 参见 *Justice for Hedgehogs*, "Law as Morality:A Tree Structure" 405 – 7。参见
Soper, P., *Philosophy and Public Affairs* 18 (1989), pp.209 – 37。索珀认为,可
以在法律概念的内部人和裁决的内部人之间画一条界线。他似乎认为德沃金
在第一点上是正确的,但并不认为像他所说德沃金假设的那样,在第二点上一
个人必须是内部人。我不知道这是为什么。哈特将裁决理论作为他对法律概
念("裁判规则")的阐述的重要部分,我不明白为什么法官(作为官员)必须遵
守识别规则的承诺在裁决一开始时就消失了。认为实证主义要求这种承诺上
的改变将是回避问题,但我不知道索珀还能用什么其他论证。也可参见德沃
金在 *The Philosophy of Law* (Oxford:Oxford UP, 1977, p.7)"导论"中给出的评
论,他指出,一些裁决理论将会是实证主义法律理论的"结果"。

⑮ 德沃金称之为"依赖性命题"（Dependence Thesis）。

⑯ *Law's Empire*, p.81.

⑰ *Philosophy & Public Affairs*, vol. 25, Spring 1996, pp.87‑139.

⑱ *Justice for Hedgehogs*, p.9.

⑲ William Shakespeare, *Richard III*, Act I scene 1："我既无法由我的春心奔放,趁着韶光洋溢卖弄风情,就只好打定主意以歹徒自许,专事仇视眼前的闲情逸致了。"

⑳ *Justice for Hedgehogs*, p.9.

㉑ Ibid., pp.85‑6.

第八章　将人们作为平等者对待

① 参见 Williams, B. "The Idea of Equality," in *Philosophy, Politics and Society*, 2nd series, Laslett, P. & Runciman, W. (eds.), (1962), p.125。

② 参见 *Nonsense upon Stilts: Bentham, Burke and Marx on the Rights of Man*, Waldron, J. (ed.), (London: Methuen, 1987), p.51。威廉姆斯指出,由于人们的经验差异如此明显地影响了他们的能力,所以康德断言一种普遍的道德能力完全可以从人之为人的地位中得出是错误的。他认为,康德原则也是基督教尊重观念的世俗类比。他指出,得出人们在道德能力上平等的结论毫无意义。参见 *op.cit.*。

③ 参见 *The Morality of Freedom*, Raz, J. (Oxford UP, 1986), ch. 9。也见 *On Justice*, Lucas, J. (Oxford: Oxford UP, 1980), ch. 9。

④ 德沃金在他的"福利平等"一文中间接提到了这一特点,稍后将在第十一章中予以讨论。也见"What Is Equality? Part 1: Equality of Welfare," *Philosophy and Public Affairs* (1981), p.185, at p.245。

⑤ *Taking Rights Seriously*, p.227.

⑥ Ibid., p.275.

⑦ 参见"Equality of Welfare," pp.244‑45。

⑧ *Loc. cit.*

⑨ *Taking Rights Seriously*, 277‑78.

⑩ 参见 *A Matter of Principle*, ch.8。

⑪ Posner, R. *Hofstra Law Review* (1980) 487, 492.

263

⑫ 参见 Calabresi, G., "About Law and Economics: A Letter to Ronald Dworkin," *Hofstra Law Review* 8 (1980), p.553, 其中卡拉布雷西答复了德沃金对 Posner, R., "Is Wealth a Value?" 一文的批评意见(*A Matter of Principle*, p.237)。

⑬ *A Matter of Principle*, p.283.

⑭ 参见"The Law of the Slave-Catchers," *Times Literary Supplement* (December 5, 1975), p.1437 和 "Justice Accused," *Times Literary Supplement* (January 9, 1976)。

⑮ "The Defunis Case: The Right to Go to Law School," *New York Review of Books* (February 5, 1976); "The Defunis Case: An Exchange," *New York Review of Books* (1976); "Why Bakke Has No Case," *New York Review of Books* (November 10, 1977); "The Bakke Case: An Exchange," *New York Review of Books* (1978); "The Bakke Decision: Did It Decide Anything?" *New York Review of Books* (August 17, 1978); "How to Read the Civil Rights Act," *New York Review of Books* (December 20, 1979); "Let's Give Blacks a Head Start," *The Times* (December 12, 1981).

⑯ "Journalists' Right to a Fair Trial," *The Times* (November 30, 1976); "The Rights of Myron Farber," *New York Review of Books* (1978); "The Rights of Myron Farber: an Exchange," *New York Review of Books* (October 26, 1978); "Is the Press Losing the First Amendment?" *New York Review of Books* (December 4, 1980); "The Press on Trial," *New York Review of Books* (February 26, 1987); "Time's Settlement," *New York Review of Books* (1978); "Time's Rewrite," *New York Review of Books* (1987); "Reckless Disregard: An Exchange," *New York Review of Books* (September 24, 1987); "Devaluing Liberty," *Index on Censorship* (1988); "The Ragged Banner of Liberty," *The Independent* (September 8, 1988); "The Coming Battles Over Free Speech," *New York Review of Books* (November 7, 1991); "Liberty and Pornography," *New York Review of Books* (August 14, 1991); "A Harmful Precedent," *Index on Censorship* (1991); "Women and Pornography," *New York Review of Books* (October 21, 1993); "A New Map of Censorship," *Index on Censorship* (February, 1994); "Pornography: An Exchange," *New York Review of Books* (March 3, 1994); "The Unbearable Cost of Liberty," *Index on Censorship* (1995); "The Curse of Money," *New York*

Review of Books（October 17, 1996）.

⑰ "Principle, Policy, Procedure," in *Crime, Proof and Punishment: Essays in Memory of Sir Rupert Cross*, Tapper, C.（ed.）,（London: Butterworth, 1981）, p.193.

⑱ "Reagan's Justice," *New York Review of Books*（November 8, 1984）; "Reagan's Justice: an Exchange," *New York Review of Books*（1981）; "The Bork Nomination," *New York Review of Books*（1981）, p.3; "The Bork Nomination: An Exchange," *New York Review of Books*（October 18, 1987）; "The Bork Nomination," *New York Review of Books*（August 13, 1987）; "The Great Abortion Case," *New York Review of Books*（June 29, 1989）; "The Future of Abortion," *New York Review of Books*（September 28, 1989）; "Bork's Jurisprudence," *University of Chicago Law Review* 57（1990）; "Taking Rights Seriously in the Abortion Case," *Ratio Juris*（1990）, p.68; "The Center Holds!" *New York Review of Books*（August 13, 1992）; and "Unenumerated Rights: Whether and How *Roe* Should Be Overruled," *University of Chicago Law Review* 59（1992）, p.381.

264

⑲ 参见著述题录。最好的阐述出现在他的《生命的自主权:堕胎、安乐死与个人自由的论辩》（*Life's Dominion: an Argument About Abortion and Euthanasia*. New York: Knopf, 1993）。

⑳ 参见上文第三章关于"原意"的部分,以及德沃金有关禁止或限制堕胎法规(在美国)的宪法地位的著述。参见《生命的自主权》,尤其是第四至六章（"Abortion in Court: Part I," "The Constitutional Drama," and "Abortion in Court: Part II"）。也可参见《自由的法》。

㉑ *Sweatt v. Painter* 70 S. Ct. 848（1949）.

㉒ 347 U.S. 486（1954）.

㉓ *Report of the Committee on Obscenity and Film Censorship* Cmd. 7772（HMSO, 1979）. 德沃金认为,"威廉姆斯策略"(他如此称呼之)是错误的,因为在封禁色情制品这件事上什么重要(或什么不重要)的观点完全围绕着社群目标是否得到强化的问题。尽管他赞成报告中的一些结论,但他认为基于目标的策略并不足以支持它们。他指出,基于目标的证成"有一个弱点,那就是为我们并不或然持有的信念提供或然性理由"（*A Matter of Principle*, p.352）。

㉔ 参见 *The Morality of Freedom*, Raz, J.（Oxford: Oxford UP, 1986）, chs. 14

and 15。

㉕ *Law's Empire*, p.395.

㉖ Ibid., p.394.

㉗ 请注意德沃金对加州大学理事会诉巴克案(*Regents of the University of California v. Bakke* 438 U.S. 265[1978])的讨论。德沃金指出,巴克(他是多数群体白人申请者)可能会采用的一种思路是,戴维斯分校医学项目在评估拥有更多合格黑人医生对总体福利的贡献时,没有考虑到配额制度对其群体的影响。但是,他指出:"赫拉克勒斯会判决(我相信)这一主张是令人困惑的:配额制度与其他任何必须依赖一般分类的制度一样,对整个类别的申请者都给予了同样的考虑。"参见 *Law's Empire*, p.397。

第九章　刺猬的正义

① *Justice for Hedgehogs*, p.7.

② Ibid., p.4.

③ *Op.cit.*, p.78.

④ *Justice for Hedgehogs*, p.193. 想要了解更多动态,请参见 Rae Langton's "Maria von Herbert's Challenge to Kant," *Ethics* (Oxford Reader), ed. Singer, P. New York: OUP (1994) 281。

⑤ 参见第十一章。

⑥ *Justice for Hedgehogs*, p.195.

⑦ Ibid., p.198.

⑧ 参见第十一章。

265　⑨ 参见 *The Morality of Freedom* (Oxford: OUP, 1987)。

⑩ *Justice for Hedgehogs*, p.212.

⑪ 参见黑尔的 *Freedom and Reason* (Oxford: OUP, 1963), pp.171-173。

⑫ 参见 Darwall, S. "Two Kinds of Respect," (1977) *Ethics* 88, pp.36-49; reprinted in *Dignity, Character, and Self-Respect*, Dillon, R. (ed.), (New York: Routledge, 1995)。

⑬ *Justice for Hedgehogs*, p.258. 德沃金在此有一段关于尼采的有趣旁白。他指出,尼采认为只有少数人(比如他自己)能够过上卓越的生活。但尚不清楚他是否认为那些没有过上这种生活的人不重要。不过一些解释者认为,他主张

人们应该好好生活(例如,尼采认为,牧师们将使得好好生活变得不可能的"奴隶心态"强加于这个世界,这是错误的)。对于尼采来说,好好生活有别于过上好生活,前者需要牺牲和苦难。是否只有某些人能够"好好生活",这是尼采提出的另一个问题。查拉图斯特拉认为他的见解针对的是"人类"。在德沃金看来,尼采鄙视平等和民主的"奴性道德",但这只是因为他认为这是对人们应该如何生活的糟糕描述。例如,尼采特别鄙视功利主义者("盎格鲁-天使店主国"[Anglo-angelic shopkeeperdom]),他认为幸福/快乐几乎毫无意义。他还鄙视康德主义者,后者认为好好生活是由履行对他人的责任构成的。因此,德沃金得出结论,尼采确实认为人们如何生活极为重要:只是尼采认为当前的道德并不支持它。

⑭ Ibid., p.260.

⑮ Ibid., pp.262–63.

⑯ Ibid., p.272.

⑰ Ibid., pp.278–79.

⑱ Ibid., p.281.

⑲ Ibid., p.282.

⑳ Ibid., p.283.

㉑ 参见德沃金在 *Justice for Hedgehogs* Symposium: *Boston University Law Review*, (2010) 2, vol. 90, at pp.1072–73 上为回应哥德堡(Goldberg)所做的评论: "人们过的许多生活都是失败的,……这不仅是他们的遗憾,也是每个人的遗憾。但我试图表明,这些伦理判断没有道德或政治后果。无论是作为个人还是在政治上,我们都对那些生活糟糕的人给予平等待遇或尊重。"

㉒ *Justice for Hedgehogs*, p.289. 推测起来,一个人可以同意的内容是有限的。一个人的尊严也必然包括人的身体的固有价值(参见下文第十二章);同意让某人锯下自己的一条腿并吃掉它,也许是对该种价值的道德冒犯。法律制度通常不允许将同意严重的身体伤害作为辩护。

㉓ 参见 *U.S. v. Carroll Towing Co.*, 159 F.2d 169, 173 (2d Cir.1947), referred to in *Taking Rights Seriously*, p.98。

㉔ *Justice for Hedgehogs*, p.291.

㉕ "The Trolley Problem," (1985) *Yale Law Journal* vol. 94, p.1395.

㉖ 参见 John Harris "The Survival Lottery," (1974) *Philosophy* 49, p.81。

㉗ *Justice for Hedgehogs*, p.296.

㉘ Ibid., p.298.

㉙ *Loc.cit.*

㉚ *Conventions*, (Cambridge: Harvard UP, 1969).

㉛ *Justice for Hedgehogs*, p.309.

㉜ *Loc.cit.*

㉝ Ibid., p.310.

㉞ Ibid., p.334.

㉟ 参见他的"Two Concepts of Liberty," in Berlin, I. *The Proper Study of Mankind*, Hardy and Hausheer (eds.), (London: Chatto & Windus, 1997) 191, at pp.234 –35。

㊱ *Justice for Hedgehogs*, pp.369–70.

㊲ Ibid., p.371.

㊳ 进一步参见"Principle, Policy, Procedure," in *A Matter of Principle*, (Cambridge: Harvard UP, 1985), ch. 3。

㊴ 他指出,存在两种"不相容论者":乐观主义者,认为我们的行动有时并未被决定,所以我们有时负有责任;悲观主义者,认为我们的行动总是被决定的,所以我们从未负有责任。

㊵ *Justice for Hedgehogs*, p.229.

㊶ Ibid., p.422.

第十章　什么样的平等?

① "What Is Equality? Part I: Equality of Welfare," *Philosophy and Public Affairs* 10 (1981), p.185; "What Is Equality? Part II: Equality of Resources," *Philosophy and Public Affairs* 10 (1981), p.283.

② "What Is Equality? Part III: The Place of Liberty," *Iowa Law Review* 73 (1987), p.1.

③ *Justice for Hedgehogs*, p.356.

④ "Equality of Welfare," p.210.

⑤ *Sovereign Virtue*, p.38.

⑥ Ibid., p.219.

⑦ 参见"The Place of Liberty," p.41 :"资源平等没有为人与人之间产生自同样限制的自由赤字的比较留下任何基础。"

⑧ "我所支持的分配规范的灵感部分来自社会主义'各取所需'的口号——也就是说,要基于他们生活中满足感的需要。这是一个反市场的口号。"Jerry Cohen, "Expensive Tastes Rides Again" in Justine Burley, ed. *Dworkin and His Critics* (Oxford : Blackwell, 2004) 3, 17.

⑨ 参见德沃金:"正义是关系性的:这是一个人们应该如何对待彼此的问题,而非世界应该如何的问题。"In "Reply to Cohen" in Burley, above, 339, 344.

⑩ 参见我的"Ronald Dworkin and the Question of Political Stability and Legitimacy," ch. 4 in Gough & Stables, (eds.). *Sustainability and Security Within Liberal Societies: Learning to Live with the Future*, Routledge Studies in Social and Political Thought series, (London : Routledge, 2008) 49。

⑪ 用德沃金的话说,"被规定的福利之观念的被规定的功能是,它本身就是应当为了自身而产生的善本身"。"Equality of Welfare," p.244.

⑫ 这便是德里克·帕菲特所谓的"令人反感的结论"。德沃金还指出,平等功利主义无法解释一场导致数千人死亡但少数人处境改善的自然灾害的问题所在。

⑬ 他指出,"我们的兴趣主要在于一种对理想的设计,一种描述这种理想并检验其融贯性、完整性和吸引力的方法"。In "Equality of Resources," p.292. 267

⑭ "Equality of Resources," p.288.

⑮ Ibid., p.285.

⑯ 参见第八章。

⑰ 参见"Equality of Resources," p.295 :"凡是通过成功的赌赛获得的资源,都应当用参与有效赔率的赌赛的机会来表示。"

⑱ Ibid., p.299.

⑲ Ibid., p.323.

⑳ Ibid., p.331.

㉑ Ibid., p.330.

㉒ 这部分的论证主要来自他的"What Is Equality? Part III : The Place of Liberty," *Iowa Law Review* 73 (1987), p.1. (Reprinted in *Sovereign Virtue* as ch. 3)。

㉓ "Equality of Resources," p.303.

㉔ 这当然与该原则相一致。一个人显然不能利用自己的自由来限制他人的自由。

㉕ "Foundations of a Liberal Equality," *The Tanner Lectures on Human Values XI*,（University of Utah Press, 1990），p.1.

㉖ 我增加了"真正"一词，以排除有人因为"长得不好看"等而要求补偿的可能性。人们必须有起码的坚强（当然确实存在真正敏感于此的情况），否则就会失去尊严。

㉗ "Equality of Resources," p.25.

㉘ 参见 *Justice for Hedgehogs*, p.357："自由市场并非人们通常认为的那样是平等的敌人，反而是实现真正平等所不可或缺的。平等主义的经济基本上是一种资本主义经济。"

㉙ 马吉在"理念人"节目中与德沃金对话时，对罗尔斯的"原初状态"提出了同样的反对意见，p.216。

㉚ 顺便说一下，德沃金认为，任何改善大量处境最为糟糕的人群的尝试都是平等主义的。他还认为，这关系到赋予处境最为糟糕的人群以优先权。这实际上就是一种算术。在任何非平等主义的分配中，总是存在一个处境最为糟糕的人群。在我看来，这些理论的成败取决于它们的实质价值，而非这些程序价值。马吉指出："但在我看来，所有这些［理论］与实际社会从中产生并因此受其形塑的历史现实，以及真实个人所处的社会现实（政治哲学因而需要与之相关的真正因素）几乎没有什么关联。"

㉛ Ibid., p.42. 德沃金："在此我们并不关注历史问题。我们关注的是哪些原则是正当的……"

㉜ Federal Election Campaign Elections Act Amendments of 1974, 88 Stat. 1263（1974）. 换言之，对于所谓德沃金或罗尔斯式乌托邦的观点的反驳就是，它们当然是乌托邦。这就是他们的要旨，建立一个模型，通过它我们可以检验和批判现实世界的做法。

㉝ 424 U.S. 1（1976）.

㉞ *Lochner v. New York* 198 U.S. 45（1905）.

268

第十一章　自由主义的基础

① 参见 *Contemporary Political Philosophy*, Kymlicka, W. Oxford UP,（1990），ch. 6

的导论，以及 *Communitarianism and Individualism*，Avineri，S. & de-Shalit，A.（eds.），Oxford UP，（1992）中的文章。一篇很好的自由主义回应是该论文集中古特曼（Gutmann，A.）题为"自由主义的社群主义批评者"（"The Communitarian Critics of Liberalism"）的论文。

② 请注意撒切尔臭名昭著的声明："并不存在社会这回事，只有个人和家庭。"她断言这是保守主义思想的核心，而美国的社群主义者虽然与撒切尔在很多方面共享相同的信念，但他们强烈主张相反的观点，即个人不能与他们所生活的社会相分离。

③ 参见 Gutmann，A.，*op.cit.*。

④ 参见 *The Morality of Freedom*，Raz，J. Oxford UP，（1986）。也参见我对拉兹该书的评论，*Law Quarterly Review* 103（1987），p.642。

⑤ 参见 *A Theory of Justice*，Rawls，J.（Oxford：Oxford UP，1972），pp.197-98 and pp.221-24。以及他的"Kantian Constructivism in Moral Theory，"*Journal of Philosophy* 77（1980），p.515；"Justice as Fairness：Political Not Metaphysical，"*Philosophy and Public Affairs* 14（1985），p.223；"The Idea of an Overlapping Consensus，"*Oxford Journal of Legal Studies*（1987），p.1；"The Priority of Right and Ideas of the Good，"*Philosophy and Public Affairs* 17（1988），p.251；"The Laws of Peoples，"in *Human Rights*，Shute & Hurley（eds.），（Basic Books，1993）。概括性的论述，参见他的 *Political Liberalism*（Columbia UP，1993）。

⑥ 参见他的"Foundation of Liberal Equality，"*The Tanner Lectures on Human Values XII*（University of Utah Press，1990）。

⑦ 德沃金认为，事实可能是，罗尔斯诉诸他的重叠共识不仅仅是一种权宜之计，他对参与这种共识的每个人的个人伦理中的某种东西的诉诸，提供了富有远见的吸引力。德沃金认为，在相互尊重和协作的目标中存在着"简明的高贵"（plain nobility）。

⑧ 参见第七章，以及他的"Objectivity and Truth：You'd Better Believe It，"*Philosophy & Public Affairs*（1996），p.87。

⑨ "Foundation of Liberal Equality，"*op.cit.*，p.34.

⑩ *Law's Empire*，p.425，n.20.

⑪ 参见"Equality of Welfare，"p.225。

⑫ "Foundation of Liberal Equality，"*op.cit.*，p.63. 也参见 *Justice for Hedgehogs*，p.

211。在此,德沃金用这个例子来说明对本真性的合理限制。

⑬ 参见第八章。

⑭ "Foundation of Liberal Equality," *op.cit.*, pp.74 - 75. 在《理想国》第十四章,苏格拉底将正义界定为一种个人美德。正义是灵魂的内在秩序,它会带来正确的行为:"正义的人不允许他灵魂中的几个要素相互篡夺彼此的功能;他必是一个通过自我控制和自律来与自己和平相处的人……只有当他把这些部分和谐地联系在一起,使自己成为一个人而不是多个人时,他才会准备好做他可能要做的任何事情,无论是赚钱和满足肉体需求,还是商业交易或者国家事务。" *The Republic of Plato*, Cornford (trans.), (Oxford: Oxford UP, 1941) pp.138 - 39.

⑮ 这个例子直观上并不那么明显。我猜想,一个人在这方面的快乐,是在不公正的环境中忍受得很好的反常的快乐。这与一个来自贫穷但资源分配公平的国家的人说"我充分利用了糟糕的处境"有什么不同吗? 德沃金意识到了这一点,参见 "Foundation of Liberal Equality," *op.cit.*, p.75。

第十二章　宗教与生命的开始和结束

① *Justice for Hedgehogs*, p.82.

② Ibid.

③ 参见 *New York Review of Books*, vol. 53, no. 14 (2006), "Three Questions for America," Part I: "Should Alternatives to Evolution be Taught in Schools?"

④ "Should Alternatives to Evolution be Taught in Schools?"

⑤ "宗教气质"是内格尔用来描述这种存在方式的一个短语。参见其 *Secular Philosophy and the Religious Temperament: Essays 2002 - 2008*, (New York: Oxford UP 2010)。

⑥ *Justice for Hedgehogs*, p.218.

⑦ 尽管谈及父母在抚养孩子时对其孩子的人力"投入"也是一种奇怪的说法。参见 *Life's Dominion*, ch.2。

⑧ *Justice for Hedgehogs*, p.388.

⑨ *Life's Dominion*, p.84.

⑩ Ibid., p.87.

⑪ *Justice for Hedgehogs*, p.378. 用德沃金的话说,在某些情况下,堕胎是一种"自

我轻视的行为",因为女性没有表现出"她的尊严所要求的对人的生命的尊重",从而"背叛了她自己的尊严"。

⑫ 410 U.S. 113（1973）. 该权利在早期是无条件的,在中期是有条件的。

⑬ 85 S. Ct. 1678（1965）.

⑭ *Life's Dominion*, p.124.

⑮ 参见" Unenumerated Rights: Whether and How *Roe* Should Be Overruled," *Chicago Law Review*, vol. 59（1992）at 464。这篇论文作为第三章被收录于《自由的法》。

⑯ *Planned Parenthood of Southeastern Pennsylvania v. Casey* 112 S. Ct. 2791（1992）.

⑰ *United States v. Seeger* 380 U.S. 163（1965）.

⑱ *Life's Dominion*, p.163.

⑲ Ibid., p.199.

⑳ Ibid., p.213.

㉑ Ibid., p.192.

㉒ 参见第九章中德沃金对于自由意志和责任的评论。

㉓ Ibid., p.239.

罗纳德·德沃金著述题录

著作与论文

2012

"Why the Mandate Is Constitutional: The Real Argument," *New York Review of Books*, May 10, 2012, (http://www. nybooks. com/articles/archives/2012/may/10/ why-mandate-constitutional-real-argument/).

2011

"The Court's Embarrassingly Bad Decisions," *New York Review of Books*, May 26, 2011, (http://www. nybooks. com/articles/archives/2011/may/26/courts-embarrassingly-bad-decisions/).

"More Bad Arguments: The Roberts Court & Money in Politics," *NYRB Blog*, April 27, 2011, (http://www. nybooks. com/blogs/nyrblog/2011/apr/27/more-bad-arguments-roberts-court-money-politics/).

"Bad Arguments: The Roberts Court & Religious Schools," *NYRB Blog*, April 26, 2011, (http://www. nybooks. com/blogs/nyrblog/2011/apr/26/bad-arguments-roberts-court-religious-schools/).

"What Is a Good Life?" *New York Review of Books*, February 10, 2011, (http:// www.nybooks.com/articles/archives/2011/feb/10/what-good-life/).

Justice for Hedgehogs (Cambridge, MA: Belknap Press, 2011).

2010

(with Mark Lilla, David Bromwich, and Jonathan Raban) "The Historic Election: Four Views," *New York Review of Books*, December 9, 2010, (http://www. nybooks.com/articles/archives/2010/dec/09/historic-election-four-views/).

"Americans Against Themselves," *NYRB Blog*, November 5, 2010, (http://www. nybooks.com/blogs/nyrblog/2010/nov/05/americans-against-themselves/).

Paper presented at the NYU Colloquium in Legal, Political and Social Philosophy on October 14, 2010, entitled: "Human Rights and International Law" (not for quotation), (http://www. law. nyu. edu/ecm_dlv4/groups/public/@ nyu_law_website_academics_colloquia_legal_political_and_social_philosophy/documents/documents/ecm_pro_067009.pdf). 272

"The Temptation of Elena Kagan," *New York Review of Books*, August 19, 2010, (http://www. nybooks. com/articles/archives/2010/aug/19/temptation-elena-kagan/).

"The Decision That Threatens Democracy," *New York Review of Books*, May 13, 2010, (http://www. nybooks. com/articles/archives/2010/may/13/decision-threatens-democracy/).

"The' Devastating' Decision: An Exchange," *New York Review of Books*, April 29, 2010, (http://www. nybooks. com/articles/archives/2010/apr/08/devastating-decision-exchange/).

"The 'Devastating' Decision," *New York Review of Books*, February 25, 2010, (http://www.nybooks.com/articles/archives/2010/feb/25/the-devastating-decision/).

2009

"Keep Corporations Out of Televised Politics," *NYRB Blog*, October 5, 2009, (http://www. nybooks. com/blogs/nyrblog/2009/oct/05/keep-corporations-out-of-televised-politics/).

"Justice Sotomayor: The Unjust Hearings," *New York Review of Books*, September 24, 2009, (http://www. nybooks. com/articles/archives/2009/sep/24/justice-sotomayor-the-unjust-hearings/).

Contribution to "Questions to Judge Sotomayor: The Unjust Hearings," *New York Times*, July 13, 2009.

"Looking for Cass Sunstein," Review of *A Constitution of Many Minds: Why the Founding Document Doesn't Mean What It Meant Before* by Cass R. Sunstein, *New York Review of Books*, April 30, 2009, (http://www. nybooks. com/articles/archives/2009/apr/30/looking-for-cass-sunstein/).

2008

"A Fateful Election," *New York Review of Books*, November 6, 2008, (http://www.

nybooks.com/articles/archives/2008/nov/06/a-fateful-election/).

"Why It Was a Great Victory," *New York Review of Books*, August 14, 2008, (http://www. nybooks. com/articles/archives/2008/aug/14/why-it-was-a-great-victory/).

2007

"'The Supreme Court Phalanx': An Exchange," *New York Review of Books*, December 6, 2007, (http://www.nybooks.com/articles/archives/2007/dec/06/the-supreme-court-phalanx-an-exchange/).

"Lotto for Learning?" (letter) *New York Review of Books*, October 25, 2007, (http://www.nybooks.com/articles/archives/2007/oct/25/lotto-for-learning/).

"The Supreme Court Phalanx," *New York Review of Books*, September 27, 2007, (http://www. nybooks. com/articles/archives/2007/sep/27/the-supreme-court-phalanx/).

"The Court & Abortion: Worse Than You Think," *New York Review of Books*, May 31, 2007, (http://www. nybooks. com/articles/archives/2007/may/31/the-court-abortion-worse-than-you-think/).

"So You Think You Live in a Democracy?" *The Guardian*, March 12, 2007, (http://www.guardian.co.uk/commentisfree/2007/mar/12/isdemocracypossiblehere).

2006

Justice in Robes (Harvard University Press, 2006).

Is Democracy Possible Here? (Princeton University Press, 2006).

"Darwin and Spirituality: An Exchange," *New York Review of Books*, November 2, 2006, (http://www. nybooks. com/articles/archives/2006/nov/02/darwin-and-spirituality-an-exchange/).

"Do not sacrifice principle to the new tyrannies," *Financial Times*, October 9, 2006.

"Three Questions for America," *New York Review of Books*, September 21, 2006, (http://www. nybooks. com/articles/archives/2006/sep/21/three-questions-for-america/).

"It Is Absurd to Calculate Human Rights According to a Cost-Benefit Analysis," *The Guardian*, May 24, 2006, (http://www. guardian. co. uk/commentisfree/2006/may/24/comment.politics).

273

"What Lincoln Said," (letter) *New York Review of Books*, May 11, 2006, (http://www.nybooks.com/articles/archives/2006/may/11/what-lincoln-said/).

"'The Strange Case of Justice Alito': An Exchange," *New York Review of Books*, April 6, 2006, (http://www.nybooks.com/articles/archives/2006/apr/06/the-strange-case-of-justice-alito-an-exchange/).

"The Right to Ridicule," *New York Review of Books*, March 23, 2006, (http://www.nybooks.com/articles/archives/2006/mar/23/the-right-to-ridicule/).

"The Strange Case of Judge Alito," *New York Review of Books*, February 23, 2006, (http://www.nybooks.com/articles/archives/2006/feb/23/the-strange-case-of-judge-alito/).

"On NSA Spying: A Letter to Congress," (letter), *New York Review of Books*, February 9, 2006, (http://www.nybooks.com/articles/archives/2006/feb/09/on-nsa-spying-a-letter-to-congress/).

2005

"Judge Roberts on Trial," *New York Review of Books*, October 20, 2005, (http://www.nybooks.com/articles/archives/2005/oct/20/judge-roberts-on-trial/).

"Reponse aux articles de Ronald Dworkin," *Revue Internationale de Philosophie*, 2005/3 (n° 233).

2004

From Liberal Values to Democratic Transition: Essays in Honor of Janos Kis, Dworkin and others (eds.), (Central European University Press, 2004).

"Hart's Postscript and the Character of Political Philosophy," *Oxford Journal of Legal Studies*, vol. 24, 1, 2004, pp.1–37; reprinted in Justice in Robes, pp.140–86.

"The Election and America's Future," *New York Review of Books*, November 4, 2004, (http://www.nybooks.com/articles/archives/2004/nov/04/the-election-and-americas-future/).

"What the Court Really Said," *New York Review of Books*, August 12, 2004, (http://www.nybooks.com/articles/archives/2004/aug/12/what-the-court-really-said/).

2003

"Equality, Luck and Hierarchy," *Philosophy and Public Affairs*, vol. 31, Spring

2003, pp.190 - 8.

274　"Terror and the Attack on Civil Liberties," *New York Review of Books*, November 6, 2003, (http://www. nybooks. com/articles/archives/2003/nov/06/terror-the-attack-on-civil-liberties/).

"The Court and the University: An Exchange," *New York Review of Books*, August 14, 2003, (http://www. nybooks. com/articles/archives/2003/aug/14/the-court-the-university-an-exchange/).

"The Court and the University," *New York Review of Books*, May 15, 2003, (http://www. nybooks. com/articles/archives/2003/may/15/the-court-and-the-university/).

2002

A Badly Flawed Election: Debating Bush v. Gore, The Supreme Court, and American Democracy (New York Press; distributed by Norton, 2002).

"Sovereign Virtue Revisited," *Ethics: Symposium on Ronald Dworkin's " Sovereign Virtue*," vol. 113, 2002, pp.106 - 43.

"Taking Rights Seriously in Beijing," *New York Review of Books*, September 26, 2002, (http://www. nybooks. com/articles/archives/2002/sep/26/taking-rights-seriously-in-beijing/).

"The Trouble with the Tribunals," *New York Review of Books*, April 25, 2002, (http://www. nybooks. com/articles/archives/2002/apr/25/the-trouble-with-the-tribunals/).

"The Threat to Patriotism," *New York Review of Books*, February 28, 2002, (http:// www.nybooks.com/articles/archives/2002/feb/28/the-threat-to-patriotism/).

"Thirty Years On," *Harvard Law Review*, vol. 115, 2002, pp.1655 - 87; republished in *Justice in Robes*, pp.187 - 222.

2001

(co-edited with Mark Lilla and Robert B. Silvers) *The Legacy of Isaiah Berlin* (New York: New York Review of Books, 2001).

" ' A Badly Flawed Election ' : An Exchange," *New York Review of Books*, February 22, 2001, (http://www. nybooks. com/articles/archives/2001/feb/22/a-badly-flawed-election-an-exchange/).

"A Badly Flawed Election," *New York Review of Books*, January 11, 2001, (http://www.nybooks.com/articles/archives/2001/jan/11/a-badly-flawed-election/).

"Do Values Conflict: A Hedgehog's Approach" (New York University Law School Isaac Marks Memorial Lecture) published in *Arizona Law Review*, vol. 43, p.251.

2000

Sovereign Virtue: The Theory and Practice of Equality (Cambridge, MA: Harvard University Press, 2000).

"The Phantom Poll Booth," *New York Review of Books*, December 21, 2000, (http://www. nybooks. com/articles/archives/2000/dec/21/the-phantom-poll-booth/)

"A Question of Ethics," *New York Review of Books*, May 25, 2000, (http://www.nybooks.com/articles/archives/2000/may/25/a-question-of-ethics/).

"'An Affair of State': An Exchange" (reply by Dworkin to an article by Richard Posner), *New York Review of Books*, April 27, 2000, (http://www. nybooks. com/articles/archives/2000/apr/27/affair-state-exchange/).

"Philosophy and Monica Lewinsky," Review of *An Affair of State: The Investigation, Impeachment, and Trial of President Clinton* by Richard A. Posner and *The Problematics of Moral and Legal Theory* by Richard A. Posner, *New York Review of Books*, March 9, 2000, (http://www.nybooks.com/articles/archives/2000/mar/09/philosophy-monica-lewinsky/).

1999

"Do Liberty and Equality Conflict?" in Paul Barker (ed.), *Living As Equals* (Oxford: Oxford University Press, 1996), pp.39 – 58.

"Free Speech, Politics, and the Dimensions of Democracy," in E. Joshua Rosencrantz (ed.), *If Buckly Fell* (New York: Century Foundation, 1999); reprinted in *Sovereign Virtue*, pp.351 – 85.

"Playing God: Genes, Clones and Luck," *Prospect Magazine*, 1999; reprinted in *Sovereign Virtue*, pp.427 – 52.

"THE LAW; The Court's Impatience to Execute," *Los Angeles Times*, July 11, 1999.

"The Wounded Constitution," *New York Review of Books*, March 18, 1999, (http://www.nybooks.com/articles/archives/1999/mar/18/the-wounded-constitution/).

275

"A Kind of Coup," *New York Review of Books*, January 14, 1999, (http://www. nybooks.com/articles/archives/1999/jan/14/a-kind-of-coup/).

1998

"Affirming Affirmative Action," Review of *The Shape of the River: Long-Term Consequences of Considering Race in College and University Admissions* by William G. Bowen and Derek Bok, *New York Review of Books*, October 22, 1998, (http://www. nybooks. com/articles/archives/1998/oct/22/affirming-affirmative-action/); reprinted under the title "Affirmative Action: Does It Work?" in *Sovereign Virtue*, pp.386 – 408.

"Darwin's New Bulldog," *Harvard Law Review*, vol. 111, 1998, reprinted in *Justice in Robes*, pp.75 – 94.

"Is Affirmative Action Doomed?" *New York Review of Books*, November 5, 1998, (http://www. nybooks. com/articles/archives/1998/nov/05/is-affirmative-action-doomed/); reprinted under the title "Affirmative Action: Is it Fair?" in *Sovereign Virtue*, pp.409 – 52.

1997

"In Praise of Theory," *Arizona State Law Journal*, vol. 29, p.353.

"Reply," *Arizona State Law Journal*, vol. 29, p.431.

"Assisted Suicide and Euthanasia: An Exchange," *New York Review of Books*, November 6, 1997, (http://www.nybooks.com/articles/archives/1997/nov/06/assisted-suicide-and-euthanasia-an-exchange/).

"Assisted Suicide: What the Court Really Said," *New York Review of Books*, September 25, 1997, (http://www. nybooks. com/articles/archives/1997/sep/25/assisted-suicide-what-the-court-really-said/); revised and published under the title "Sex, Death and the Courts," in *Sovereign Virtue*, pp.453 – 74.

"'The Philosophers' Brief': An Exchange," *New York Review of Books*, May 29, 1997, (http://www. nybooks. com/articles/archives/1997/may/29/the-philosophers-brief-an-exchange/).

(with Thomas Nagel, Robert Nozick, John Rawls, Thomas Scanlon and Judith Jarvis Thomson) "Assisted Suicide: The Philosophers' Brief," *New York Review of Books*, vol. 44, March 27, 1997, (http://www.nybooks.com/articles/archives/

1997/mar/27/assisted-suicide-the-philosophers-brief/).

"Reply by Ronald Dworkin," in Symposium on "Objectivity and Truth: You'd Better 276
Believe It," *BEARS in Moral and Political Philosophy*, posted on 4/9/97,
(http://www.brown.edu/Departments/Philosophy/bears/9704dwor.html).

1996

(with Thomas Nagel, Robert Nozick, John Rawls, Thomas Scanlon and Judith Jarvis
Thomson) "Brief of Amicus Curiae in Support of Respondents: *Washington v.
Glucksberg*, No. 96 – 110, and *Vacco v. Quill*, No. 95 – 1858," filed in the
United States Supreme Court, Washington, DC, December 10, 1996.

Freedom's Law: The Moral Reading of the American Constitution (Cambridge, MA:
Harvard University Press, 1996); (Oxford: Oxford University Press, 1996);
(Bridgewater, NJ: Replica Books, 1997).

"Indeterminacy and Law," in Stephen Guest (ed.), *Positivism Today* (Ashgate
Publishing Ltd, July 1996), p.1.

"Objectivity and Truth: You'd Better Believe It," *Philosophy & Public Affairs*, vol.
25, Spring 1996, pp.87 – 139.

"Politics, Death, and Nature," *Health Matrix*, vol. 6, pp.201 – 18, 1996.

"We Need a New Interpretation of Academic Freedom," in Louis Menand (ed.),
Academic Freedom and Its Future (Chicago: University of Chicago Press, 1996),
published under the title "Why Academic Freedom?" in *Freedom's Law*, pp.244
– 60.

"The Curse of American Politics," *New York Review of Books*, October 17, 1996,
(http://www. nybooks. com/articles/archives/1996/oct/17/the-curse-of-
american-politics/).

"Sex, Death and the Courts," Review of the judicial decisions: *Compassion in Dying
v. State of Washington*, 79 F. 3d 790, United States Court of Appeals, Ninth
Circuit (1996); *Quill v. Vacco*, 80 F 3d 716, United States Court of Appeals,
Second Circuit (1996); *Romer v. Evans*, 116 S. Ct. 1620, United States Supreme
Court (1996); published in *New York Review of Books*, August 8, 1996; revised
and reprinted in *Sovereign Virtue*, pp.453 – 74.

"The Moral Reading of the Constitution," *New York Review of Books*, March 21,

1996, (http://www. nybooks. com/articles/archives/1996/mar/21/the-moral-reading-of-the-constitution/).

1995

Etica Privada e Igualitarismo Politico (Barcelona: Paidos Iberica, 1995).

"Death, Politics and the Sacred," *Case Western Law Review*, 1995.

"The Unbearable Cost of Liberty," *Index on Censorship*, vol. 24, May-June 1995, pp. 43 – 46.

1994

"Constitutionalism and Democracy," *European Journal of Philosophy*: *Colloquium on Law and Morality*, vol. 3, 1994.

"Ethik und Pragmatik des zivilen Ungehorsams," in *Widerstands Recht in der Demokratie* (Germany, 1994).

"Gleichheit, Demokratie und die Verfassung," in *Zum Begriff der Verfassung* (Frankfurt am Main: Fisher, 1994).

"A New Map of Censorship," *Index on Censorship*, vol. 23, 1994.

"Mr. Liberty," Review of *Learned Hand: The Man and the Judge* by Gerald Gunther, *New York Review of Books*, August 11, 1994, (http://www. nybooks. com/articles/archives/1994/aug/11/mr-liberty/); reprinted under the title "Learned Hand," in *Freedom's Law*, pp.332 – 47.

"Reply to Paul Ricoeur," *Ratio Juris*, vol. 7, 1994, p.287.

"Tyranny at the Two Edges of Life: A Liberal View," *New Perspectives Quarterly*, Winter 1994.

"When Is It Right to Die? Doctor-Assisted Suicide for the Terminally Ill," *New York Times*, May 17, 1994; reprinted as Addendum to "Do We Have a Right to Die?" in *Freedom's Law*, pp.143 – 6.

"Would Clinton's Plan Be Fair? An Exchange," *New York Review of Books*, May 26, 1994, (http://www. nybooks. com/articles/archives/1994/may/26/would-clintons-plan-be-fair-an-exchange/).

"Pornography: An Exchange," *New York Review of Books*, March 3, 1994, (http:// www.nybooks.com/articles/archives/1994/mar/03/pornography-an-exchange/);

Dworkin's letter reprinted as Addendum to "MacKinnon's Words," in *Freedom's Law*,

277

pp.239 – 43.

"Will Clinton's Plan Be Fair?" *Health Security Act* 103d Congress, 1st Session, *New York Review of Books*, January 13, 1994, (http://www.nybooks.com/articles/archives/1994/jan/13/will-clintons-plan-be-fair/); reprinted under the title "Justice and the High Cost of Health" in *Sovereign Virtue*, pp.307 – 19.

1993

Life's Dominion: *An Argument About Abortion*, *Euthanasia and Individual Freedom* (New York: Alfred Knopf, 1993).

"Justice in the Distribution of Health Care," *McGill Law Journal*, vol. 38, 1993, pp. 883 – 98.

"Svoboda, Rovnost, a Politost," in *Liberalni Spolecnost* (Prague, 1993).

"Unenumerated Rights: Whether and How *Roe v Wade* Should be Overruled," *University of Chicago Law Review*, vol. 59, 1992, pp.381 – 432; reprinted under the title "What the Constitution Says," in *Freedom's Law*, pp.72 – 116.

"Women and Pornography," Review of *Only Words* by Catharine A. MacKinnon, *New York Review of Books*, October 21, 1993, (http://www.nybooks.com/articles/archives/1993/oct/21/women-and-pornography/); reprinted under the title "MacKinnon's Words," in *Freedom's Law*, pp.227 – 43.

"The Price of Life," *Los Angeles Times*, August 29, 1993.

"THE PRICE OF LIFE: How High the Cost Before It Becomes Too High?" *Los Angeles Times*, August 29, 1993.

"Feminism and Abortion," *New York Review of Books*, June 10, 1993, (http://www.nybooks.com/articles/archives/1993/jun/10/feminism-and-abortion/).

"Life Is Sacred, That's the Easy Part," *New York Times Magazine*, May 16, 1993.

"Not on the Right," *New York Review of Books*, April 8, 1993, (http://www.nybooks.com/articles/archives/1993/apr/08/not-on-the-right/).

1992

"Court of Appeal: The Black Community Speaks Out on the Racial and Sexual Politics of Clarence Thomas *vs* Anita Hill," *New York Times*, October 25, 1992.

"'Free Speech and Its Limits,' by George Brunn, Reply by Ronald Dworkin," *New York Review of Books*, November 19, 1992.

278   "One Year Later the Debate Goes On," *New York Review of Books*, October 25, 1992,
        reprinted under the title "Anita Hill and Clarence Thomas," in *Freedom's Law*,
        pp.321 – 31.

"The Center Holds!" *New York Review of Books*, August 13, 1992, (http://www.
        nybooks. com/articles/archives/1992/aug/13/the-center-holds/) ;   reprinted
        under the title "Roe Was Saved," in *Freedom's Law*, pp.117 – 46.

"The Coming Battles over Free Speech," Review of *Make No Law: The Sullivan Case
        and the First Amendment* by Anthony Lewis, *New York Review of Books*, June 11,
        1992, (http://www. nybooks. com/articles/archives/1992/jun/11/the-coming-
        battles-over-free-speech/) ; reprinted under the title "Why Must Speech Be
        Free?" in *Freedom's Law*, pp.195 – 213.

1991

"A Harmful Precedent," *Index on Censorship*, 1991; reprinted under the title "No
        News Is Bad News for Democracy," in *The Times*, 27 March, 1991, and under
        the title "A Compelling Case for Censorship?" in the Addendum to "Pornography
        and Hate," in *Freedom's Law*, pp.223 – 26.

"Jurisprudence and Constitutional Law," in Leonard Williams Levy, Kenneth L. Karst
        and Adam Winkler (eds.), *Encyclopedia of the American Constitution* (New
        York: Macmillan, 1991).

"La Cour Supreme," *Pouvoirs*, 1991.

"Pragmatism, Right Answers, and True Banality," in Michael Brint and W. Weaver
        (eds.), *Pragmatism in Law and Society* (Boulder, CO: Westview Press, 1991),
        p.359.

"On Gaps in the Law," in P. Amselek and N. MacCormick (eds.), *Controversies
        About Law's Ontology* (Edinburgh: Edinburgh University Press, 1991).

"Justice for Clarence Thomas," *New York Review of Books*, November 7, 1991,
        (http://www. nybooks. com/articles/archives/1991/nov/07/justice-for-clarence-
        thomas/) ; reprinted under the title "The Thomas Nomination," in *Freedom's
        Law*, pp.306 – 20.

"Liberty and Pornography," *New York Review of Books*, August 15, 1991, (http://
        www. nybooks. com/articles/archives/1991/aug/15/liberty-and-pornography/) ;

based on "Two Concepts of Liberty," in Edna Ullman-Margalit (ed.), *Isaiah Berlin: A Celebration* (Chicago: University of Chicago Press, 1991).

"Revolution in the Court," *New York Review of Books*, August 15, 1991, (http://www.nybooks.com/articles/archives/1991/aug/15/revolution-in-the-court/).

"The Reagan Revolution and the Supreme Court," Review of *Order and Law: Arguing the Reagan Revolution—A Firsthand Account*, by Charles Fried, *New York Review of Books*, July 18, 1991, (http://www. nybooks. com/articles/archives/1991/jul/18/the-reagan-revolution-and-the-supreme-court/); reprinted under the title "Gag Rule and Affirmative Action," in *Freedom's Law*, pp.147 – 62.

"The Right to Death," *New York Review of Books*, March 28, 1991, (http://www. nybooks.com/articles/archives/1991/mar/28/the-right-to-death/).

(with Anthony Smith, Gerald Cohen, Alan Montefiore, Michael Walzer) "The Detention of Sari Nussiebeh," *New York Review of Books*, March 7, 1991, (http://www.nybooks.com/articles/archives/1991/mar/07/the-detention-of-sari-nussiebeh/).

"The Right to Death," *New York Review of Books*, January 31, 1991, (http://www.nybooks. com/articles/archives/1991/jan/31/the-right-to-death/); reprinted under the title "Do We Have a Right to Die?" in *Freedom's Law*, pp.130 – 46, Addendum originally published under the title "When Is It Right to Die?" *New York Times*, May 17, 1994.

1990　　　　　　　　　　　　　　　　　　　　　　　　　　　　　　　279

A Bill of Rights for Britain: Why British Liberty Needs Protecting (London: Chatto & Windus, 1990), the basis of "Does Britain Need a Bill of Rights," in *Freedom's Law*, pp.352 – 72.

"Bork's Jurisprudence," *University of Chicago Law Review*, vol. 57, 1990; reprinted under the title "Bork's Own Postmortem," in *Freedom's Law*, pp.287 – 305.

"Equality, Democracy, and Constitution: We the People in Court," *Alberta Law Review*, vol. 28, 1990, p.324.

"Foundations of Liberal Equality," in G. B. Petersen (ed.), *The Tanner Lectures on Human Values*, vol. XI (Salt Lake City: University of Utah Press, 1990); reprinted in S. Darwall (ed.), *Equal Freedom* (Ann Arbor: University of

Michigan Press, 1995), pp.190 – 206; revised and reprinted in *Sovereign Virtue*, pp.237 – 84.

"Posner's Charges: What I Actually Said," (http://article. chinalawinfo. com/ ArticleHtml/Article_19649.asp), 1990.

"Taking Rights Seriously in the Abortion Case," *Ratio Juris*, 1990, p.68.

"The Tempting of America: The Political Seduction of the Law," *University of Chicago Law Review*, vol. 57, 1990, p.479.

1989

"The Future of Abortion," *New York Review of Books*, September 28, 1989, (http:// www.nybooks.com/articles/archives/1989/sep/28/the-future-of-abortion/); reprinted under the title "Verdict Postponed," in *Freedom's Law*, pp.60 – 71.

"The Great Abortion Case," *New York Review of Books*, June 29, 1989, (http:// www. nybooks. com/articles/archives/1989/jun/29/the-great-abortion-case/); reprinted under the title "*Roe* in Danger," in *Freedom's Law*, pp.44 – 59.

"Liberal Community," *California Law Review*, vol. 77, 1989, pp.479 – 504; reprinted in *Sovereign Virtue*, pp.211 – 36.

1988

"Devaluing Liberty," *Index on Censorship*, vol. 17, 1988.

"Ethical Theory: Character and Virtue," *Midwest Studies in Philosophy: Special Issue*, vol. 12, 1988.

"What Is Equality? —Part 3: The Place of Liberty," *Iowa Law Review*, vol. 73, 1988, pp.1 – 54; reprinted in *Sovereign Virtue*, pp.120 – 83.

"The New England," October 27, 1988, *New York Review of Books*, (http://www. nybooks.com/articles/archives/1988/oct/27/the-new-england/).

1987

"Legal Theory and the Problem of Sense," in R. Gavison (ed.), *Issues in Contemporary Legal Philosophy: The Influence of HLA Hart* (Oxford: Oxford University Press, 1987).

" Philosophical issues concerning the rights of patients suffering serious permanent dementia," prepared for the Office of Technology Assessment, Congress of the United States (Washington, DC: Government Printing Office, 1987).

"From Bork to Kennedy," *New York Review of Books*, December 17, 1987, (http://www. nybooks. com/articles/archives/1987/dec/17/from-bork-to-kennedy/); reprinted under the title "What Bork's Defeat Meant," in *Freedom's Law*, pp.276 – 86.

" 'Reckless Disregard': An Exchange," *New York Review of Books*, September 24,   280
1987, (http://www. nybooks. com/articles/archives/1987/sep/24/reckless-disregard-an-exchange/).

" 'The Bork Nomination' by Nathan P. Glazer, Reply by Ronald Dworkin," *New York Review of Books*, November 5, 1987, (http://www. nybooks. com/articles/archives/1987/nov/05/the-bork-nomination/).

" 'The Bork Nomination': An Exchange," *New York Review of Books*, October 8, 1987, (http://www. nybooks. com/articles/archives/1987/oct/08/the-bork-nomination-an-exchange/).

" 'Reckless Disregard': An Exchange," *New York Review of Books*, September 24, 1987, (http://www. nybooks. com/articles/archives/1987/sep/24/reckless-disregard-an-exchange/).

"The Bork Nomination," *New York Review of Books*, August 13, 1987, (http://www. nybooks. com/articles/archives/1987/aug/13/the-bork-nomination/); reprinted in the *Cardozo Law Review*, vol. 9, 1987, p.101; and appears under the title "Bork: The Senate's Responsibility," in *Freedom's Law*, pp.265 – 75.

"Time's Rewrite," *New York Review of Books*, April 9, 1987, (http://www.nybooks. com/articles/archives/1987/apr/09/times-rewrite/).

"Time's Settlement," *New York Review of Books*, March 12, 1987, (http://www. nybooks.com/articles/archives/1987/mar/12/times-settlement/).

"The Press on Trial," Review of *Reckless Disregard: Westmoreland v. CBS et al.*; *Sharon v Time* by Renata Adler, *New York Review of Books*, February 26, 1987, (http://www.nybooks. com/articles/archives/1987/feb/26/the-press-on-trial/); reprinted in *Freedom's Law*, pp.167 – 94.

"What Is Equality? —Part 4: Political Equality," *University of San Francisco Law Review*, vol. 22, 1987, pp.1 – 30; reprinted in *Sovereign Virtue*, pp.184 – 210.

1986

Introduction to *Nunca Más*: *The Report of the Argentine National Commission on the Disappeared* (by Elias Canetti), (New York: Farrar, Strauss, and Giroux, 1986).

"A New Link in the Chain," *University of California Law Review*, vol. 74, 1986, p.103.

Law's Empire (Cambridge, MA: Belknap Press, 1986).

"Report from Hell," *New York Review of Books*, July 17, 1986, (http://www. nybooks.com/articles/archives/1986/jul/17/report-from-hell/).

1985

A Matter of Principle (Cambridge, MA: Harvard University Press, 1985).

"Art as Public Good," *Art and the Law*, vol. 9, 1985, p.143.

"Law's Ambition for Itself," *Vanderbilt Law Review*, vol. 71, 1985, p.173.

"The High Cost of Virtue," Review of *Morality and Conflict* by Stuart Hampshire, *New York Review of Books*, October 24, 1985, (http://www. nybooks. com/articles/ archives/1985/oct/24/the-high-cost-of-virtue/).

281　"Reagan's Justice: An Exchange," *New York Review of Books*, February 14, 1985, (http://www. nybooks. com/articles/archives/1985/feb/14/reagans-justice-an-exchange/).

1984

"A Reply to Critics," in Marshall Cohen (ed.), *Ronald Dworkin and Contemporary Jurisprudence* (Totowa, NJ: Rowman and Allanheld, 1984; London: Duckworth).

"Reagan's Justice," *New York Review of Books*, November 8, 1984, (http://www. nybooks.com/articles/archives/1984/nov/08/reagans-justice/).

1983

"Civil Disobedience and Nuclear Protests," talk delivered in Bonn, September 1983; adapted and published in *A Matter of Principle*, pp.104 – 16.

"In Defence of Equality," *Social Philosophy and Policy*, 1983, pp.24 – 40.

"'Spheres of Justice': An Exchange," *New York Review of Books*, July 21, 1983, (http://www. nybooks. com/articles/archives/1983/jul/21/spheres-of-justice-an-exchange/).

"Equality First," *New York Review of Books*, May 12, 1983, (http://www.nybooks.
com/articles/archives/1983/may/12/equality-first/).

"To Each His Own," Review of *Spheres of Justice: A Defence of Pluralism and Equality*
by Michael Walzer, *New York Review of Books*, April 14, 1983, (http://www.
nybooks.com/articles/archives/1983/apr/14/to-each-his-own/); reprinted under
the title "What Justice Isn't," in *A Matter of Principle*, pp.214 - 20.

"Why Liberals Should Believe in Equality," *New York Review of Books*, February 3,
1983, (http://www.nybooks.com/articles/archives/1983/feb/03/why-liberals-
should-believe-in-equality/); reprinted under the title "Why Liberals Should
Care About Equality," in *A Matter of Principle*, pp.205 - 13.

"What Liberalism Isn't," Review of *Social Justice in the Liberal State* by Bruce A.
Ackerman, *New York Review of Books*, January 20, 1983, (http://www.nybooks.
com/articles/archives/1983/jan/20/what-liberalism-isnt/).

1982

"Law as Interpretation," *Texas Law Review*, vol. 60, March 1982; revised under the
title "Natural Law Revisited," *University of Florida Law Review*, vol. 34, 1982,
p.165.

"Please Don't Talk About Objectivity Any More," *Critical Inquiry*, vol. 9, 1982, pp.
179 - 200; published by W. J. T. Mitchell (ed.), in *The Politics of Interpretation*
(Chicago and London: University of Chicago Press, 1983); forms the basis of
"Interpretation and Objectivity," in *A Matter of Principle*, pp.72 - 103.

1981

"Do We Have a Right to Pornography?" *Oxford Journal of Legal Studies*, vol. 1,
Summer 1981, pp.177 - 212; reprinted in *A Matter of Principle*, pp.335 - 72;
and under the title "Rights as Trumps," in J. Waldron (ed.), *Theories of Rights*
(Oxford: Oxford University Press, 1984), pp.153 - 67.

"Principle, Policy, Procedure," in *Crime, Proof and Punishment: Essays in Memory
of Sir Rupert Cross* (London and Boston: Butterworths, 1981), p.193; reprinted
in *A Matter of Principle*, pp.72 - 103.

"The Forum of Principle," *New York University Law Review*, vol. 56, May-June 1981;

reprinted in *A Matter of Principle*, pp.33 - 71.

"What Is Equality? —Part 2: Equality of Resources," *Philosophy and Public Affairs*, vol. 10, 1981, pp.283 - 345; reprinted in *Sovereign Virtue*, pp.65 - 119.

"What Is Equality? —Part 1: Equality of Welfare," *Philosophy and Public Affairs*, vol. 10, 1981, pp.185 - 246; reprinted in *Sovereign Virtue*, pp.11 - 64.

"An Exchange on William O. Douglas," *New York Review of Books*, May 28, 1981, (http://www. nybooks. com/articles/archives/1981/may/28/an-exchange-on-william-o-douglas/).

282　　"Dissent on Douglas," Review of *Independent Journey: The Life of William O. Douglas* by James F. Simon and *The Court Years, 1939 to 1975: The Autobiography of William O. Douglas* by William O. Douglas, *New York Review of Books*, February 19, 1981, (http://www. nybooks. com/articles/archives/1981/feb/19/dissent-on-douglas/).

1980

"Is Wealth a Value?" *Journal of Legal Studies*, vol. 9, 1980, pp.191 - 226; reprinted in *A Matter of Principle*, pp.237 - 66.

"Why Efficiency?" *Hofstra Law Review*, vol. 8, 1980, pp.563 - 90; reprinted in *A Matter of Principle*, pp.267 - 92.

"Is the Press Losing the First Amendment?" *New York Review of Books*, December 4, 1980; reprinted in *A Matter of Principle*, pp.381 - 97, (http://www. nybooks. com/articles/archives/1980/dec/04/is-the-press-losing-the-first-amendment/).

"How to Read the Civil Rights Act: An Exchange," *New York Review of Books*, May 15, 1980, (http://www. nybooks. com/articles/archives/1980/may/15/how-to-read-the-civil-rights-act-an-exchange/).

1979

"How to Read the Civil Rights Act," December 20, 1979, (http://www. nybooks. com/articles/archives/1979/dec/20/how-to-read-the-civil-rights-act/) ; reprinted in *A Matter of Principle*, pp.316 - 34.

"Some Views of Mrs. Thatcher's Victory," *New York Review of Books*, June 28, 1979, (http://www. nybooks. com/articles/archives/1979/jun/28/some-views-of-mrs-thatchers-victory/).

"Three Concepts of Liberalism," *New Republic*, April 14, 1979, pp.41 - 49.

1978

"Is Law a System of Rules?" in R. Dworkin (ed.), *The Philosophy of Law*; also appears as chs. 2 and 4 of *Taking Rights Seriously*, pp.1 - 13.

"Liberalism," in S. Hampshire (ed.), *Public, Private Morality* (Cambridge, U.K.: Cambridge University Press, 1978), pp.113 - 43; reprinted in *A Matter of Principle*, pp.181 - 204.

"Political Judges and the Rule of Law," Proceedings of the British Academy, vol. 64, 1978; reprinted in *A Matter of Principle*, pp.9 - 32.

"The Rights of M. A. Farber: An Exchange," *New York Review of Books*, December 7, 1978, (http://www.nybooks.com/articles/archives/1978/dec/07/the-rights-of-ma-farber-an-exchange/).

"The Rights of Myron Farber," *New York Review of Books*, October 26, 1978, (http://www.nybooks.com/articles/archives/1978/oct/26/the-rights-of-myron-farber/) ; reprinted under the title "The Farber Case: Reporters and Informers," in *A Matter of Principle*, pp.373 - 80.

"Soulcraft," Review of *The Pursuit of Happiness, and Other Sobering Thoughts* by George F. Will, *New York Review of Books*, October 12, 1978, (http://www.nybooks.com/articles/archives/1978/oct/12/soulcraft/).

"Begging the Bakke Question," *New York Review of Books*, September 28, 1978, Reply to Paul Vogt (http://www.nybooks.com/articles/archives/1978/sep/28/begging-the-bakke-question-2/).

"The Bakke Decision: Did It Decide Anything?" *New York Review of Books*, August 17, 1978, (http://www.nybooks.com/articles/archives/1978/aug/17/the-bakke-decision-did-it-decide-anything/) ; reprinted under the title " What Did Bakke Really Decide?" in *A Matter of Principle*, pp.304 - 15.

283

"The Bakke Case: An Exchange," *New York Review of Books*, January 26, 1978, (http://www.nybooks.com/articles/archives/1978/jan/26/the-bakke-case-an-exchange/).

1977

Taking Rights Seriously (London: Duckworth, 1977); rev. ed. includes " Reply to

Critics" (Cambridge, MA: Harvard University Press, 1978; Duckworth, 1981).
(ed. with Introduction) *The Philosophy of Law* (London and New York: OUP paperback series, 1977).

"No Right Answer?" in P. M. S. Hacker and J. Raz (eds.), *Law, Morality and Society: Essays in Honour of H. L. A. Hart* (Oxford: Oxford University Press, 1977), pp.58 – 84; revised and reprinted in *New York University Law Review*, vol. 53, 1978; reprinted under the title "Is There Really No Right Answer in Hard Cases?" in *A Matter of Principle*, pp.119 – 45.

"DeFunis v. Sweatt," in Marshall Cohen, Thomas Nagel, and Thomas Scanlon (eds.), *Equality and Preferential Treatment* (Princeton, NJ: Princeton University Press, 1977).

"Seven Critics," *University of Georgia Law Review*, vol. 11, 1977, p.1201.

"Social Sciences and Constitutional Rights," *Educational Forum*, vol. XLI, 1977, p.271

"Why Bakke Has No Case," *New York Review of Books*, November 10, 1977, (http://www. nybooks. com/articles/archives/1977/nov/10/why-bakke-has-no-case/); reprinted under the title "Bakke's Case: Are Quotas Unfair?" in *A Matter of Principle*, pp.293 – 303.

1976

"The DeFunis Case: An Exchange," *New York Review of Books*, July 15, 1976, (http://www. nybooks. com/articles/archives/1976/jul/15/the-defunis-case-an-exchange/).

"The DeFunis Case: The Right to Go to Law School," Review of *DeFunis versus Odegaard and the University of Washington: The University Admissions Case, The Record*, edited by Ann Fagan Ginger, published in *New York Review of Books*, vol. 23, February 5, 1976, (http://www.nybooks.com/articles/archives/1976/feb/05/the-defunis-case-the-right-to-go-to-law-school/); review revised and reprinted under the title "Reverse Discrimination," in *Taking Rights Seriously*, pp.223 – 39.

1975

"Hard Cases," *Harvard Law Review*, vol. 88, 1975; revised and reprinted in *Taking*

Rights Seriously, pp.81 – 130.

1974

"Did Mill Go Too Far?" Review of *On Liberty and Liberalism: The Case of John Stuart Mill* by Gertrude Himmelfarb, New York Review of Books, October 31, 1974, (http://www. nybooks. com/articles/archives/1974/oct/31/did-mill-go-too-far/) ; revised and reprinted under the title "Liberty and Liberalism," in *Taking Rights Seriously*, pp.259 – 65.

1973　　　　　　　　　　　　　　　　　　　　　　　　　　　　　　284

"The Original Position" 40 *U. Chi. L. Rev.* 500 (1973) , reprinted under the title "Justice and Rights," in *Taking Rights Seriously*, pp.150 – 83.

1972

"A Special Supplement: The Jurisprudence of Richard Nixon," *New York Review of Books*, May 4, 1972, (http://www. nybooks. com/articles/archives/1972/may/04/a-special-supplement-the-jurisprudence-of-richard-/) ; reprinted under the title "Constitutional Cases," in *Taking Rights Seriously*, pp.131 – 49.

"Social Rules and Legal Theory," *Yale Law Journal*, vol. 81, 1972, p.855; reprinted under the title "The Model of Rules II," in *Taking Rights Seriously*, pp.46 – 80.

1971

"Rights and Interests," *New York Review of Books*, March 11, 1971, (http://www. nybooks.com/articles/archives/1971/mar/11/rights-and-interests/) .

1970

"A Special Supplement: Taking Rights Seriously," *New York Review of Books*, December 17, 1970, (http://www. nybooks. com/articles/archives/1970/dec/17/a-special-supplement-taking-rights-seriously/) ; reprinted as ch. 7 of *Taking Rights Seriously*, pp.184 – 205.

"Comments on the Unity of Law Doctrine (A Response) ," in *Ethics and Social Justice*, Howard E. Kiefer and Milton K. Munitz (eds.), (Albany, State University of New York Press, 1970), p. 171 (available on Google Books at http://books.google.com/books? printsec = frontcover&vid = ISBN873950542#v = onepage&q&f) .

"A Theory of Civil Disobedience," in *Ethics and Social Justice*, Howard E. Kiefer and

Milton K. Munitz (eds.) , (Albany, State University of New York Press, 1970) ,
   p.225 (available on Google Books at http://books.google.com/books? printsec =
   frontcover&vid = ISBN873950542#v = onepage&q&f) .

1969

"Morality and the Law, " Review of *Punishment and Responsibility: Essays in the
   Philosophy of Law* by H. L. A. Hart, *New York Review of Books*, May 22, 1969,
   (http://www. nybooks. com/articles/archives/1969/may/22/morality-and-the-
   law/) ; reprinted under the title "Jurisprudence" in *Taking Rights Seriously*, pp.
   1 – 13.

1968

"On Not Prosecuting Civil Disobedience, " *New York Review of Books*, June 6, 1968,
   (http://www. nybooks. com/articles/archives/1968/jun/06/on-not-prosecuting-
   civil-disobedience/) ; revised and reprinted under the title "Civil Disobedience, "
   in *Taking Rights Seriously*, pp.206 – 22.

"There Oughta Be a Law, " Review of *The Lawyers*, by Martin Mayer, *New York Review
   of Books*, March 14, 1968, (http://www.nybooks.com/articles/archives/1968/
   mar/14/there-oughta-be-a-law/) .

1967

"The Case for Law—A Critique, " *Valparaiso Law Review*, vol. 1, 1967, p.215.

285   "The Model of Rules, " *University of Chicago Law Review*, vol. 35, 1967, p. 14;
   reprinted under the title "Is Law a System of Rules?" in R. Summers (ed.) ,
   Essays in Legal Philosophy (Oxford: Blackwell, 1968) , p. 25; and as " The
   Model of Rules I, " in *Taking Rights Seriously*, pp. 14 – 46; and in R. Dworkin
   (ed.) , *The Philosophy of Law*, p.38.

1966

"Lord Devlin and the Enforcement of Morals, " *Yale Law Journal*, vol. 75, 1966,
   p.986; reprinted under the title " Liberty and Moralism, " in *Taking Rights
   Seriously*, pp. 240 – 58; and in R. Wasserstrom (ed.) , *Morality and the Law*
   (Belmont, CA: Wadsworth, 1971) , p.55.

1963 – 1965

"Does Law Have a Function? A Comment on the Two-Level Theory of Decision, " *Yale*

Law Journal, vol. 74, 1965, p.640; retitled from "Wasserstrom, 'The Judicial Decision'," *Ethics*, vol. 75, 1964, p.47.

"Judicial Discretion," *Journal of Philosophy*, vol. 60, 1963.

"Philosophy, Morality and Law—Observations Prompted by Professor Fuller's Novel Claim," *Ethics*, vol. 13, 1965, p.47.

"The Elusive Morality of Law," *Vanderbilt Law Review*, vol. 10, 1965, p. 631; shortened version of "Philosophy, Morality and Law—Observations Prompted by Professor Fuller's Novel Claim."

录像

Dworkin's two-minute summary of the central focus of *Justice for Hedgehogs*, http://www.law.nyu.edu/faculty/facultyvideos/index.htm (2011).

Presentation held at the Central European University "Ronald Dworkin in Budapest," available at: http://vimeo.com/19803304 (January 27, 2011).

Lecture at Harvard University on "Truth in Interpretation" (with T. M. Scanlon and Martha Minow), available at: http://www.ovguide.com/video/dworkin-at-harvard-922ca39ce10036ba0e11a2a204f9e06d (December 2010).

Inaugural Frederic R. and Molly S. Kellogg Biennial Lecture on Jurisprudence in the Coolidge Auditorium of the Library of Congress, available at: http://www.youtube.com/watch? v = 742JyiqLhuk (December 17, 2009).

"*Justice for Hedgehogs*: A Conference on Ronald Dworkin's Forthcoming Book," many links available at: http://www.bu.edu/law/events/audio-video/hedgehogs.shtml (September 25 - 26 2009).

E. N. Thompson Forum on World History, "Democracy and Religion: America and Israel," http://www.youtube.com/watch? v = AU9kUlY-xUY (September 14, 2009).

The Tenth Lecture of "A Series of Special Lectures by Distinguished Scholars," *Human Rights, Justice and Equality—The Unity of Value*, Lecture 2. "Do People Have a Human Right to Equality?" hosted by Korea Academic Research Council, available at: http://www.youtube.com/watch? v = 5sVCgUDzbho (November 21, 2008).

"Can We Disagree About Law or Morals?" New York Institute of Philosophy (NYU), available at: http://www.thirteen.org/forum/topics/can-we-disagree-about-law-or-morals/14/ (November 13, 2007).

Holberg International Memorial Prize award ceremony speech, available at: http://video.google.com/videoplay? docid=5578670885909370583# (2007).

Holberg Prize Symposium, Dworkin's talk "Law and Political Morality," available at: http://video.google.com/videoplay? docid = 5473594255273113558 # docid =-8182465071522193147 (2007).t

播客

Laurie discusses *Justice for Hedgehogs* with Ronald Dworkin and A. C. Grayling, BBC, "Thinking Allowed" Radio 4 Programme, available online at: http://www.bbc.co.uk/programmes/b00xw157 and http://www.bbc.co.uk/iplayer/console/b00xw15726(January 2011).

New York Review of Books, "The Consequences to Come" on the 2008 U.S. presidential elections, available at: http://www.nybooks.com/podcasts/events/2008/sep/24/consequences-come/ (14 September 2008).

286

索 引

（索引页码为原书页码，即本书边码）

288

291

297

图书在版编目 (CIP) 数据

大师学述：罗纳德·德沃金：第三版 /（英）斯蒂芬·盖斯特著；于庆生译 . -- 北京：商务印书馆，2024. -- ISBN 978-7-100-24064-2

Ⅰ . D909.712

中国国家版本馆 CIP 数据核字第 2024TX7661 号

大师学述：罗纳德·德沃金（第三版）

〔英〕斯蒂芬·盖斯特　著

于庆生　译

———————————————

商 务 印 书 馆 出 版
（北京王府井大街 36 号　邮政编码 100710）
商 务 印 书 馆 发 行
北京盛通印刷股份有限公司印刷
ISBN　978-7-100-24064-2

———————————————

2024 年 11 月第 1 版　　开本 880×1240　1/32
2024 年 11 月第 1 次印刷　　印张 12

定价：88.00 元